合格発表まで

日程はあらかじめ必ず協力機関へお問い合わせ下さい。

受験票の送付	試 験	合 格 発 表
9月下旬～10月上旬（予定）	10月第3日曜日（予定） 午後1時～午後3時 ※3 （12時30分までに着席のこと） 　途中退室不可	原則として、12月の第1水曜日 または11月の最終水曜日
不動産適正取引推進機構より直接送付される。 10月上旬までに受験票が到着しないときは、不動産適正取引推進機構又は、協力機関に問い合わせる。 ※受験票の記載内容に修正する箇所がある場合は、試験当日、監督員から受け取ったデータ修正票に記入の上、試験終了時に提出する。	**持参品** ・受験票 ・BかHBの黒鉛筆または 　シャープペンシル ・プラスチック消しゴム ・鉛筆削り（任意） ・腕時計 ※4	合格者の受験番号を都道府県ごとの所定の場所に掲示するとともに、不動産適正取引推進機構のホームページでも掲載される。 また、合格者には不動産適正取引推進機構より**合格証書**が送付される。

※3　登録講習修了者は午後1時10分～午後3時
※4　時計機能（時刻確認）のみのものに限る。

キャラクターとロゴのご紹介！！

　本文中に登場して、
　　　　　　　　適切なアドバイスを
　致します。

　考えてもわからないときは、
参考にしよう！

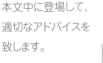　虚心坦懐に（すなおに、
きょしんたんかい　という意味の古い言葉）
聞くがよいぞ！

　問題の解き方や
注意すべきところを
アドバイスします。

　これを間違えたら受か
らないヨ！

　法改正などがあったため、
少々手直しした問題です！

　8割以上取らなきゃダメ！

　覚えにくいポイントも
これでバッチリだ！

　がんばって半分以上
正解しよう！

　らくらく宅建塾の略です。

　こんなの間違えても
大丈夫！

　過去問宅建塾の略です。

宅建士問題集

過去問

2022年版

宅建塾

1 壱 権利関係

これなら試験に強くなる！

ロングセラーには…理由がある

解説がわかりやすく効率よく学習できた

大事なポイントも一目でわかった！

わかりやすい

解けるから

楽しい…だから合格！

2022年版
ごあいさつ

★ ラクに受かりましょう‼

　この問題集は、苦労して受かりたい方には、おすすめできません。**ラクに受かりたい方だけどうぞ‼**

★ 「本番」のカラクリとは⁈

　出題者は、過去問を焼き直して繰り返し出題します。それが本番のカラクリです。では、どのように？　それを本書で完全に解明しました！　そのキラ星のような良問の花束を3分冊でお届けします。

★ 解けない問題をどう解くか⁈

　おまかせ下さい。この3冊の問題集には、解けない問題が解けるようになる宅建学院の秘伝がスシ詰めになっています。

　ただ、どうしても活字にならない「本当の奥義」もあります。それは、宅建超完璧講座で伝授します。通学でも通信でもいいですから、講座を受講すれば、"独学とは比較にならない得点力"が身につきます‼

★ 2年連続全国最年少合格者輩出‼

全国最年少合格者は、2年連続で通信宅建超完璧講座の受講生でした‼
次は貴方の番です‼
2021年12月　　　　　　　　　　　　　　　　　　　宅建学院

I

一番ラクで確実な合格方法!!

---

① まず、インプットは……

余計な知識は混乱のモト。合格に必要な知識だけ身につけるべし。それにはどうしたらいいか？　答えは、本書姉妹編・日本一の究極の教科書「らくらく宅建塾」・「まる覚え宅建塾」を繰り返し読むことに尽きる。この2冊には、合格に必要なことがすべて書いてある。他のテキストと違って、余計な記述はひとつもない。

なお、六法は使用しない方が早く合格できる。条文の勉強が必要なのは、権利関係だけだ。「らくらく宅建塾」・「まる覚え宅建塾」には、権利関係の重要条文がすべて出ている。だから六法不要。「らくらく宅建塾」・「まる覚え宅建塾」だけで十分。そして、知識のチェックには、本書姉妹編「○×マンガ宅建塾」を使うこと!!

② 次に、アウトプットは……

知識を身につけただけでは合格できない。次に必要なのは、身につけた知識を使いこなして実際に問題を解くことだ。そのために、本書（3分冊）と本書姉妹編の「ズバ予想宅建塾・分野別編必修問題集」と「ズバ予想宅建塾・直前模試編」がある。問題集は、ただ単に解くだけではダメだ。コツがある。

コツ1　正解が出せたとしても、それだけでその問題がマスターできたと思うべからず。各問は、4つの選択肢から成り立っている。各肢を独立の問題と心得よ。全肢について、どういう理由で誤り（または正しい）かを何も見ないで友達に説明できるようになるまで血肉化すべし!!

コツ2 全問を1回解いただけで卒業と思うなかれ。再び第1問に立ち返り、全問正解するまで繰り返すこと。問題集をそれぞれ丸1日で解き切れるようになるのが最終目標だ!!

3 最後に奥の手は……

上の1と2だけで、誰でも合格できる。しかし、もっとラクに確実に合格するにはどうしたらいいか？ 答えは、宅建学院の授業を受けることだ。結局、これが一番の近道だ。通信「宅建超完璧講座」がおすすめだ!! 巻末に詳しい案内アリ。今すぐTEL!!

要するに、こういうことです

インプット	「らくらく宅建塾」「マンガ宅建塾」「まる覚え宅建塾」 この3冊をしっかり読む。
アウトプット	まず、 次に、 「過去問宅建塾(3分冊)」「ズバ予想宅建塾・分野別編必修問題集」 を解き、 を解く。 そして 「○×マンガ宅建塾」と「ズバ予想宅建塾・直前模試編」 を解く。
奥の手	2年連続で全国最年少合格者を生み出した 通信「宅建超完璧講座」を受ける。 通信講座問合せ先→04（2921）2020　宅建学院 宅建超完璧講座は一般教育訓練給付制度厚生労働大臣指定講座（指定番号110190020019）です!! 詳しくは、巻末広告をご覧下さい。

耳寄り情報　宅建学院のホームページをご覧ください！

宅建学院　検索　　類似の学校名にご注意ください。

https://www.takkengakuin.com/

過去問宅建塾の特長と使い方

① 問題数が多い！

「過去問宅建塾 1」には、合計 217 問が載っている。「多いなー」と思ったら負け。実は何度も繰り返し同じ問題が出題されている。「あれ、この問題さっきもあったな」と感じ始めたらしめたもの。身体と頭で、「よく出題されるところ」を覚えたら、決して忘れない！

② 各ページ左上部に ▱▱▱▱▱ マークがある

過去問は最低でも 3 回は繰り返そう。次の①〜④を意識して解けば、勉強効率も UP だ！

①問題を解いて問題なければ▱▱▱▱▱のひとつを全部塗りつぶす。もし間違えたり不安だったら▱を半分だけ塗りつぶす。こうして 1 回目を全部解く。

問題なし！　　まだ不安…　　✓ でも OK!

②2 回目以降は毎回隣の▱に移って、同じ要領で解いては塗りつぶすの繰り返し。

2 回目以降は隣へ！

③すべての問題で真っ黒な▱が 3 個できるまで繰り返そう。

3 回塗りつぶした！　➡これで卒業！

④半分しか塗られていない▱は一度つまずいた証拠！　重点的に復習だ。

こんな問題は要チェック！　卒業してても復習しよう！

③ 問題の横に 講義 が書いてある

問題の横に解説が書いてあるので、めくらなくてよい。さらに、問題文と解説を見比べながら、じっくり考えることもできる。電車やバスの中でも勉強しやすいのだ！　1 肢ごとに何度も表を見たり裏を見たりしていると、つい、めんどーくさくなってしまう。

また、「正。」と「誤。」は赤シートで隠れるから、うっかり答えがわかってしまうことはない。一問ずつ確認することもできるし、赤シートをしおりに使えばどこまで勉強したかもスグわかる！いたれり尽くせりだ！

　そして、一番大事なのは復習だ。問題を解いた後は、しっかり復習して、なぜその肢が正しいのか、誤っているのかということを究明しておくこと。

④　肢ごとに「らくらく宅建塾」の参照ページが書いてある

　直接問題に関係する解説だけでなく、「ここが基本だから読んでおいて欲しいところ」や「プラスαで知っておきたいところ」にもリンクさせてある。確認しながら、知識を確実にしていこう。「らくらく宅建塾」には大事なことしか書いていないゾ！

　そして「らくらく宅建塾」には載っていない発展的な、タマ～にしか出ないところは、「過去問宅建塾」の解説と解説下のアドバイスで完ペキだ。

⑤　難度が書いてある

　宅建学院による試験分析の結果から、カンタン・普通・難しい・超難の4つに分けてある。勉強の目安にしよう。初めて解くのに超難問を間違ったと悩む必要はないし、3回目なのにカンタンな問題を間違うようでは理解不足だ。もう一度「らくらく宅建塾」を読むべし！

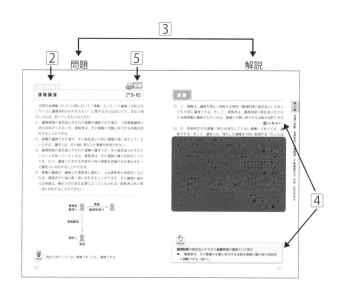

資料1. 宅建士試験協力機関一覧表

受験申込手続き等については，住所地の協力機関に問い合わせて下さい。

宅建士試験協力機関一覧（2021年10月現在）

協力機関名	電話番号	協力機関名	電話番号
(公社)北海道宅地建物取引業協会	011-642-4422	(公社)滋賀県宅地建物取引業協会	077-524-5456
(公社)青森県宅地建物取引業協会	017-722-4086	(公社)京都府宅地建物取引業協会	075-415-2140
(一財)岩手県建築住宅センター	019-652-7744	(一財)大阪府宅地建物取引士センター	06-6940-0104
(公社)宮城県宅地建物取引業協会	022-398-9397	(一社)兵庫県宅地建物取引業協会	078-367-7227
(公社)秋田県宅地建物取引業協会	018-865-1671	(公社)奈良県宅地建物取引業協会	0742-61-4528
(公社)山形県宅地建物取引業協会	023-623-7502	(公社)和歌山県宅地建物取引業協会	073-471-6000
(公社)福島県宅地建物取引業協会	024-531-3487	(公社)鳥取県宅地建物取引業協会	0857-23-3569
(公社)茨城県宅地建物取引業協会	029-225-5300	(公社)島根県宅地建物取引業協会	0852-23-6728
(公社)栃木県宅地建物取引業協会	028-634-5611	(一社)岡山県総合協力事業団	086-232-1315
(一社)群馬県宅地建物取引業協会	027-243-3388	(公社)広島県宅地建物取引業協会	082-243-0011
(公社)新潟県宅地建物取引業協会	025-247-1177	(一社)山口県宅地建物取引業協会	083-973-7111
(公社)山梨県宅地建物取引業協会	055-243-4300	(公社)徳島県宅地建物取引業協会	088-625-0318
(公社)長野県宅地建物取引業協会	026-226-5454	(公社)香川県宅地建物取引業協会	087-823-2300
(公社)埼玉県弘済会	048-822-7926	(公社)愛媛県宅地建物取引業協会	089-943-2184
(一社)千葉県宅地建物取引業協会	043-441-6262	(公社)高知県宅地建物取引業協会	088-823-2001
(公財)東京都防災・建築まちづくりセンター	03-5989-1734	(一財)福岡県建築住宅センター	092-737-8013
(公社)神奈川県宅地建物取引業協会	045-681-5010	(公社)佐賀県宅地建物取引業協会	0952-32-7120
(公社)富山県宅地建物取引業協会	076-425-5514	(公社)長崎県宅地建物取引業協会	095-848-3888
(公社)石川県宅地建物取引業協会	076-291-2255	(一社)熊本県宅地建物取引業協会	096-213-1355
(公社)福井県宅地建物取引業協会	0776-24-0680	(一社)大分県宅地建物取引業協会	097-536-3758
(公社)岐阜県宅地建物取引業協会	058-275-1171	(一社)宮崎県宅地建物取引業協会	0985-26-4522
(公社)静岡県宅地建物取引業協会	054-246-7150	(公社)鹿児島県宅地建物取引業協会	099-252-7111
(公社)愛知県宅地建物取引業協会	052-953-8040	(公社)沖縄県宅地建物取引業協会	098-861-3402
(公社)三重県宅地建物取引業協会	059-227-5018		

資料 2. 過去 41 年間のデータ

年　　度	申込者数	受験者数	合格者数	合格率（倍率）	合格点
1981（昭和56）年	137,864人	119,091人	22,660人	19.0%（5.3倍）	35点
1982（昭和57）年	124,239人	109,061人	22,355人	20.5%（4.9倍）	35点
1983（昭和58）年	119,919人	103,953人	13,761人	13.2%（7.6倍）	30点
1984（昭和59）年	119,703人	102,233人	16,325人	16.0%（6.3倍）	31点
1985（昭和60）年	120,943人	104,566人	16,170人	15.5%（6.5倍）	32点
1986（昭和61）年	150,432人	131,073人	21,786人	16.6%（6.0倍）	33点
1987（昭和62）年	219,036人	192,785人	36,669人	19.0%（5.3倍）	35点
1988（昭和63）年	280,660人	235,803人	39,537人	16.8%（6.0倍）	35点
1989（平成1）年	339,282人	281,701人	41,978人	14.9%（6.7倍）	33点
1990（平成2）年	422,904人	342,111人	44,149人	12.9%（7.7倍）	26点
1991（平成3）年	348,008人	280,779人	39,181人	14.0%（7.2倍）	34点
1992（平成4）年	282,806人	223,700人	35,733人	16.0%（6.3倍）	32点
1993（平成5）年	242,212人	195,577人	28,138人	14.4%（6.9倍）	33点
1994（平成6）年	248,076人	201,542人	30,500人	15.1%（6.6倍）	33点
1995（平成7）年	249,678人	202,589人	28,124人	13.9%（7.2倍）	28点
1996（平成8）年	244,915人	197,168人	29,065人	14.7%（6.8倍）	32点
1997（平成9）年	234,175人	190,135人	26,835人	14.1%（7.1倍）	34点
1998（平成10）年	224,822人	179,713人	24,930人	13.9%（7.2倍）	30点
1999（平成11）年	222,913人	178,393人	28,277人	15.9%（6.3倍）	30点
2000（平成12）年	210,466人	168,095人	25,928人	15.4%（6.5倍）	30点
2001（平成13）年	204,629人	165,119人	25,203人	15.3%（6.6倍）	34点
2002（平成14）年	209,672人	169,657人	29,423人	17.3%（5.8倍）	36点
2003（平成15）年	210,182人	169,625人	25,942人	15.3%（6.5倍）	35点
2004（平成16）年	216,830人	173,457人	27,639人	15.9%（6.3倍）	32点
2005（平成17）年	226,665人	181,880人	31,520人	17.3%（5.8倍）	33点
2006（平成18）年	240,278人	193,573人	33,191人	17.1%（5.8倍）	34点
2007（平成19）年	260,633人	209,684人	36,203人	17.3%（5.8倍）	35点
2008（平成20）年	260,591人	209,415人	33,946人	16.2%（6.2倍）	33点
2009（平成21）年	241,944人	195,515人	34,918人	17.9%（5.6倍）	33点
2010（平成22）年	228,214人	186,542人	28,311人	15.2%（6.6倍）	36点
2011（平成23）年	231,596人	188,572人	30,391人	16.1%（6.2倍）	36点
2012（平成24）年	236,350人	191,169人	32,000人	16.7%（6.0倍）	33点
2013（平成25）年	234,586人	186,304人	28,470人	15.3%（6.5倍）	33点
2014（平成26）年	238,343人	192,029人	33,670人	17.5%（5.7倍）	32点
2015（平成27）年	243,199人	194,926人	30,028人	15.4%（6.5倍）	31点
2016（平成28）年	245,742人	198,463人	30,589人	15.4%（6.5倍）	35点
2017（平成29）年	258,511人	209,354人	32,644人	15.6%（6.4倍）	35点
2018（平成30）年	265,444人	213,993人	33,360人	15.6%（6.4倍）	37点
2019（令和元）年	276,019人	220,797人	37,481人	17.0%（5.9倍）	35点
2020（令和2）年10月	204,163人	168,989人	29,728人	17.6%（5.7倍）	38点
2020（令和2）年12月	55,121人	35,261人	4,610人	13.1%（7.6倍）	36点
2021（令和3）年	296,518人	—	—	—	—

資料3. 分野ごとの出題数 （2009 〜 2021 年度）

	1 2 3 4 5 6 7 8 9 10 11 12 13 14 15 16 17 18 19 20
本書第1編　権 利 関 係 （本試験第 1 〜14問）	14問出題
本書第2編　宅 建 業 法 （本試験第26〜45問）	20問出題
本書第3編　法令上の制限 （本試験第15〜22問）	8 問出題
本書第4編　その他の分野 （本試験第23〜25問、 　　　第46〜50問）	8 問出題 （税　法 2問） （その他 6問）
	1 2 3 4 5 6 7 8 9 10 11 12 13 14 15 16 17 18 19 20

本書をご購入いただいた方への特典

令和3年12月宅建士試験問題＆解説を下記の宅建学院
ホームページ上にて掲載いたします。

https://www.takkengakuin.com/c567ext/

※令和4年宅建士試験日までの掲載とさせていただきます。

も　く　じ

1

第1編

制限行為能力者・意思表示
代　　理
時　　効
相　　続

制限行為能力者　　　　　　　　　　　　　　［平28-2］

　制限行為能力者に関する次の記述のうち、民法の規定及び判例によれば、正しいものはどれか。

(1)　古着の仕入販売に関する営業を許された未成年者は、成年者と同一の行為能力を有するので、法定代理人の同意を得ないで、自己が居住するために建物を第三者から購入したとしても、その法定代理人は当該売買契約を取り消すことができない。

(2)　被保佐人が、不動産を売却する場合には、保佐人の同意が必要であるが、贈与の申し出を拒絶する場合には、保佐人の同意は不要である。

(3)　成年後見人が、成年被後見人に代わって、成年被後見人が居住している建物を売却する際、後見監督人がいる場合には、後見監督人の許可があれば足り、家庭裁判所の許可は不要である。

(4)　被補助人が、補助人の同意を得なければならない行為について、同意を得ていないにもかかわらず、詐術を用いて相手方に補助人の同意を得たと信じさせていたときは、被補助人は当該行為を取り消すことができない。

Hint!　ウソをついた人までは……。

講義

(1) 誤。法定代理人から**営業を行うことを許可**された場合には、その**営業に関する契約**（本肢の場合は、古着の販売に関する契約）は、いちいち法定代理人の同意を得なくても未成年者が自分一人で自由にやることができ、取り消せない。自己が居住するために建物を購入することは、古着の販売とは関係がないから未成年者が自分一人で自由にやることはできない。だから、取り消せる。　　　　　　　　　　　　图5頁 **例外❸**

(2) 誤。被保佐人は、一定の重大な契約（大損する恐れのある契約）をするときだけは、保佐人の同意を得なければならず、同意なしにやった場合には取り消せる。贈与を拒絶することは、**大損**する恐れがあるから、**保佐人の同意が必要**だ。　　　　　　　　　图10頁 下の⑤、11頁(2)ただ

(3) 誤。成年後見人が、成年被後見人が居住している建物を勝手に売却したら、成年被後見人の住む場所がなくなってしまう可能性がある。だから、成年後見人が、成年被後見人が居住している建物を売却するためには、**家庭裁判所の許可が必要**だ。　　　　　　　　　　　　　　图10頁 上の⑤

(4) 正。制限行為能力者が、「私は行為能力者です」とか「同意を得ています」とかウソ（詐術）をついて契約した場合には、契約を**取り消せなくなる**。

图14頁 上の条文

（**正　解**）(4)

Point!

制限行為能力者のウソ
　制限行為能力者が、「私は行為能力者です」とか「同意を得ています」とかウソ（詐術）をついて契約した場合には、契約を**取り消せなくなる**（肢(4)）。

制限行為能力者 [平22-1]

制限行為能力者に関する次の記述のうち、民法の規定によれば、正しいものはどれか。

(1) 土地を売却すると、土地の管理義務を免れることになるので、未成年者が土地を売却するに当たっては、その法定代理人の同意は必要ない。

(2) 成年後見人が、成年被後見人に代わって、成年被後見人が居住している建物を売却するためには、家庭裁判所の許可が必要である。

(3) 被保佐人については、不動産を売却する場合だけではなく、日用品を購入する場合も、保佐人の同意が必要である。

(4) 被補助人が法律行為を行うためには、常に補助人の同意が必要である。

 住む場所がなくなったら、大変だ。

講義

(1)　誤。未成年者が自分 1 人の判断で契約をすると不利な契約をしてしまう恐れがある。だから、未成年者が土地を売却する場合は、法定代理人（親権者や未成年後見人のこと）の**同意**が必要だ。なお、未成年後見人も成年後見人も複数でも OK だ。また、法人を未成年後見人や成年後見人に選任しても OK だ。　　　　　　　　　　　　　　　　　7頁 ②

(2)　正。成年後見人が成年被後見人の居住している建物を勝手に売却したら、成年被後見人の住む場所がなくなってしまう可能性がある。だから、成年被後見人の**居住している**建物を売却するためには、家庭裁判所の許可が必要だ。　　　　　　　　　　　　　　　　10頁上の ⑤

(3)　誤。被保佐人は、**一定の重大な契約**（大損する恐れのある契約）をするときだけ保佐人の同意を得る必要がある。だから、日用品を購入する場合は、保佐人の同意を得なくて OK だ。　　　　　　　11頁 ⑵ ただ

(4)　誤。被補助人は**家庭裁判所の審判**によって決められた一定の法律行為を行うときだけ、補助人の同意を得る必要がある。常に補助人の同意が必要なわけではない。　　　　　　　　　　　　　　18頁 注2

（**正　解**）⑵

Point!

　成年後見人が成年被後見人の**居住している**建物や敷地を
① 売却（肢⑵）
② 賃貸借・賃貸借の解除
③ 抵当権を設定
する場合は、家庭裁判所の許可を受ける必要がある。

制限行為能力者 [平26-9]

　後見人制度に関する次の記述のうち、民法の規定によれば、正しいものはどれか。

(1) 成年被後見人が第三者との間で建物の贈与を受ける契約をした場合には、成年後見人は、当該法律行為を取り消すことができない。

(2) 成年後見人が、成年被後見人に代わって、成年被後見人が居住している建物を売却する場合には、家庭裁判所の許可を要しない。

(3) 未成年後見人は、自ら後見する未成年者について、後見開始の審判を請求することはできない。

(4) 成年後見人は家庭裁判所が選任する者であるが、未成年後見人は必ずしも家庭裁判所が選任する者とは限らない。

Hint!　遺言で指定できる。

講義

(1) 誤。成年被後見人ができるのは、日用品の購入等の日常生活上の契約だけだ。それ以外の契約は、たとえ、**損しない契約**でも取り消せることになっている。だから、成年後見人は、贈与を受ける契約（損しない契約だ）を取り消すことができる。　🔖9頁(2)その1.

(2) 誤。成年後見人が、成年被後見人が住んでいる建物を勝手に売却したら、成年被後見人の住む場所がなくなってしまう可能性がある。だから、成年後見人が、成年被後見人が**居住している**建物を売却するためには、家庭裁判所の許可が必要だ。　🔖10頁上の⑤

(3) 誤。世の中には親がいない未成年者もいる。そういう場合には、未成年後見人という保護者が付けられることになっている。そして、**未成年後見人**は、未成年者について、後見開始の審判を請求することができるので、本肢は×だ。　🔖6頁(2)

(4) 正。たとえば、未成年者Aがいて、親権者は、Aの父のB（Aの母は既に死亡している）とする。この場合、Bは**遺言**で、Aの未成年後見人を**指定**できることになっている。だから、未成年後見人は必ずしも家庭裁判所が選任する者とは限らない。なお、「成年後見人は家庭裁判所が選任する者である」という前半部分の記述も正しい。したがって、本肢は○だ。

正 解 (4)

😊 肢(3)について

　たとえば、未成年者をA、未成年後見人をBとする。そして、Aは、17歳であり、かつ、精神障害のために判断力を欠く状況にある。この場合、放っておくと、大変なことになる。なぜなら、Aが18歳（成年）になると、Aの保護者がいなくなってしまうからだ。未成年後見人は、文字通り、未成年者の面倒を見るのが仕事だから、Aが成年者になったら、Bはお役御免となる。それでは困るので、**未成年後見人**のBは、「Aに対する後見開始の審判をして下さい」と、家庭裁判所に請求**できる**ことになっている。ちなみに、この請求ができるのは、本人、配偶者、四親等内の親族、未成年後見人等だ。

□□□□□

未成年者 [令3-5]

次の記述のうち、民法の規定及び判例によれば、正しいものはいくつあるか。

ア　令和4年4月1日において18歳の者は成年であるので、その時点で、携帯電話サービスの契約や不動産の賃貸借契約を1人で締結することができる。

イ　養育費は、子供が未成熟であって経済的に自立することを期待することができない期間を対象として支払われるものであるから、子供が成年に達したときは、当然に養育費の支払義務が終了する。

ウ　営業を許された未成年者が、その営業に関するか否かにかかわらず、第三者から法定代理人の同意なく負担付贈与を受けた場合には、法定代理人は当該行為を取り消すことができない。

エ　意思能力を有しないときに行った不動産の売買契約は、後見開始の審判を受けているか否かにかかわらず効力を有しない。

(1)　一つ
(2)　二つ
(3)　三つ
(4)　四つ

 Hint!　在学中の成年者のケースは ‥‥‥。

講義

ア　正。未成年者とは、18歳未満の者のことだ（18歳以上の者は成年者）。だから、18歳の者は**成年者**だ。したがって、携帯電話サービスの契約や不動産の賃貸借契約を1人でできる。　　　　　　　　　　　　6頁(1)

イ　誤。養育費は、子供が経済的に自立することを期待することができない期間を対象として支払われる。だから、子供が成年になっても、その者が経済的に自立することを期待できないのであれば支払われる。たとえば、大学1年生の18歳のAがいたとする。18歳だから、**成年者**だ。しかし、在学中であること等の理由で、Aの経済的自立が期待できないのであれば、養育費は支払われる。「子供が成年に達したときは、当然に養育費の支払義務が終了する」わけではないので、本肢は×だ。

ウ　誤。営業を許された未成年者は、その営業（許された営業）に関する契約については、法定代理人の同意を得なくても、自分一人でやることができ、**取り消せない**。たとえば、親権者から、「古着屋をやっていいよ」と許可を受けた未成年者（古着屋の営業許可を受けた未成年者）は、古着屋の営業に関する契約（仕入れ、販売等）については、自分一人でやることができ、取り消せない。しかし、「古着屋の営業に関する契約」以外なら、取り消せる。だから、「その営業に関するか否かにかかわらず〜取り消せる」とある本肢は×だ。　　　　　　　　　　　　　　　5頁 例外③

エ　正。泥酔者（酔っぱらい）や認知症の人など、物事をキチンと判断できない人ことを意思無能力者という。そういう意思無能力者がやった契約は**無効**だ（効力を有しない）。たとえば、泥酔者（酔っぱらい）が不動産の売買契約書にサインしても、その契約は無効だ。その者が後見開始の審判を受けているか否かにかかわらず無効なので、本肢は○だ。

　　　　　　　　　　　　　　　　　　　　　　　　　35頁(2)

以上により、正しいものはアとエなので、正解は(2)となる。

正　解　(2)

Point!

① **意思無能力者**がやった契約　➡　**無効**（肢エ）

② **公序良俗**に反する契約　➡　**無効**

意 思 表 示 [平16-1]

A所有の土地につき、AとBとの間で売買契約を締結し、Bが当該土地につき第三者との間で売買契約を締結していない場合に関する次の記述のうち、民法の規定によれば、正しいものはどれか。

(1) Aの売渡し申込みの意思は真意ではなく、BもAの意思が真意ではないことを知っていた場合、AとBとの意思は合致しているので、売買契約は有効である。

(2) Aが、強制執行を逃れるために、実際には売り渡す意思はないのにBと通謀して売買契約の締結をしたかのように装った場合、売買契約は無効である。

(3) Aが、Cの詐欺によってBとの間で売買契約を締結した場合、Cの詐欺をBが知っているか否かにかかわらず、Aは売買契約を取り消すことはできない。

(4) Aが、Cの強迫によってBとの間で売買契約を締結した場合、Cの強迫をBが知らなければ、Aは売買契約を取り消すことができない。

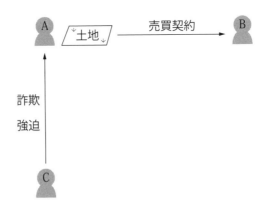

 デッチあげは無効！

講 義

(1) 誤。Aの売渡し申込みの意思は真意ではないのだから、心裡留保だ。心裡留保は、原則として有効だが、本肢のように心裡留保の相手方であるBが、申込みの意思は真意ではないことを見抜いていた場合（悪意）は、Bを保護する必要はないので**無効**となる。なお、Bが善意有過失の場合も無効となる。

📖 32頁(2)

(2) 正。ありもしない架空の契約をデッチあげているのだから、虚偽表示だ。虚偽表示による契約は単なるデッチあげであり、ABには本当に土地をやり取りする意思はないのだから、この契約は**無効**となる。

📖 26頁(1)

(3) 誤。第三者Cの詐欺により意思表示をしたAは、原則としてその意思を取り消すことはできないが、例外として、相手方であるBがAはCの詐欺により意思表示をしたということを知っていた場合（悪意）は、Bを保護する必要はないので**取り消すことができる。** なお、Bが善意有過失の場合も取り消すことができる。

📖 22頁(4)応用その②

(4) 誤。第三者Cの強迫により意思表示をしたAは、その意思を取り消すことができる。強迫の場合は、詐欺の場合と違ってAには何の落ち度もないので、Bが、AはCの強迫により意思表示をしたということを知らなかった場合（善意）でも**取り消すことができる。** なお、Bが善意有過失の場合だけでなく、善意無過失の場合も取り消すことができる。

📖 21頁 キーポイント

正 解 (2)

👤 肢(3)と(4)のまとめ

第三者が**詐欺**を行った場合	➡ 相手方が善意無過失の場合は契約を取り消すことが**できない**。
第三者が**強迫**を行った場合	➡ 相手方が善意無過失の場合でも契約を取り消すことが**できる**。

意思表示 [平23-1]

A所有の甲土地につき、AとBとの間で売買契約が締結された場合における次の記述のうち、民法の規定及び判例によれば、正しいものはどれか。

(1) Bは、甲土地は将来地価が高騰すると勝手に思い込んで売買契約を締結したところ、実際には高騰しなかった場合、Bが法律行為の基礎とした事情についてのその認識が真実に反する錯誤をしたことを理由に本件売買契約は無効となる。

(2) Bは、第三者であるCから甲土地がリゾート開発される地域内になるとだまされて売買契約を締結した場合、AがCによる詐欺の事実を知っていたとしても、Bは本件売買契約を詐欺を理由に取り消すことはできない。

(3) AがBにだまされたとして詐欺を理由にAB間の売買契約を取り消した後、Bが甲土地をAに返還せずにDに転売してDが所有権移転登記を備えても、AはDから甲土地を取り戻すことができる。

(4) BがEに甲土地を転売した後に、AがBの強迫を理由にAB間の売買契約を取り消した場合には、EがBによる強迫につき知らなかったときであっても、AはEから甲土地を取り戻すことができる。

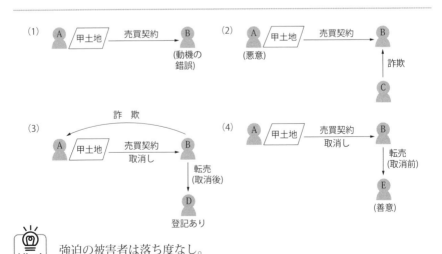

Hint! 強迫の被害者は落ち度なし。

講義

(1)　誤。動機に勘違いがある場合を、動機の錯誤という。本肢は動機（「地価が高騰する」という点）に勘違いがあるから動機の錯誤だ。動機の錯誤の場合は、その動機を相手方に表示すれば、契約を**取り消せる**ことがある。あくまでも、要件を満たせば**取り消せる**のであって、無効となるのではない。だから、本肢は×だ。なお、「表意者が法律行為の基礎とした事情についてのその認識が真実に反する錯誤」とは動機の錯誤のことだ。
🗒 24頁(3)

(2)　誤。第三者Cが詐欺を行った場合、Aが詐欺の事実を知っていたら（悪意だったら）、Bは契約を**取り消す**ことができる。本肢のAは悪意なので、Bは契約を取り消すことができる。なお、Aが善意有過失の場合も取り消すことができる。
🗒 22頁(4)

(3)　誤。詐欺の被害者Aと**取消後**の転得者Dでは、**登記**を先に得た方の勝ちとなる。本肢の場合、Dが登記を先に得ているので、Dの勝ちだ（Aの負けだ）。だから、AはDから甲土地を取り戻すことはできない。
🗒 94頁[3]

(4)　正。**強迫**の場合は、取消しを善意の第三者に**対抗**（主張というイミ）できる（ちなみに、第三者が善意無過失であっても対抗できる）。Aは強迫の被害者だから、何の落ち度もない。だから、Aは善意のEから甲土地を取り戻すことができる。
🗒 21頁 キーポイント

（**正　解**）(4)

Point!

　取消しを善意無過失の第三者に対抗できるか？
詐欺 ➡ 対抗**できない**。
強迫 ➡ 対抗**できる**（肢(4)）。

意思表示 [令1-2]

　　AがBに甲土地を売却し、Bが所有権移転登記を備えた場合に関する次の記述のうち、民法の規定及び判例によれば、誤っているものはどれか。

⑴　AがBとの売買契約をBの詐欺を理由に取り消した後、CがBから甲土地を買い受けて所有権移転登記を備えた場合、AC間の関係は対抗問題となり、Aは、いわゆる背信的悪意者ではないCに対して、登記なくして甲土地の返還を請求することができない。

⑵　AがBとの売買契約をBの詐欺を理由に取り消す前に、Bの詐欺について悪意のCが、Bから甲土地を買い受けて所有権移転登記を備えていた場合、AはCに対して、甲土地の返還を請求することができる。

⑶　Aの売却の意思表示に法律行為の目的及び取引上の社会通念に照らして重要な錯誤があり、重大な過失のないAが錯誤を理由にBとの売買契約を取り消す前に、Aの錯誤について悪意のCが、Bから甲土地を買い受けて所有権移転登記を備えていた場合、AはCに対して、甲土地の返還を請求することができる。

⑷　Aの売却の意思表示に法律行為の目的及び取引上の社会通念に照らして重要な錯誤があり、BがAの錯誤について過失なく知らなかった場合、Aに重大な過失があったとしても、Aは錯誤を理由にBとの売買契約を取り消して、甲土地の返還を請求することができる。

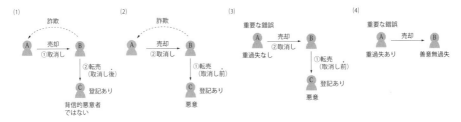

重過失があったら、自業自得。

講 義

(1)　正。詐欺の被害者Aと取消後の転得者Cとでは、先に**登記**を得た方の勝ちとなる。本肢の場合、Cが先に登記を得ているので、Cの勝ちだ（Aの負けだ）。だから、AはCに対して、甲土地の返還を請求することができない。　　　　　　　　　　　　　　　　　　　　　　　　94頁③

(2)　正。詐欺の被害者が契約を取り消した場合、その取消しは、**善意無過失**の第三者には対抗できない（悪意、善意有過失の第三者には対抗できる）。本肢のCは悪意だ。だから、AはCに対して、甲土地の返還を請求することができる。　　　　　　　　　　　　　　　　　　　　　　20頁(2)

(3)　正。錯誤に陥って契約をした者が契約を取り消した場合、その取消しは、**善意無過失**の第三者には対抗できない（悪意、善意有過失の第三者には対抗できる）。本肢のCは悪意だ。だから、AはCに対して、甲土地の返還を請求することができる。　　　　　　　　　　　　　　　　　　　　25頁(5)

(4)　誤。錯誤の表意者に**重過失**があったら、自業自得と言える。だから、表意者に重過失がある場合は、原則として取り消すことができない。本肢のAには重過失がある。だから、Aは取り消すことができない（Bに対して、甲土地の返還を請求することができない）。　　　　　　　　25頁(4)

（**正　解**）　(4)

Point!

取消しを第三者に対抗できるか？

① 詐欺　➡　**善意無過失**の第三者には対抗できない。 注意！
② 錯誤　➡　**善意無過失**の第三者には対抗できない。 注意！
注意！　逆に言うと、悪意と善意有過失の第三者には対抗できる（肢(2)、(3)）。

15

意思表示　　　　　　　　　　　　　　　[平30-1]

　　AがBに甲土地を売却した場合に関する次の記述のうち、民法の規定及び判例によれば、誤っているものはどれか。

(1)　甲土地につき売買代金の支払と登記の移転がなされた後、第三者の詐欺を理由に売買契約が取り消された場合、原状回復のため、BはAに登記を移転する義務を、AはBに代金を返還する義務を負い、各義務は同時履行の関係となる。

(2)　Aが甲土地を売却した意思表示に錯誤があったとしても、Aに重大な過失があって取り消すことができない場合は、BもAの錯誤を理由として取り消すことはできない。

(3)　AB間の売買契約が仮装譲渡であり、その後BがCに甲土地を転売した場合、Cが仮装譲渡の事実を知らなければ、Aは、Cに虚偽表示による無効を対抗することができない。

(4)　Aが第三者の詐欺によってBに甲土地を売却し、その後BがDに甲土地を転売した場合、Bが第三者の詐欺の事実を過失なく知らなかったとしても、Dが第三者の詐欺の事実を知っていれば、Aは詐欺を理由にAB間の売買契約を取り消すことができる。

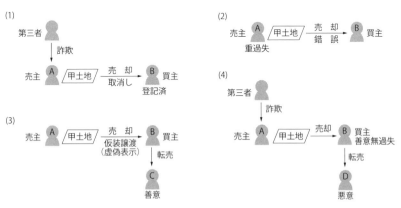

　善意無過失なら、そこで話はおしまい。

講　義

(1)　正。売買契約が詐欺を理由として取り消された場合の当事者双方（売主と買主のこと）の**原状回復義務**（もとどおりにする義務のこと）は、**同時履行**の関係にある。だから、BがAに登記を移転する義務と、AがBに代金を返す義務は、同時履行の関係にある。もとどおりにするためには、BはAに登記を返す（移転する）必要があるし、AはBに代金を返す必要がある。この「登記の移転」と「代金の返還」は、同時に行いましょう、という話。

(2)　正。Aに重大な過失があって取り消すことができない場合は、Bも取り消すことはできない（そもそも、本人であるAが取り消すことができないのだから、相手方Bも取り消すことはできない）。　🧩24頁(1)

(3)　正。仮装譲渡（虚偽表示）は、無効だ。しかし、この無効は**善意の第三者C**には対抗することができない。　🧩26頁(1)、(2)

(4)　誤。Bが詐欺の事実を過失なく知らなかったら（Bが**善意無過失**なら）、Aは契約を取り消すことができない（Bが善意無過失なら、Dが悪意であっても、Aは取り消すことができないので、本肢は×だ）。

🧩22頁(4)

正　解　(4)

Point!

　売買契約が詐欺を理由として取り消された場合
➡当事者双方（売主と買主のこと）の**原状回復義務**は、**同時履行**の関係にある（肢(1)）。

錯　誤　　　　　　　　　　　　　　　　[令2-6]

　AとBとの間で令和4年7月1日に締結された売買契約に関する次の記述のうち、民法の規定によれば、売買契約締結後、AがBに対し、錯誤による取消しができるものはどれか。

(1)　Aは、自己所有の自動車を100万円で売却するつもりであったが、重大な過失によりBに対し「10万円で売却する」と言ってしまい、Bが過失なく「Aは本当に10万円で売るつもりだ」と信じて購入を申し込み、AB間に売買契約が成立した場合

(2)　Aは、自己所有の時価100万円の壺（つぼ）を10万円程度であると思い込み、Bに対し「手元にお金がないので、10万円で売却したい」と言ったところ、BはAの言葉を信じ「それなら10万円で購入する」と言って、AB間に売買契約が成立した場合

(3)　Aは、自己所有の時価100万円の名匠の絵画を贋作（がんさく）だと思い込み、Bに対し「贋作（がんさく）であるので、10万円で売却する」と言ったところ、Bも同様に贋作（がんさく）だと思い込み「贋作（がんさく）なら10万円で購入する」と言って、AB間に売買契約が成立した場合

(4)　Aは、自己所有の腕時計を100万円で外国人Bに売却する際、当日の正しい為替レート（1ドル100円）を重大な過失により1ドル125円で計算して「8,000ドルで売却する」と言ってしまい、Aの錯誤について過失なく知らなかったBが「8,000ドルなら買いたい」と言って、AB間に売買契約が成立した場合

Hint!　相手方も同じ勘違いをしていたなら、取り消せる。

講 義

(1) **取消しができない。**表意者Aに**重過失**があっても、相手方Bが、**悪意**または**重過失**なら、取り消せる。「Bが過失なく〜信じて」とあるから、Bは善意無過失だ（悪意でも重過失でもない）。だから、Aは取り消せない。

📖 25頁(4)②

(2) **取消しができない。**動機に勘違いがある場合の錯誤を動機の錯誤という。動機の錯誤は、事情が**表示されていた**ときに限り、取り消せる（つまり、表示されていないときは、取り消せない）。「時価100万円の壺を10万円程度であると思い込んでいる」という事情は表示されていない。だから、Aは取り消せない。

📖 24頁(3)

(3) **取消しができる。** BもAと同じ勘違い（**同一の錯誤**）をしていたので、Aは取り消せる（なお、Aに重過失があったか否かについては、問題に書かれていないので不明だが、仮にAに重過失があったとしても、BもAと同じ勘違いをしていたので、Aは取り消せる）。 📖 25頁(4)もう一押し

(4) **取消しができない。**表意者Aに**重過失**があっても、相手方Bが、**悪意**または**重過失**なら、取り消せる。「過失なく知らなかったB」とあるから、Bは善意無過失だ（悪意でも重過失でもない）。だから、Aは取り消せない。

📖 25頁(4)②

（ 正 解 ） (3)

Point!

① 本来なら取り消せる場合であっても、

 ↓

② 表意者に**重過失**があるなら、取り消せない。

 ↓

③ ただし、表意者に重過失があっても、相手方が、**悪意・重過失**なら取り消せる（肢(1)）。

もう一押し ちなみに、表意者に重過失があっても、表意者と相手方が、同じ勘違い（**同一の錯誤**）をしていたなら、取り消せる（肢(3)）。

意思表示　　　　　　　　　　　　[平19-1]

　A所有の甲土地についてのAB間の売買契約に関する次の記述のうち、民法の規定及び判例によれば、正しいものはどれか。

(1)　Aは甲土地を「1,000万円で売却する」という意思表示を行ったが当該意思表示はAの真意ではなく、Bもその旨を知っていた。この場合、Bが「1,000万円で購入する」という意思表示をすれば、AB間の売買契約は有効に成立する。

(2)　AB間の売買契約が、AとBとで意を通じた仮装のものであったとしても、Aの売買契約の動機が債権者からの差押えを逃れるというものであることをBが知っていた場合には、AB間の売買契約は有効に成立する。

(3)　Aが第三者Cの強迫によりBとの間で売買契約を締結した場合、Bがその強迫の事実を知っていたか否かにかかわらず、AはAB間の売買契約に関する意思表示を取り消すことができる。

(4)　AB間の売買契約が、Aが泥酔して意思無能力である間になされたものである場合、Aは、酔いから覚めて売買契約を追認するまではいつでも売買契約を取り消すことができ、追認を拒絶すれば、その時点から売買契約は無効となる。

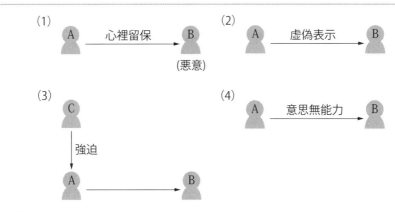

強迫にあった人には落ち度なし！

講義

(1) 誤。Aの売却の意思表示は真意ではないのだから、心裡留保だ。心裡留保は原則として有効だが、心裡留保の相手方のBが、Aの売却の意思表示が真意ではないことを知っていたり、または知ることができた場合（**悪意または善意有過失の場合**）は、例外として**無効**になる。 🔖32頁⑵

(2) 誤。AとBで示し合わせて、ありもしない架空の契約をでっち上げているのだから、虚偽表示だ。虚偽表示による契約は、ＡＢ間では本当に土地をやり取りする意思がないのだから、契約は**無効**となる。

🔖26頁⑴

(3) 正。第三者Cの強迫により意思表示をしたAは、相手方であるBが、強迫の事実を知っていた場合（悪意の場合）でも、知らなかった場合（**善意の場合**）でも、契約を取り消すことができる（注意！Bが善意有過失の場合だけでなく、善意無過失の場合も取り消すことができる）。 🔖22頁⑷

(4) 誤。物事を正常に判断することができない酔っぱらいなどのことを、意思無能力者という。そして、意思無能力者が行った契約は、はじめから**無効**だ（追認を拒絶すれば、その時点から無効になるのではない）。

🔖4頁 無効と取消しの違い、35頁⑵

正 解　⑶

Point!

CがAに対して詐欺または強迫をした場合において、相手方のBが善意無過失の場合、AはBとの契約を取り消せるか？
・ＣＡ間が詐欺なら ➡ 取り消せない
・ＣＡ間が強迫なら ➡ 取り消せる（肢⑶）

虚偽表示 [平24-1]

　民法第94条第2項は、相手方と通じてした虚偽の意思表示の無効は「善意の第三者に対抗することができない。」と定めている。次の記述のうち、民法の規定及び判例によれば、同項の「第三者」に該当しないものはどれか。

(1)　Aが所有する甲土地につき、AとBが通謀の上で売買契約を仮装し、AからBに所有権移転登記がなされた場合に、B名義の甲土地を差し押さえたBの債権者C

(2)　Aが所有する甲土地につき、AとBの間には債権債務関係がないにもかかわらず、両者が通謀の上でBのために抵当権を設定し、その旨の登記がなされた場合に、Bに対する貸付債権を担保するためにBから転抵当権の設定を受けた債権者C

(3)　Aが所有する甲土地につき、AとBが通謀の上で売買契約を仮装し、AからBに所有権移転登記がなされた場合に、Bが甲土地の所有権を有しているものと信じてBに対して金銭を貸し付けたC

(4)　AとBが通謀の上で、Aを貸主、Bを借主とする金銭消費貸借契約を仮装した場合に、当該仮装債権をAから譲り受けたC

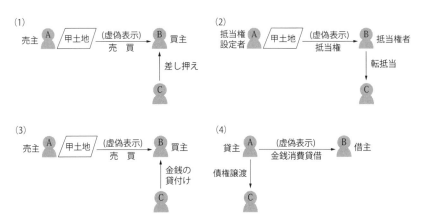

お金を貸しただけの人が仲間はずれだ。

講義

　難しく考える必要はない。要するに「Ｃが第三者に該当しない」＝「Ｃが善意であっても、虚偽表示の無効をＣに対抗できる」という話だ（ＡＢ間において虚偽表示をした場合において、Ｃが第三者に該当しないときは、Ｃが善意でも、虚偽表示が無効であるということをＣに主張できる、という話）。

1　Ｃが第三者に**該当する** ➡ Ｃが善意の場合は、虚偽表示の無効を**対抗できない。**

2　Ｃが第三者に**該当しない** ➡ Ｃが善意であっても、虚偽表示の無効を**対抗できる。**

　本問は、2（Ｃが第三者に該当しない場合）を探してください、という問題なのだ。

(1)　**該当する。差押債権者**のＣは第三者に**該当する**（＝差押債権者Ｃが善意の場合、虚偽表示の無効を対抗できない、ということ）。

(2)　**該当する。転抵当権の設定を受けた**Ｃは第三者に**該当する**（＝転抵当権の設定を受けたＣが善意の場合、虚偽表示の無効を対抗できない、ということ）。

(3)　**該当しない。** 単なる**金銭債権者**のＣは第三者に**該当しない。**お金を貸しただけのＣは、第三者に該当しない、ということだ（＝金銭債権者のＣが善意であっても、虚偽表示の無効を対抗できる、ということ）。

(4)　**該当する。仮装債権の譲受人**Ｃは第三者に**該当する**（＝仮装債権を譲り受けたＣが善意の場合、虚偽表示の無効を対抗できない、ということ）。

以上全体につき、 26 頁 (2)

（正 解）(3)

Point!

　ＡＢで示し合わせて（通謀という）、ありもしない架空の契約をでっち上げても（**虚偽表示**という）➡ その契約は**無効**だ。
そして、Ｃが第三者に**該当しない**場合は ➡ Ｃが善意であっても、虚偽表示の無効を**対抗できる**（肢(3)）。

虚偽表示

　Aは、その所有する甲土地を譲渡する意思がないのに、Bと通謀して、Aを売主、Bを買主とする甲土地の仮装の売買契約を締結した。この場合に関する次の記述のうち、民法の規定及び判例によれば、誤っているものはどれか。なお、この間において「善意」又は「悪意」とは、虚偽表示の事実についての善意又は悪意とする。

(1)　善意のCがBから甲土地を買い受けた場合、Cがいまだ登記を備えていなくても、AはAB間の売買契約の無効をCに主張することができない。

(2)　善意のCが、Bとの間で、Bが甲土地上に建てた乙建物の賃貸借契約（貸主B、借主C）を締結した場合、AはAB間の売買契約の無効をCに主張することができない。

(3)　Bの債権者である善意のCが、甲土地を差し押さえた場合、AはAB間の売買契約の無効をCに主張することができない。

(4)　甲土地がBから悪意のCへ、Cから善意のDへと譲渡された場合、AはAB間の売買契約の無効をDに主張することができない。

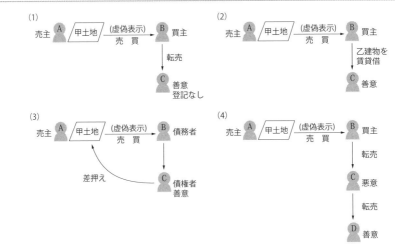

　善意の第三者に当たらない人を探せ！

講義

(1) 正。ＡＢ間で、ありもしない架空の契約をでっち上げているのだから、虚偽表示だ。虚偽表示による契約は無効だが、この無効は善意のＣには**対抗できない**（主張できない）。　　　　　　　　　　　🔖26頁(2)

(2) 誤。ＡＢ間は甲土地の売買契約の話で、ＢＣ間は乙建物の賃貸借契約の話だ。この場合は、Ａは売買契約の無効を、善意のＣに**対抗できる**（主張できる）。肢(1)とは違う場面の話なのだ（肢(1)は、ＡＢ間もＢＣ間も甲土地の売買契約）。

(3) 正。虚偽表示の目的物である甲土地を差し押さえた債権者Ｃも**第三者**だ。だから、Ｃが善意である場合は、Ａは売買契約の無効をＣに**対抗できない**（主張できない）。　　　　　　　　🔖28頁(3)

(4) 正。Ｃが悪意であっても、Ｃから甲土地を買ったＤが善意なら、Ａは売買契約の無効をＤに**対抗できない**（主張できない）。　　　　　🔖30頁(6)

〔**正　解**〕 (2)

Point!

虚偽表示の目的物は甲土地
① 甲土地を買ったＣ（肢(1)）
② 甲土地を**差し押さえた**Ｂの債権者Ｃ（肢(3)）
③ 甲土地上にある乙建物を借りたＣ（肢(2)）
➡ ①と②の場合は、Ｃが**善意**であるならば、Ａは売買契約の無効をＣに**対抗できない**。しかし、③の場合は、Ｃが**善意**であっても、Ａは売買契約の無効をＣに対抗できる。

代　理　[平21-2]

　AがA所有の土地の売却に関する代理権をBに与えた場合における次の記述のうち、民法の規定によれば、正しいものはどれか。

(1)　Bが自らを「売主Aの代理人B」ではなく、「売主B」と表示して、買主Cとの間で売買契約を締結した場合には、Bは売主Aの代理人として契約しているとCが知っていても、売買契約はBC間に成立する。

(2)　Bが自らを「売主Aの代理人B」と表示して買主Dとの間で締結した売買契約について、Bが未成年であったとしても、AはBが未成年であることを理由に取り消すことはできない。

(3)　Bは、自らが選任及び監督するのであれば、Aの意向にかかわらず、いつでもEを復代理人として選任して売買契約を締結させることができる。

(4)　Bは、Aに損失が発生しないのであれば、Aの意向にかかわらず、買主Fの代理人にもなって、売買契約を締結することができる。

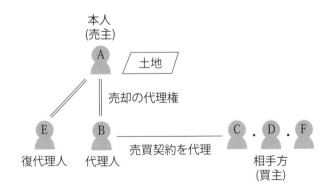

　ガキの使いでもOK！

講義

(1) 誤。Bの顕名（「Aの代理人で参りました」と言うこと）がなくても、Cが、「BはAの代理で来たんだな」ということを知っていたり（悪意）、知り得た場合（善意有過失）には、Aに契約の効力が帰属し、売買契約はAC間に成立することになる。　　　39頁(2)

(2) 正。未成年者等の制限行為能力者でも、代理人になることができる（ガキの使いでもOK！）。そして、この場合、本人は代理人が締結した契約を**取り消すことができない**。　　　40頁(2)

(3) 誤。委任による代理人は、別の人を勝手に復代理人としてはいけない。復代理人を選任できるのは、①**本人の許諾を得た場合**か、②**やむを得ない理由**（例：交通事故など）がある場合に限る。　　　46頁 表

(4) 誤。代理人はあらかじめ売主と買主の**両方の許諾**（片方ではダメ）を得れば、双方代理行為を有効に行うことができる。だから、Bが、買主Fの代理人にもなって、売買契約を締結するには、Aの許諾（とFの許諾）を得る必要があるので、「Bは、……Aの意向にかかわらず……」とある本肢は×だ。　　　42頁 ②

（正　解）(2)

Point!

① 未成年者等の制限行為能力者でも、**代理人になることができる**（ガキの使いでもOK！）。
そして、この場合、
② 本人は代理人が締結した契約を**取り消すことができない**（肢(2)）。
注意！ ただし、制限行為能力者が**他の制限行為能力者**の代理人としてした契約については、取り消すことができる。

代　　理 [平22-2]

　AがA所有の甲土地の売却に関する代理権をBに与えた場合における次の記述のうち、民法の規定によれば、正しいものはどれか。なお、表見代理は成立しないものとする。

(1)　Aが死亡した後であっても、BがAの死亡の事実を知らず、かつ、知らないことにつき過失がない場合には、BはAの代理人として有効に甲土地を売却することができる。

(2)　Bが死亡しても、Bの相続人はAの代理人として有効に甲土地を売却することができる。

(3)　17歳であるBがAの代理人として甲土地をCに売却した後で、Bが17歳であることをCが知った場合には、CはBが未成年者であることを理由に売買契約を取り消すことができる。

(4)　Bが売主Aの代理人であると同時に買主Dの代理人としてAD間で売買契約を締結しても、あらかじめ、A及びDの承諾を受けていれば、この売買契約は有効である。

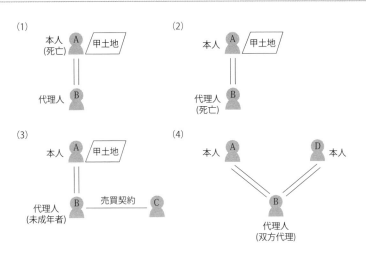

あらかじめ、両方の許諾を得ればOK。

講　義

(1)　誤。委任による代理（本人から頼まれて代理権を与えられる場合の代理）は、本人の**死亡・破産**で代理権が消滅する。だから、Ａが死亡したら、代理権が消滅し、ＢはＡの代理人として有効に甲土地を売却することはできない。
 43頁 楽勝ゴロ合せ

(2)　誤。委任による代理は、代理人の**死亡・破産・後見開始の審判**で代理権が消滅する。だから、Ｂが死亡したら、代理権が消滅し、Ｂの相続人はＡの代理人として有効に甲土地を売却することはできない。
 43頁 楽勝ゴロ合せ

(3)　誤。未成年者等の制限行為能力者でも、代理人になることができる（ガキの使いでも OK！）。だから、未成年者のＢは有効に契約をすることができる。したがって、ＣはＢが未成年者であることを理由に取り消すことはできない。
 40頁(1)(2)

(4)　正。双方代理は、原則として禁止されている（無権代理となる）。しかし、例外として、あらかじめ**両方の許諾**（片方ではダメ）を得れば、双方代理をして OK だ。
 42頁②

（正　解）(4)

Point!

双方代理は原則として禁止されている（無権代理となる）。
ただし、例外として、
　　① あらかじめ**両方の許諾**（片方ではダメ）を得ている場合（肢(4)）と
　　② 債務の履行の場合
　➡ 双方代理をして **OK** だ。

代　理　　　　　　　　　　　　[平30-2]

Aが、所有する甲土地の売却に関する代理権をBに授与し、BがCとの間で、Aを売主、Cを買主とする甲土地の売買契約（以下この問において「本件契約」という。）を締結した場合における次の記述のうち、民法の規定及び判例によれば、正しいものはどれか。

(1) Bが売買代金を着服する意図で本件契約を締結し、Cが本件契約の締結時点でこのことを知っていた場合であっても、本件契約の効果はAに帰属する。

(2) AがBに代理権を授与するより前にBが補助開始の審判を受けていた場合、Bは有効に代理権を取得することができない。

(3) BがCの代理人にもなって本件契約を成立させた場合、Aの許諾の有無にかかわらず、本件契約は無効となる。

(4) AがBに代理権を授与した後にBが後見開始の審判を受け、その後に本件契約が締結された場合、Bによる本件契約の締結は無権代理行為となる。

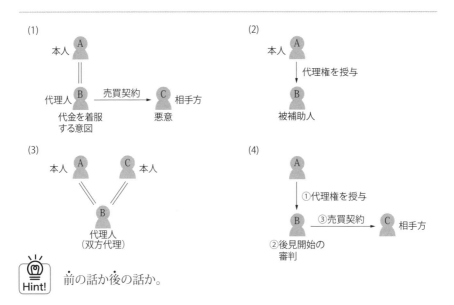

前の話か後の話か。

30

講義

(1)　誤。Bは代金を着服する意図で契約している。つまり、Bは自分の利益のために代理権を濫用しているわけだ。この場合（代理権の**濫用**の場合）、相手方CがBの目的（つまり、代金を着服する意図）を知り、または知ることができたときは、代理権を有しない者がした契約とみなされる。本件契約は、代理権を有しない者がした契約とみなされるのだから、効果はAに帰属しない。

(2)　誤。被補助人等の**制限行為能力者**でも、代理人になることができる。だから、被補助人のBは有効に代理権を取得することができる。

📖40頁(1)

(3)　誤。BがCの代理人にもなったのだから、双方代理だ。双方代理は原則として、禁止されている（無権代理となる）。しかし、例外として、あらかじめ**両方の許諾**（片方ではダメ）を得れば、双方代理行為を行うことができる（契約は有効となる）。だから、AとCの許諾があれば契約は**有効**となるのに、「契約は無効となる」と言い切っている本肢は×だ。

📖42頁②

(4)　正。代理人が**後見開始の審判**を受けたら、代理権は消滅する。だから、Bの代理権は消滅している。その代理権のないBが契約を締結したのだから、もちろん、無権代理行為となる。📖43頁 条文

（**正　解**）(4)

Point!

　代理権の濫用（自己または第三者の利益を図る目的で代理権の範囲内の行為をすること）
➡　相手方がその目的を知り、または知ることができたとき（**悪意または善意有過失**の場合）、代理権を有しない者がした行為とみなされる（つまり、無権代理行為とみなされる）（肢(1)）。

代　　理　　　　　　　　　　　　　　　　　［〒24-2］

　代理に関する次の記述のうち、民法の規定及び判例によれば、誤っているものはどれか。

(1)　未成年者が代理人となって締結した契約の効果は、当該行為を行うにつき当該未成年者の法定代理人による同意がなければ、有効に本人に帰属しない。

(2)　法人について即時取得の成否が問題となる場合、当該法人の代表機関が代理人によって取引を行ったのであれば、即時取得の要件である善意・無過失の有無は、当該代理人を基準にして判断される。

(3)　不動産の売買契約に関して、同一人物が売主及び買主の双方の代理人となった場合であっても、売主及び買主の双方があらかじめ承諾をしているときには、当該売買契約の効果は両当事者に有効に帰属する。

(4)　法定代理人は、やむを得ない事由がなくとも、復代理人を選任することができる。

ガキの使いでも OK。

(1)　誤。未成年者でも、**代理人になることができる**（ガキの使いでも OK）。そして、未成年者が代理人となった場合、未成年者は、法定代理人の同意がなくても、有効に代理行為を行うことができる（法定代理人の同意がなくても、効果は有効に本人に帰属する）。　　　📖40頁(1)、(2)

(2)　正。即時取得の要件である善意・無過失の有無は、**代理人を基準として判断される**。難しく考える必要はない。要するに代理人が善意・無過失である場合は即時取得が成立する、ということだ。　　　📖36頁

(3)　正。双方代理は原則として、禁止されている（無権代理となる）。しかし、あらかじめ売主と買主**両方の許諾**（片方ではダメ）を得れば、例外として、代理人は双方代理行為を有効に行うことができる。　　　📖42頁②

(4)　正。法定代理人は、**いつでも自由に**復代理人を選任できる。

📖46頁(2)

（正　解）　(1)

👓 **肢(2)をもう一押し！**

即時取得とは？

　取引行為（売買など）によって、平穏・公然に**動産**（時計や宝石など）の占有を始めた者が**善意・無過失**である場合は、ただちにその動産の所有権を取得する、という制度のこと。

　例えば、AがBから時計を借りたとする。そして、お金に困ったAが勝手にその時計をCに売ってしまった場合、Cが善意・無過失なら（CはAに時計の所有権がないということを知らなかった。そして、過失もなかった場合は）、Cはその時計の所有権を直ちに取得する（時計はCのものになる）。

代　理 [平19-2]

　Aは不動産の売却を妻の父であるBに委任し、売却に関する代理権をBに付与した。この場合に関する次の記述のうち、民法の規定によれば、正しいものはどれか。

(1)　Bは、やむを得ない事由があるときは、Aの許諾を得なくとも、復代理人を選任することができる。

(2)　Bが、Bの友人Cを復代理人として選任することにつき、Aの許諾を得たときは、Bは、Aに対し責任を負うことはない。

(3)　Bが、Aの許諾及び指名に基づき、Dを復代理人として選任したときは、Bは、Aに対し責任を負うことはない。

(4)　Bが復代理人Eを適法に選任したときは、EはAに対して、代理人と同一の権利を有し、義務を負うため、Bの代理権は消滅する。

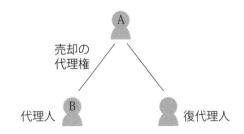

 別の人を勝手に復代理人としてはいけない。

(1)　正。委任による代理の場合、①本人の許諾を得たときか、②やむを得ない理由があるとき、代理人は復代理人を選任することができる。だから、Bは、やむを得ない理由があるときは、本人Aの許諾を得なくても、復代理人を選任することができる。　　　　　　　　　　📖46頁 表

(2)　誤。委任による代理の場合、代理人は本人に対して**債務不履行責任**を負う。だから、「責任を負うことはない」とある本肢は×だ。

　　　　　　　　　　　　　　　　　　　　　　　　　　　　📖46頁 表

(3)　誤。委任による代理の場合、代理人は本人に対して**債務不履行責任**を負う。だから、「責任を負うことはない」とある本肢は×だ。

　　　　　　　　　　　　　　　　　　　　　　　　　　　　📖46頁 表

(4)　誤。復代理人を選任しても、代理人は代理権を**失わない**（スペアキーを作ってもマスターキーでも金庫は開く）。だから、Bが復代理人Eを選任しても、Bの代理権は消滅しない。　　　　　　📖45頁 キーポイント①

　　　　　　　　　　　　　　　　　　　　　　　　（**正　解**）　(1)

Point!

委任による代理人─復代理人の選任と責任

①　どういう場合に復代理人を選任できるのか？　➡ ①**本人の許諾**を得たか、②**やむを得ない理由**がある場合に限る（肢(1)）。

②　本人に対してどういう責任を負うか？　➡ **債務不履行責任を負う**（肢(2)(3)）

代　　理　　　　　　　　　　　　　　[平14-2]

　Aが、Bの代理人としてCとの間で、B所有の土地の売買契約を締結する場合に関する次の記述のうち、民法の規定によれば、正しいものはどれか。

(1)　Bは、Aに対してCとの間の売買契約を委任したが、Aが、DをCと勘違いした法律行為の目的及び取引上の社会通念に照らして重要な錯誤によってDとの間で契約した場合、Aに重過失がなければ、Bは、この契約を取り消すことができる。

(2)　Bが、AにB所有土地を担保として、借金をすることしか頼んでいない場合、CがAに土地売却の代理権があると信じ、それに正当の事由があっても、BC間に売買契約は成立しない。

(3)　Bは未成年者であっても、Aが成年に達した者であれば、Bの法定代理人の同意又は許可を得ることなく、Aに売買の代理権を与えて、Cとの間で土地の売買契約を締結することができ、この契約を取り消すことはできない。

(4)　AがBに無断でCと売買契約をしたが、Bがそれを知らないでDに売却して移転登記をした後でも、BがAの行為を追認すれば、DはCに所有権取得を対抗できなくなる。

 代理において意思表示をするのは代理人。

講義

(1) 正。代理人が錯誤によって契約したり、詐欺・強迫にあって契約させられた場合、錯誤・詐欺・強迫を理由とする契約の取消権も、代理人ではなく、直接本人に帰属する。だから、契約を取り消すことができるのは**本人**だ。したがって、本人であるＢは契約を取り消すことができる。

📖 37頁条文

(2) 誤。土地を担保にして借金することしか頼んでいないのに、土地を売却してしまうことは無権代理に当たる。しかし、このように本来の代理権を超えて代理行為を行った場合、売却の代理権があると相手方が正当な事由をもって（善意無過失で）信じていたときは、**表見代理**が成立し有効に売買契約が成立してしまう。

📖 52頁 ① オーバー

(3) 誤。未成年者が、法定代理人の**同意**を得ずに契約したときは、その契約を取り消すことができる。これは、未成年者が代理人を使って契約した場合でも同じこと。法定代理人の同意がない以上、Ｂは契約を取り消すことができる。

📖 5頁 条文 原則

(4) 誤。Ａの行為は無権代理だが、Ｂが追認すればさかのぼって有効な行為となる。他方で、ＢがＤに売却した行為も有効だ。そうすると、Ｂは、ＤとＣに二重譲渡したことになるが、二重譲渡では**登記**を先に得た方が勝つ。よって、Ｄが登記を得ているので、ＤはＣに所有権を対抗できる。

📖 47頁(2)、91頁(1)

正 解 (1)

👓 表見代理の種類

①オーバー　代理人が**代理権限外**の契約をした場合

②アフター　代理人が**代理権消滅後**に契約をした場合

③ネバー　本人が本当は代理権を与えていないのに、**代理権**を与えたという表示をし、その表示された者が代理人として契約をしてしまった場合

注意！ なお、②＋①のパターン（アフターオーバーのパターン）と③＋①（ネバーオーバーのパターン）もある。

代　　理 [平26-2]

代理に関する次の記述のうち、民法の規定及び判例によれば、誤っているものはいくつあるか。

ア　代理権を有しない者がした契約を本人が追認する場合、その契約の効力は、別段の意思表示がない限り、追認をした時から将来に向かって生ずる。

イ　不動産を担保に金員を借り入れる代理権を与えられた代理人が、本人の名において当該不動産を売却した場合、相手方において本人自身の行為であると信じたことについて正当な理由があるときは、表見代理の規定を類推適用することができる。

ウ　代理人は、行為能力者であることを要しないが、代理人が後見開始の審判を受けたときは、代理権が消滅する。

エ　代理人が相手方に対してした意思表示の効力が意思の不存在、錯誤、詐欺、強迫又はある事情を知っていたこと若しくは知らなかったことにつき過失があったことによって影響を受けるべき場合には、その事実の有無は、本人の選択に従い、本人又は代理人のいずれかについて決する。

(1)　一つ
(2)　二つ
(3)　三つ
(4)　四つ

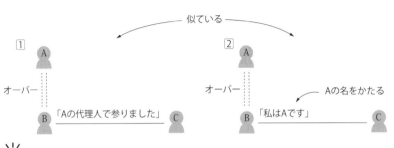

Hint! 似ている場面だから……。

講義

ア　誤。本当は代理人ではない者が、代理人のふりをして行った契約（これを無権代理行為という）は、無効だ。しかし、そういう契約も、本人が追認すると、無権代理行為の時点にさかのぼって有効になる。

47頁(2)

イ　正。例えば、①代理人のBが、「Aの代理で参りました」と相手方のCに言った上で、代理権限外（＝オーバー）の契約をした場合、Cが善意無過失なら、AC間の売買契約が有効に成立する、というのが表見代理のルールだ。しかし、本肢は、②代理人のBが、「私はAです」とAに成りすました上で代理権限外（＝オーバー）の契約をしているケースだ。②は、BがAに成りすましたという点を除けば、①と似ている。だから、②のケースも、表見代理のルールを適用する（類推適用という）ことができることになっている。

52頁①

ウ　正。制限行為能力者でも、代理人になることができるので、前半部分は正しい。また、代理人が後見開始の審判を受けたときは、代理権は消滅するので、後半部分も正しい。だから、本肢は○だ。

40頁(1)、43頁 条文

エ　誤。事実の有無（「詐欺にあったのか、あってないのか」・「強迫にあったのか、あってないのか」ということ等）は、代理人を基準にすることになっている。本人または代理人のいずれかについて決するのではないので、本肢は×だ。

37頁 条文

　　以上により、誤っているものはアとエなので、正解は肢(2)となる。

正解 (2)

肢イのまとめ

① 代理人のBが、「私はAの代理で参りました」＋代理権限外の契約
② 代理人のBが、「私はAです」＋代理権限外の契約

➡ 表見代理は、①のケースにおいて適用されるルールだ。だから、本来、②の場面では、表見代理のルールは使えないはずだ。しかし、①と②は似ている。したがって、②の場面においても、表見代理のルールを使ってOKですよ（類推して適用してOKですよ）、という話。

代　　理　　　　　　　　　　　　　　[平17-3]

　買主Aが、Bの代理人Cとの間でB所有の甲地の売買契約を締結する場合に関する次の記述のうち、民法の規定によれば、正しいものはいくつあるか。

ア　CがBの代理人であることをAに告げていなくても、Aがその旨を知っていれば、当該売買契約によりAは甲地を取得することができる。

イ　Bが従前Cに与えていた代理権が消滅した後であっても、Aが代理権の消滅について善意無過失であれば、当該売買契約によりAは甲地を取得することができる。

ウ　CがBから何らの代理権を与えられていない場合であっても、当該売買契約の締結後に、Bが当該売買契約をAに対して追認すれば、Aは甲地を取得することができる。

(1)　一つ

(2)　二つ

(3)　三つ

(4)　なし

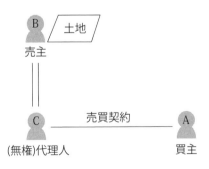

　Bが保護されるのは、どんな場合？

講義

ア　正。代理人が顕名（「○○さんの代理人で参りました」）を欠いたとしても、相手方が「○○さんの代理で来たんだな」ということを知っていたり（悪意）、知り得た場合（善意有過失）には、**本人**に契約の効力が帰属する。だから、Aは甲地を取得することができる。

39頁(2) **例外**

イ　正。代理人が**代理権消滅後**（＝アフター）に契約をした場合でも、相手方が善意無過失なら、本人と相手方の間に売買契約が成立する。だから、Aは甲地を取得することができる。　52頁 ② 「アフター」

ウ　正。無権代理行為による契約は無効だが、そういう契約であっても、本人が追認すると、無権代理行為の時点に**さかのぼって有効**となる。だから、Aは甲地を取得することができる。　47頁(2) **例外**

　　以上により、正しいものはアとイとウなので（すべてが正しいので）、正解は肢(3)となる。

正　解 (3)

まとめ　表見代理の種類

① 「オーバー」　代理人が**代理権限外**（＝オーバー）の契約をした場合
② 「アフター」　代理人が**代理権消滅後**（＝アフター）に契約をした場合（肢イ）
③ 「ネバー」本人が、本当は代理権を与えていないのに（＝ネバー）「私は**代理権を与えました**」と表示し代理人が契約をした場合
　以上の①～③の場合、相手方が**善意無過失**なら、本人と相手方との間に売買契約が**有効**に成立する。

無権代理 [平16-2]

B所有の土地をAがBの代理人として、Cとの間で売買契約を締結した場合に関する次の記述のうち、民法の規定及び判例によれば、正しいものはどれか。

(1) AとBとが夫婦であり契約に関して何ら取り決めのない場合には、不動産売買はAB夫婦の日常の家事に関する法律行為の範囲内にないとCが考えていた場合も、本件売買契約は有効である。

(2) Aが無権代理人である場合、CはBに対して相当の期間を定めて、その期間内に追認するか否かを催告することができ、Bが期間内に確答をしない場合には、追認とみなされ本件売買契約は有効となる。

(3) Aが無権代理人であっても、Bの死亡によりAがDとともにBを共同相続した場合には、Dが追認を拒絶していても、Aの相続分に相当する部分についての売買契約は、相続開始と同時に有効となる。

(4) Aが無権代理人であって、Aの死亡によりBが単独でAを相続した場合には、Bは追認を拒絶できるが、CがAの無権代理につき善意無過失であれば、CはBに対して損害賠償を請求することができる。

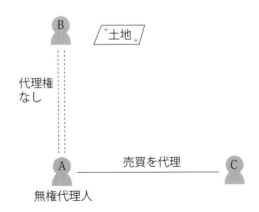

Hint! 責任も相続することになるぞ！

(1)　誤。夫婦の一方が、**日常の家事に関する法律行為**（契約などのことだ）をした場合、他の一方は、**連帯して責任を負う**ことになっている（例えば、妻が食料を購入して、代金を後日支払う約束をした場合、夫にも支払い義務があるということだ）。しかし、不動産売買は日常の家事に関する法律行為とはいえないし、Ｃも日常の家事に関する法律行為の範囲内にないと考えているのだから、表見代理も適用されず本肢の売買契約は無効だ。

🔖 52頁 ①

(2)　誤。契約をした相手方は、本人に対して、相当の期間をつけて「追認するかどうか答えろ！」と催告できる。そして、もし期限までに答えがないと、追認を拒絶したものとみなされる。

🔖 48頁 条文 ①

(3)　誤。無権代理行為の追認権は、金銭などと違い、その性質上分けることができるものではない。分けることができない以上、追認権は**相続人全員が共同して行使する**必要があるので、共同して追認権を行使しない限りは、無権代理行為である売買契約は、有効にならないのだ。

🔖 50頁 判例

(4)　正。Ａが死亡して、Ｂが単独でＡを相続すると、Ｂには①本人としての立場と、②無権代理人の相続人としての立場がある。だから、①Ｂは本人として追認拒絶権を行使することはできる。しかし、②それとは別にＢはＡから**無権代理人としての責任**（損害賠償義務）を相続することになるので、Ｃは、Ｂに対して損害賠償を請求することができる。

🔖 50頁 ケース2

正 解　(4)

👓 肢(3)をもう一押し！

無権代理人が本人を**単独相続**すると ➡ 無権代理行為は当然**有効**になる。
無権代理人が本人を**共同相続**すると ➡ 無権代理行為は当然**有効**になるわけではない。

無権代理 [平20-3]

AがBの代理人としてB所有の甲土地について売買契約を締結した場合に関する次の記述のうち、民法の規定及び判例によれば、正しいものはどれか。

(1) Aが甲土地の売却を代理する権限をBから書面で与えられている場合、A自らが買主となって売買契約を締結したときは、Aは甲土地の所有権を当然に取得する。

(2) Aが甲土地の売却を代理する権限をBから書面で与えられている場合、AがCの代理人となってBC間の売買契約を締結したときは、Cは甲土地の所有権を当然に取得する。

(3) Aが無権代理人であってDとの間で売買契約を締結した後に、Bの死亡によりAが単独でBを相続した場合、Dは甲土地の所有権を当然に取得する。

(4) Aが無権代理人であってEとの間で売買契約を締結した後に、Aの死亡によりBが単独でAを相続した場合、Eは甲土地の所有権を当然に取得する。

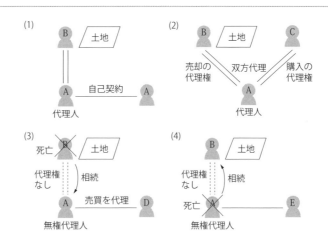

 無権代理人を保護する必要はない。

講義

(1) 誤。本肢のように代理人自身が買主になることを自己契約という。**自己契約は本人の利益を害する危険性が高いから、原則として禁止されている**（無権代理となる）。だから、Aは甲土地を当然に取得するわけではない。

41頁 下のコメント①

(2) 誤。本肢のように契約の当事者双方の代理人となることを双方代理という。**双方代理は依頼者の一方を裏切ることになる危険性が高いから、原則として禁止されている**（無権代理となる）。だから、Cは甲土地を当然には取得できない。

42頁 ②

(3) 正。本人Bが死亡して、無権代理人Aが単独でBを相続すると、この土地はAのものになる。甲土地がAのものになった以上、はじめから**Aが自分の土地をDに売った**とみなせば八方円満におさまるから、そうみなすことになっている。だから、Dは甲土地を当然に取得する。

50頁 ケース1

(4) 誤。無権代理人Aが死亡して、本人Bが単独でAを相続した場合、Bは本人としての立場で、**追認拒絶権を行使できる**。だから、Eは甲土地を当然には取得できない。ちなみに、Eが善意無過失の場合は、EはBに対して、甲土地を引き渡せと請求できる（本肢においては、Eが善意無過失であるか否かは不明だ）。

50頁 ケース2

（正　解） (3)

肢(1)と肢(2)のまとめ

① **自己契約** ➡ 原則として**禁止**（肢(1)）。
　例外として本人の許諾（事前）か追認（事後）があればOK。

② **双方代理** ➡ 原則として**禁止**（肢(2)）
　例外としてあらかじめ両方の許諾（片方ではダメ）を得ればOK。

無権代理　　　　　　　　　　　　[平24-4]

　Ａ所有の甲土地につき、Ａから売却に関する代理権を与えられていない
Ｂが、Ａの代理人として、Ｃとの間で売買契約を締結した場合における次
の記述のうち、民法の規定及び判例によれば、誤っているものはどれか。
なお、表見代理は成立しないものとする。

(1)　Ｂの無権代理行為をＡが追認した場合には、ＡＣ間の売買契約は有効
　　となる。

(2)　Ａの死亡により、ＢがＡの唯一の相続人として相続した場合、Ｂは、Ａ
　　の追認拒絶権を相続するので、自らの無権代理行為の追認を拒絶するこ
　　とができる。

(3)　Ｂの死亡により、ＡがＢの唯一の相続人として相続した場合、ＡがＢ
　　の無権代理行為の追認を拒絶しても信義則には反せず、ＡＣ間の売買契
　　約が当然に有効になるわけではない。

(4)　Ａの死亡により、ＢがＤとともにＡを相続した場合、ＤがＢの無権代
　　理行為を追認しない限り、Ｂの相続分に相当する部分においても、ＡＣ
　　間の売買契約が当然に有効になるわけではない。

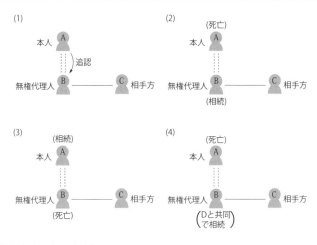

単独相続と共同相続で違う。

講 義

(1)　正。無権代理行為を本人が追認すると、無権代理行為の時点にさかの
ぼって有効になる。　　　　　　　　　　　　　　　　　　🔖 47頁(2)

(2)　誤。本人Aが死亡して、無権代理人Bが単独でAを相続すると、甲土地
はBのものになる。甲土地がBのものになった以上、はじめからBが自分
の土地をCに売ったものとみなせば八方円満におさまるから、そうみなす
ことになっている。だから、Bは追認を拒絶することはできない。

🔖 50頁 ケース1

(3)　正。無権代理人Bが死亡して、本人Aが単独でBを相続した場合、A
は本人としての立場で追認を拒絶することができる。だから、AC間の
売買契約が当然に有効になるわけではない。　　　　　　🔖 50頁 ケース2

(4)　正。本人Aが死亡して、無権代理人Bが共同でAを相続した場合は、無
権代理行為は、Bの相続分に相当する部分においても、当然に有効になる
わけではない（無権代理行為が当然に有効になるのは、Bが単独でAを相
続した場合だ。共同で相続した場合は、当然に有効になるわけではない）。

🔖 51頁 ケース1 の注意点！

〔正　解〕(2)

Point!

権限を行使するのは誰か？

追　認	➡ 本人Aだけ（肢(1)）
催　告	➡ 相手方Cだけ
取消し	➡ 相手方Cだけ
履行請求または損害賠償請求	➡ 相手方Cだけ

無権代理 （判決文問題） [令1-5]

次の(1)から(4)までの記述のうち、民法の規定及び判例並びに下記判決文によれば、誤っているものはどれか。

（判決文）

本人が無権代理行為の追認を拒絶した場合には、その後に無権代理人が本人を相続したとしても、無権代理行為が有効になるものではないと解するのが相当である。けだし、無権代理人がした行為は、本人がその追認をしなければ本人に対してその効力を生ぜず（民法113条1項）、本人が追認を拒絶すれば無権代理行為の効力が本人に及ばないことが確定し、追認拒絶の後は本人であっても追認によって無権代理行為を有効とすることができず、右追認拒絶の後に無権代理人が本人を相続したとしても、右追認拒絶の効果に何ら影響を及ぼすものではないからである。

(1) 本人が無権代理行為の追認を拒絶した場合、その後は本人であっても無権代理行為を追認して有効な行為とすることはできない。

(2) 本人が追認拒絶をした後に無権代理人が本人を相続した場合と、本人が追認拒絶をする前に無権代理人が本人を相続した場合とで、法律効果は同じである。

(3) 無権代理行為の追認は、別段の意思表示がないときは、契約の時にさかのぼってその効力を生ずる。ただし、第三者の権利を害することはできない。

(4) 本人が無権代理人を相続した場合、当該無権代理行為は、その相続により当然には有効とならない。

判決文は、本人が追認を拒絶した後に死亡した場合の話。

講　義

判決文のポイント

① 本人が無権代理行為の追認を拒絶した（これで、有効にならないことが確定）。

② ①の後に無権代理人が本人を相続しても、無権代理行為は有効に**ならない**（なぜなら、①の時点で有効にならないことが確定しているから）。

コメント

　難しく考える必要はない。要するに、本人が追認を拒絶したのだから、そこで話は終わりということだ（有効にならないことが確定）。話が既に終わっているのだから、その後、無権代理人が本人を相続しても、有効に**ならない**のだ。

注意！　判決文は、本人が何の意思も示さないで（追認を拒絶しないで）死亡し、無権代理人が本人を相続した話ではない（この場合は有効になる）。判決文は、本人が追認を拒絶した後に死亡し、無権代理人が本人を相続した場合どうなるか？　という話だ。

(1)　正。本人が追認拒絶すれば無権代理行為の効力は有効に**ならない**ことが確定する（効力が本人に及ばないことが確定する）。だから、追認拒絶の後は、本人であっても追認して有効にすることは**できない**。　　　　　　　　　　　　　📖 47頁(1)

(2)　誤。本人が追認拒絶した後に無権代理人が本人を相続した場合は、有効に**ならない**。しかし、本人が追認拒絶をする前に無権代理人が本人を相続した場合は、有効になる。だから、効果は同じではない。上記の判決文のポイントを参照。
　　　　　　　　　　　　　　　　　　　　　　　　　　　　　📖 50頁 ケース1

(3)　正。本当は代理人でない者が、代理人のふりをして行った契約（無権代理行為）は無効だ。しかし、そういう契約も、本人が追認すると無権代理の時点に**さかのぼって有効になる**（追認の時点から有効になるのではない）。なお、「第三者の権利を害することはできない」という点も正しい。
　　　　　　　　　　　　　　　　　　　　　　📖 48頁 よく出るポイント①

(4)　正。本人が無権代理人を相続した場合、無権代理行為は、当然には有効に**ならない**。　　　　　　　　　　　　　　　　　　　　　　📖 50頁 ケース2

正　解　(2)

Point!

無権代理行為は有効になるか？（肢(2)）

① 本人が追認を拒絶した後に、無権代理人が本人を相続した場合
➡ **ならない**。

② 本人が追認を拒絶する前に、無権代理人が本人を相続した場合
➡ **なる**。

表見代理その他 [平18-2]

　AはBの代理人として、B所有の甲土地をCに売り渡す売買契約をCと締結した。しかし、Aは甲土地を売り渡す代理権は有していなかった。この場合に関する次の記述のうち、民法の規定及び判例によれば、誤っているものはどれか。

(1)　BがCに対し、Aは甲土地の売却に関する代理人であると表示していた場合、Aに甲土地を売り渡す具体的な代理権はないことをCが過失により知らなかったときは、BC間の本件売買契約は有効となる。

(2)　BがAに対し、甲土地に抵当権を設定する代理権を与えているが、Aの売買契約締結行為は権限外の行為となる場合、甲土地を売り渡す具体的な代理権がAにあるとCが信ずべき正当な理由があるときは、BC間の本件売買契約は有効となる。

(3)　Bが本件売買契約を追認しない間は、Cはこの契約を取り消すことができる。ただし、Cが契約の時において、Aに甲土地を売り渡す具体的な代理権がないことを知っていた場合は取り消せない。

(4)　Bが本件売買契約を追認しない場合、Aは、Cの選択に従い、Cに対して契約履行又は損害賠償の責任を負う。ただし、Cが契約の時において、Aに甲土地を売り渡す具体的な代理権はないことを知っていた場合は責任を負わない。

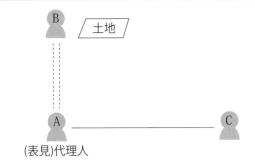

無過失が必要か？

(1) 誤。本人Bが、本当はAに代理権を与えていない（＝ネバー）のに、B がCに対して、「私はAに対して代理権を与えました」と表示し、AがB の代理人として契約した場合において、Cが**善意無過失**なら、表見代理が 成立してBC間の売買契約は有効になる。しかし、本肢のCには過失があ るので、売買契約は無効となる。　　　　　　　　　　　🔖 52頁 表 ③

(2) 正。代理人Aが代理権限外（＝オーバー）の契約をした場合、相手方 であるCが**善意無過失**なら、表見代理が成立してBC間の売買契約は有効 になる。本肢のCには、信ずべき正当な理由がある（＝善意無過失である） ので、売買契約は有効となる。　　　　　　　　　　　🔖 52頁 表 ①

(3) 正。無権代理人Aと契約をしたCは、無権代理であることを知ってい た場合（＝悪意の場合）、契約を取り消せない。

🔖 49頁 キーポイント ②

(4) 正。①Aに代理権がないことについて、Cが善意無過失の場合と②A に代理権がないことについて、Cが善意有過失であるが、Aが悪意の場 合は（①Cが善意無過失の場合と、②Cが善意有過失＋Aが悪意の場合 は）、Cは、Aに対して契約の履行または損害賠償を請求できる（＝Aは、 Cの選択に従い、Cに対して契約の履行または損害賠償の責任を負う）。 本肢のCは悪意なので、Aは、責任を負わない。

🔖 49頁 条文 ③ 注意! 、キーポイント③

（ 正 解 ）(1)

👤 用語の意味について

「**正当な理由がある**」とは ➡ ようするに「**善意無過失**」のことだ。したがっ て、相手方に「**正当な理由がある**」という場合は、「＝善意無過失である」 ということであり、表見代理が成立し、契約は有効となる（肢(2)）。

取得時効 　　　　　　　　　　　　　　　 [平22-3]

　所有権及びそれ以外の財産権の取得時効に関する次の記述のうち、民法の規定及び判例によれば、誤っているものはどれか。

(1)　土地の賃借権は、物権ではなく、契約に基づく債権であるので、土地の継続的な用益という外形的かつ客観的事実が存在したとしても、時効によって取得することはできない。

(2)　自己の所有と信じて占有している土地の一部に、隣接する他人の土地の筆の一部が含まれていても、他の要件を満たせば、当該他人の土地の一部の所有権を時効によって取得することができる。

(3)　時効期間は、時効の基礎たる事実が開始された時を起算点としなければならず、時効援用者において起算点を選択し、時効完成の時期を早めたり遅らせたりすることはできない。

(4)　通行地役権は、継続的に行使され、かつ、外形上認識することができるものに限り、時効によって取得することができる。

 所有権以外もOK。

(1)　誤。時効取得できる権利は所有権だけではない。**賃借権**も要件を満た
せば、時効によって取得することができる。　　　　　　📖57頁(5)

(2)　正。一筆の土地の**一部**だけを時効によって取得することができる（他
人の土地の全体を占有するのではなく一部分を占有した場合、その占有
していた一部分だけを時効取得できる）。

(3)　正。時効期間は、土地を占有し始めた日（時効の基礎たる事実が開始
された時）を起算点としなければならない。時効援用者が**起算点を選択
することはできない**ことになっている。　　　　　　📖57頁(4)

(4)　正。時効取得できる権利は所有権だけではない。**地役権**も要件を満た
せば、時効によって、取得することができる。　　　　📖57頁(5)

（正　解）(1)

Point!

時効取得できる権利
1　所有権
2　**地上権**
3　**地役権**（肢(4)）
4　**賃借権**（肢(1)）

取 得 時 効 　　　　　　　　　　　　[平16-5]

　A所有の土地の占有者がAからB、BからCと移った場合のCの取得時効に関する次の記述のうち、民法の規定及び判例によれば、正しいものはどれか。

(1)　Bが平穏・公然・善意・無過失に所有の意思をもって8年間占有し、CがBから土地の譲渡を受けて2年間占有した場合、当該土地の真の所有者はBではなかったとCが知っていたとしても、Cは10年の取得時効を主張できる。

(2)　Bが所有の意思をもって5年間占有し、CがBから土地の譲渡を受けて平穏・公然に5年間占有した場合、Cが占有の開始時に善意・無過失であれば、Bの占有に瑕疵があるかどうかにかかわらず、Cは10年の取得時効を主張できる。

(3)　Aから土地を借りていたBが死亡し、借地であることを知らない相続人Cがその土地を相続により取得したと考えて利用していたとしても、CはBの借地人の地位を相続するだけなので、土地の所有権を時効で取得することはない。

(4)　Cが期間を定めずBから土地を借りて利用していた場合、Cの占有が20年を超えれば、Cは20年の取得時効を主張することができる。

　他人の占有でもOK！

講義

(1) 正。善意無過失で占有が開始された場合には、10年間で取得時効が完成する。そして、時効の進行中に売却された場合でも、買主は**売主の占有期間**も合わせて主張できるので、買主のCは取得時効を主張することができる。　　　　58頁(7)

(2) 誤。肢(1)の解説にあるように、買主は売主の占有期間も合わせて主張できるが、その場合、売主の占有中に存在していた**瑕疵**（悪意や過失などのことだ）**も受け継ぐ**。だから、Bの占有に瑕疵がある場合、Cは10年の取得時効を主張することができない。だから、Bの占有に瑕疵があるかどうかにかかわらず、とする本肢は×だ。もっとも、Cは善意無過失なのだから、自分の占有開始から10年たつと取得時効を主張できるから念のため。　　58頁(7)

(3) 誤。相続人のCが、所有の意思をもって新たに「**事実上の支配**」を開始すれば、当該土地を時効によって取得することができるので、本肢は×だ。　　　　63頁(2)

(4) 誤。取得時効が成立するためには、ただ占有するだけではだめで、「**自分の所有物にする意思（所有の意思）**」で占有する必要がある。賃借人には「所有の意思」がないので、賃借人のCは所得権の取得時効を主張することができない。　　　　61頁(9)

（**正解**）(1)

Point!

他人の占有でもOKな2つの場合
① 賃借人が占有していれば ➡ 賃貸人が占有していることになる！
② 買主は ➡ 売主の占有期間も合わせて主張できる！

取 得 時 効 　　　　　　　　　　　　[平27-4]

　A所有の甲土地を占有しているBによる権利の時効取得に関する次の記述のうち、民法の規定及び判例によれば、正しいものはどれか。

(1)　Bが父から甲土地についての賃借権を相続により承継して賃料を払い続けている場合であっても、相続から20年間甲土地を占有したときは、Bは、時効によって甲土地の所有権を取得することができる。

(2)　Bの父が11年間所有の意思をもって平穏かつ公然に甲土地を占有した後、Bが相続によりその占有を承継し、引き続き9年間所有の意思をもって平穏かつ公然に占有していても、Bは、時効によって甲土地の所有権を取得することはできない。

(3)　Aから甲土地を買い受けたCが所有権の移転登記を備えた後に、Bについて甲土地所有権の取得時効が完成した場合、Bは、Cに対し、登記がなくても甲土地の所有者であることを主張することができる。

(4)　甲土地が農地である場合、BがAと甲土地につき賃貸借契約を締結して20年以上にわたって賃料を支払って継続的に耕作していても、農地法の許可がなければ、Bは、時効によって甲土地の賃借権を取得することはできない。

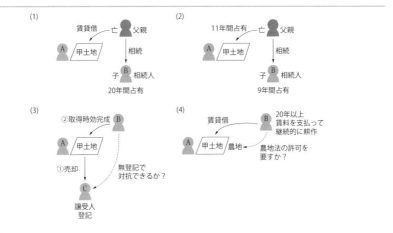

　前か後か？

講義

(1) 誤。賃借人には、所有の意思はない。だから、賃借人の相続人も、**所有の意思はないものとみなされてしまう**。だから、原則として、所有権を時効取得できない。例外として、所有の意思を持って新たに「事実上の支配」を開始したら、時効取得できる。本肢の相続人は、所有の意思を持って新たに「事実上の支配」を開始したとはいえないから、原則どおり、所有権を時効取得できない。　　　　　　　　　　　　　　　62頁(1)

(2) 誤。相続人は、**被相続人の占有期間も合わせて**主張できる。だから、Bは、Bの父の占有期間（11年間）も合わせて主張できる。したがって、占有期間は、11年間（Bの父の占有期間）＋9年間（Bの占有期間）＝20年間となるので、Bは、時効取得できる。　　　　58頁 標語

(3) 正。CがAから甲土地を買い受けたのがBの取得時効完成の前なら、登記とは無関係にBが勝つ。だから、Bは、Cに対して、甲土地の所有者であることを主張できる。　　　　　　　　　　　　　　60頁 表

(4) 誤。時効取得できる権利は所有権だけではない。**賃借権**も要件を満たせば（本肢のBは、**20年**以上賃料を支払って継続的に耕作しているので要件を満たしている）、農地法の許可がなくても、時効によって取得することができる。　　　　　　　　　　　　　　　　　57頁(5)

（正　解） (3)

肢(3)のポイント

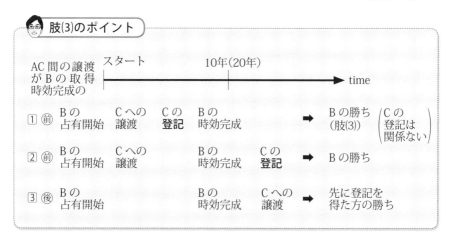

時　効　　　　　　　　　　　　　　　　[令2-10]

　Aが甲土地を所有している場合の時効に関する次の記述のうち、民法の規定及び判例によれば、誤っているものはどれか。

(1)　Bが甲土地を所有の意思をもって平穏かつ公然に17年間占有した後、CがBを相続し甲土地を所有の意思をもって平穏かつ公然に3年間占有した場合、Cは甲土地の所有権を時効取得することができる。

(2)　Dが、所有者と称するEから、Eが無権利者であることについて善意無過失で甲土地を買い受け、所有の意思をもって平穏かつ公然に3年間占有した後、甲土地がAの所有であることに気付いた場合、そのままさらに7年間甲土地の占有を継続したとしても、Dは、甲土地の所有権を時効取得することはできない。

(3)　Dが、所有者と称するEから、Eが無権利者であることについて善意無過失で甲土地を買い受け、所有の意思をもって平穏かつ公然に3年間占有した後、甲土地がAの所有であることを知っているFに売却し、Fが所有の意思をもって平穏かつ公然に甲土地を7年間占有した場合、Fは甲土地の所有権を時効取得することができる。

(4)　Aが甲土地を使用しないで20年以上放置していたとしても、Aの有する甲土地の所有権が消滅時効にかかることはない。

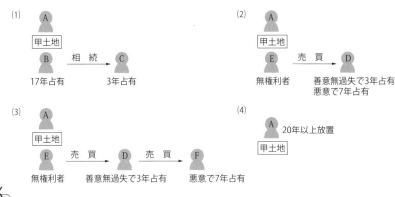

占有開始時だけ。

(1)　正。相続人は、被相続人の占有期間も**合わせて**主張できる。だから、CはBの占有期間（17年）とC自身の占有期間（3年）を合わせて主張できる。Bの占有期間（17年）とC自身の占有期間（3年）を合わせると20年になるので、Cは甲土地を時効取得できる。

(2)　誤。**占有開始時に善意無過失であれば、その後悪意になったとしても（他人の物だと気付いても）、10年占有を続ければ、所有権を時効取得できる。**

56頁 占有開始時だけ

(3)　正。買主は、売主の占有期間も**合わせて**主張できる。だから、FはDの占有期間（3年）とF自身の占有期間（7年）を合わせて主張できる。そして、売主の占有期間も合わせて主張する場合は、売主の善意無過失・善意有過失・悪意も**承継**する（たとえば、売主が善意無過失なら、買主が悪意でも善意無過失の占有となる）。Dは善意無過失だ。だから、Fは善意無過失ということも承継する。結局、Fは善意無過失で10年占有したことになるので、甲土地を時効取得できる。

58頁(7)

(4)　正。所有権は時効によって消滅**しない**。だから、Aが甲土地を使用しないで20年以上放置していたとしても、甲土地の所有権が消滅時効にかかることはない。

63頁 表②

（正　解）　(2)

Point!

合わせて主張できる
1　買主は　　➡　　売主の占有期間も**合わせて**主張できる（肢(3)）。
2　相続人は　➡　　被相続人の占有期間も**合わせて**主張できる（肢(1)）。
注意!　合わせて主張する場合は、前の占有者（売買なら売主・相続なら被相続人）の善意無過失・善意有過失・悪意も**承継する**（肢(3)）。

所有権の移転・取得　　　　　　　　　[平29-2]

　所有権の移転又は取得に関する次の記述のうち、民法の規定及び判例によれば、正しいものはどれか。

(1)　Aの所有する甲土地をBが時効取得した場合、Bが甲土地の所有権を取得するのは、取得時効の完成時である。

(2)　Aを売主、Bを買主としてCの所有する乙建物の売買契約が締結された場合、BがAの無権利について善意無過失であれば、AB間で売買契約が成立した時点で、Bは乙建物の所有権を取得する。

(3)　Aを売主、Bを買主として、丙土地の売買契約が締結され、代金の完済までは丙土地の所有権は移転しないとの特約が付された場合であっても、当該売買契約締結の時点で丙土地の所有権はBに移転する。

(4)　AがBに丁土地を売却したが、AがBの強迫を理由に売買契約を取り消した場合、丁土地の所有権はAに復帰し、初めからBに移転しなかったことになる。

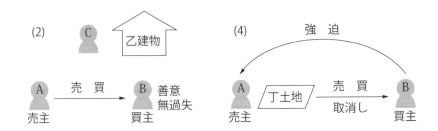

　はじめから無効だったことになる。

講義

(1) 誤。甲土地は、**起算日**（Bが甲土地を占有し始めた日）にさかのぼってBのものになる。取得時効の完成時からではない。　📙57頁(4)

(2) 誤。売主から、売主以外の第三者が所有する**動産**（不動産以外の物のこと、例えば、時計や宝石）を買った者は、売主が無権利者であることについて、**善意無過失**であれば、所有権を取得できる。これを即時取得という。例えば、Aを売主、Bを買主として時計（**動産**）の売買契約が締結されたが、この時計はAがCから借りていた物であった（時計の所有者はC）。この場合において、Bは、Aが無権利者であるということについて善意無過失であれば（要するに、「時計の所有者はAだ」と過失なく誤信したのであれば）、時計の所有権を取得できる。しかし、本肢の売買の目的物は乙建物（不動産）であって、動産ではない。だから、Bは所有権を取得できない。即時取得の制度が適用されるのは、**動産**の場合だけなのだ。　📘平成19年第3問(1)

(3) 誤。「代金を完済するまで所有権を買主に移転しない」という特約は**有効**だ。だから、売買契約締結の時点では、丙土地の所有権はBに移転しない。所有権が移転するのは、Bが代金を完済した時だ。

(4) 正。取り消されると、**はじめから無効**だったことになる。だから、丁土地の所有権はAに復帰し、はじめからBに移転しなかったことになる。

📙4頁 無効と取り消しの違い

（ 正 解 ）(4)

Point!

即時取得の制度が適用されるか？
不動産　➡　×（肢2）
動産　➡　○

時　効 [令1-9]

　AがBに対して金銭の支払を求めて訴えを提起した場合の時効の更新に関する次の記述のうち、民法の規定及び判例によれば、誤っているものはどれか。

(1)　訴えの提起後に当該訴えが取り下げられた場合には、時効は更新されない。

(2)　訴えの提起後に当該訴えの却下の判決が確定した場合には、時効は更新されない。

(3)　訴えの提起後に請求棄却の判決が確定した場合には、時効は更新されない。

(4)　訴えの提起後に裁判上の和解が成立した場合には、時効は更新されない。

Hint!　勝訴→権利が確定する。裁判上の和解が成立→権利が確定する。

講義

　1裁判上の請求をすると（訴えを起こすと）、時効の完成が**猶予**される（時効は完成しない）。2そして、勝訴すると、時効が**更新**する（時効期間がゼロに戻り、再び進行を始める）。

　ただし、裁判上の請求をしても（訴えを起こしても）、①訴えを**取り下げ**た場合、②**却下**された場合（門前払いされた場合）、③**棄却**された場合（敗訴した場合）は、時効は更新しない。

(1)　正。訴えが取り下げられた場合、時効は更新**しない**。　　　　📖 67頁(1)

(2)　正。訴えが却下された場合、時効は更新**しない**（門前払いされると時効は更新**しない**）。　　　　📖 67頁(1)

(3)　正。請求が棄却された場合、時効は更新**しない**（裁判で負けると時効は更新**しない**）。　　　　📖 67頁(1)

(4)　誤。裁判上の和解とは、当事者双方（訴えた方と訴えられた方）が互いに譲り合って訴訟を終わらせることだ。裁判上の和解が成立した場合、時効は更新**する**（仲直りすると時効は更新する）。

(正 解) (4)

Point!

時効は更新するか？

1	訴えの取り下げ	➡	×	(肢(1))
2	訴え却下	➡	×	(肢(2))
3	請求棄却	➡	×	(肢(3))
4	裁判上の和解	➡	○	(肢(4))

消滅時効 [平21-3]

Aは、Bに対し建物を賃貸し、月額10万円の賃料債権を有している。この賃料債権の消滅時効に関する次の記述のうち、民法の規定及び判例によれば、誤っているものはどれか。

(1) Aが、Bに対する賃料債権につき支払督促の申立てをし、確定判決と同一の効力を有するものによって権利が確定したときは、消滅時効は更新する。

(2) Bが、Aとの建物賃貸借契約締結時に、賃料債権につき消滅時効の利益はあらかじめ放棄する旨約定したとしても、その約定に法的効力は認められない。

(3) Aが、Bに対する賃料債権につき内容証明郵便により支払を請求したときは、その請求により消滅時効は更新する。

(4) Bが、賃料債権の消滅時効が完成した後にその賃料債権を承認したときは、消滅時効の完成を知らなかったときでも、その完成した消滅時効の援用をすることは許されない。

賃貸人 A 〔建物〕 —賃貸借→ B 賃借人
(月10万円)

 催告だけではダメだ！

講 義

(1) 正。**支払督促**の申立てがあり、確定判決と同一の効力を有するものによって権利が確定したときは、時効は**更新**する。

(2) 正。時効の利益は、**あらかじめ放棄できない**。だから、ＢがＡと、あらかじめ時効の利益を放棄する旨の約定をしても、その約定は無効だ。

📖 66 頁 (3)

(3) 誤。口頭や内容証明郵便で「返せ」と請求することを、**催告**という。催告は裁判上の請求より効力が弱い。だから、時効は**更新しない**。なお、催告をした時から6カ月間は時効の完成が猶予される（6カ月間は時効が完成しない）。

📖 67 頁 (2)

(4) 正。消滅時効が完成した後に債務者が債権を承認した場合には、債務者は、時効が完成した事実を知らなかったとしても、時効を**援用**することはできない（「時効が完成したので、お金は払いません」と主張することはできない）。

📖 68 頁 (3) 注意！

（ 正 解 ） (3)

😊 肢(1)の詳しい話

- 支払督促 ➡ 債権者のＡが裁判所に対して、何とかしてくれ（督促を出してくれ）と泣きつくこと。泣きつくと（支払督促の申立てをすると）、裁判所が債務者のＢに対して「Ｂさん、Ａさんに 10 万円払いなさい。」という督促をしてくれる。
- そして、**支払督促**の申立てがあり、確定判決と同一の効力を有するものによって権利が確定すると ➡ 時効は**更新**する（肢(1)）。

消滅時効　　　　　　　　　　　　　　[平30-4]

　時効の援用に関する次の記述のうち、民法の規定及び判例によれば、誤っているものはどれか。

(1)　消滅時効完成後に主たる債務者が時効の利益を放棄した場合であっても、保証人は時効を援用することができる。

(2)　後順位抵当権者は、先順位抵当権の被担保債権の消滅時効を援用することができる。

(3)　詐害行為の受益者は、債権者から詐害行為取消権を行使されている場合、当該債権者の有する被保全債権について、消滅時効を援用することができる。

(4)　債務者が時効の完成の事実を知らずに債務の承認をした場合、その後、債務者はその完成した消滅時効を援用することはできない。

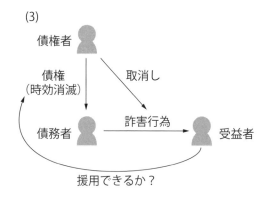

　追い抜き禁止。

講義

(1) 正。たとえ、債務者が時効の利益を放棄した場合であっても、**保証人・連帯保証人**は、時効を援用することができる。

(2) 誤。**後順位抵当権者**は、先順位抵当権の被担保債権の消滅時効を援用することはできない。後順位の抵当権は、先順位の抵当権が消滅すれば、順位が上がる（たとえば、1番抵当権が消滅すれば、2番抵当権が1番抵当権に繰り上がる）。だから、後順位抵当権者は、先順位抵当権の被担保債権の消滅時効を援用することができれば、順位が上がるのでお得なのだが、それはできませんよ、という話。

(3) 正。詐害行為の**受益者**は、債権者から詐害行為取消権を行使されている場合、債権者の有する被保全債権について、消滅時効を援用することができる。たとえば、債権者がAで債務者がBとする。そして、Bが、B所有の土地をCに売却したとする（Cのことを受益者という）。この場合において、Aが詐害行為取消権を行使しているとき（BC間の契約について取消権を行使しているとき）は、Cは、Aの有する被保全債権（AのBに対する債権）について、消滅時効を援用することができる、という話。

(4) 正。消滅時効が完成した後に債務者が債務を承認した場合には、債務者は、時効が完成した事実を知らなかったとしても、時効を援用することはできない。

68頁 注意!

（ 正 解 ）(2)

Point!

時効の援用
消滅時効が完成した後に債務者が債務を**承認**した場合には、
➡ 債務者は、時効を援用することは**できない**。 注意!
注意! 時効が完成した事実を**知らなかった**としても、援用することは**できない**（肢(4)）。

相　　続 [平29-9]

　1億2,000万円の財産を有するAが死亡した。Aには、配偶者はなく、子B、C、Dがおり、Bには子Eが、Cには子Fがいる。Bは相続を放棄した。また、Cは生前のAを強迫して遺言作成を妨害したため、相続人となることができない。この場合における法定相続分に関する次の記述のうち、民法の規定によれば、正しいものはどれか。

(1)　Dが4,000万円、Eが4,000万円、Fが4,000万円となる。

(2)　Dが1億2,000万円となる。

(3)　Dが6,000万円、Fが6,000万円となる。

(4)　Dが6,000万円、Eが6,000万円となる。

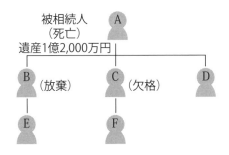

被相続人
（死亡）
遺産1億2,000万円

B（放棄）　　C（欠格）　　D

E　　　　　F

Hint!　欠格と放棄、代襲相続の原因となるのはどっち？

講義

① Bは相続を放棄したので、相続できない。そして、**放棄**は代襲相続の原因と**ならない**から、Bの子Eも相続できない（Eは代襲相続できない）。

📖73頁③

② CはAを強迫して遺言の作成を妨害したから、相続できない（Cは欠格事由があるから、相続できない）。しかし、①の放棄と異なり、**欠格**は代襲相続の原因と**なる**から、Cの子Fは相続できる（Fは代襲相続できる）。ちなみに、FはCが相続するはずだった分（要するに6,000万円）を代襲して相続することになる。

📖71頁②

③ 以上により、DとFが6,000万円ずつ相続することになる。

（正 解）(3)

Point!

代襲相続の原因となるか？

① 死亡 ➡ ○

② 欠格 ➡ ○（本問のFは代襲相続できる）

③ 廃除 ➡ ○

④ **放棄** ➡ ✘（本問のEは代襲相続できない）

相　　続 [平19-12]

AがBに対して1,000万円の貸金債権を有していたところ、Bが相続人C及びDを残して死亡した場合に関する次の記述のうち、民法の規定及び判例によれば、誤っているものはどれか。

(1) Cが単純承認を希望し、Dが限定承認を希望した場合には、相続の開始を知った時から3か月以内に、Cは単純承認を、Dは限定承認をしなければならない。

(2) C及びDが相続開始の事実を知りながら、Bが所有していた財産の一部を売却した場合には、C及びDは相続の単純承認をしたものとみなされる。

(3) C及びDが単純承認をした場合には、法律上当然に分割されたAに対する債務を相続分に応じてそれぞれが承継する。

(4) C及びDが相続放棄をした場合であっても、AはBの相続財産管理人の選任を請求することによって、Bに対する貸金債権の回収を図ることが可能となることがある。

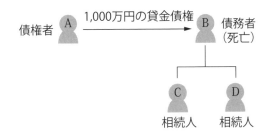

全員共同でしなければならないのはどの相続？

講　義

(1)　誤。限定承認をした者としない者がいたのでは、その後の処理がややこしくなるから、限定承認は相続人**全員共同**でしなければならない。

📖 73頁 ②

(2)　正。相続人が、相続財産の全部または一部を**処分**（**売却**など）した場合、その相続人は**単純承認**したものとみなされることになる。

📖 73頁 ①

(3)　正。単純承認とは、被相続人が残した遺産も借金も全部受け継ぐ相続方法だ。借金も受け継ぐのが単純承認なのだから、単純承認をしたC及びDはAに対する債務を**相続分に応じて**それぞれ**承継**することになる。

📖 73頁 ①

(4)　正。AはBの遺産に対して利害関係を持っているので、家庭裁判所に対して、**相続財産管理人**の選任を請求することができる。そして、このことによって、AはBに対する貸金債権の回収を図ることが可能となる場合もあるので、本肢は正しい。

（　正　解　）　(1)

Point!

単純承認とみなされる場合
①　相続財産の全部または一部を**処分**（**売却**など）した場合（肢(2)）
②　相続財産の全部または一部を**隠したり**した場合

相　　続　　　　　　　　　　［平28-10］

甲建物を所有するAが死亡し、相続人がそれぞれAの子であるB及びCの2名である場合に関する次の記述のうち、民法の規定及び判例によれば、誤っているものはどれか。

(1) Bが甲建物を不法占拠するDに対し明渡しを求めたとしても、Bは単純承認をしたものとはみなされない。

(2) Cが甲建物の賃借人Eに対し相続財産である未払賃料の支払いを求め、これを収受領得したときは、Cは単純承認をしたものとみなされる。

(3) Cが単純承認をしたときは、Bは限定承認をすることができない。

(4) Bが自己のために相続の開始があったことを知らない場合であっても、相続の開始から3か月が経過したときは、Bは単純承認をしたものとみなされる。

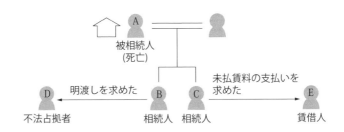

気づいてないなら。

講 義

(1) 正。**保存行為**をしても、単純承認をしたものとは**みなされない**。不法占拠者に明渡しを求めることは、保存行為だ。だから、Bは単純承認をしたものとはみなされない。 🔖73頁①、121頁① 例

(2) 正。相続人が、**相続財産**の全部または一部を**処分**した場合は、単純承認をしたものとみなされる。そして、相続人が相続財産である未払い賃料の支払いを求め、これを収受領得することは、相続財産の一部の処分にあたる。だから、Cは単純承認をしたものとみなされる。

🔖73頁①

(3) 正。限定承認をした者としない者がいたのでは、その後の処理がややこしくなるから、限定承認は相続人全員共同でしなければできない。

🔖73頁②

(4) 誤。相続人は、自己のために相続があったことを**知った時**から3カ月以内に、①単純承認するか、②限定承認するか、③放棄するかを選ばなければならない。なお、知った時から3カ月以内に選ばないと、単純承認をしたものとみなされる。だから、知らない場合は、3カ月を経過しても単純承認をしたものとはみなされない。 🔖73頁(4)

(正 解) (4)

Point!

　相続人が、**相続財産**の全部または一部を**処分**した場合は、単純承認をしたものとみなされる。

注1 保存行為は、

　➡ 相続財産の処分に該当**しない**（単純承認をしたものとは**みなされない**）（肢(1)）。

注2 相続財産の支払いを求め、これを収受領得することは、

　➡ 相続財産の処分に該当**する**（単純承認したものと**みなされる**）（肢(2)）。

相　　続 　　　　　　　　　　　　　[平29-6]

　Aが死亡し、相続人がBとCの2名であった場合に関する次の記述のうち、民法の規定及び判例によれば、正しいものはどれか。

(1)　①BがAの配偶者でCがAの子である場合と、②BとCがいずれもAの子である場合とでは、Bの法定相続分は①の方が大きい。

(2)　Aの死亡後、いずれもAの子であるBとCとの間の遺産分割協議が成立しないうちにBが死亡したときは、Bに配偶者Dと子Eがいる場合であっても、Aの遺産分割についてはEが代襲相続人として分割協議を行う。

(3)　遺産分割協議が成立するまでの間に遺産である不動産から賃料債権が生じていて、BとCがその相続分に応じて当該賃料債権を分割単独債権として確定的に取得している場合、遺産分割協議で当該不動産をBが取得することになっても、Cが既に取得した賃料債権につき清算する必要はない。

(4)　Bが自己のために相続の開始があったことを知った時から3か月以内に家庭裁判所に対して、相続によって得た財産の限度においてのみAの債務及び遺贈を弁済すべきことを留保して相続を承認する限定承認をする旨を申述すれば、Cも限定承認をする旨を申述したとみなされる。

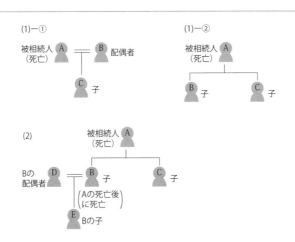

　後にされた遺産分割の影響を受けない。

講義

(1) 誤。①相続人が妻(配偶者)と子供(直系卑属)の場合は、妻の相続分は1/2だ。だから、妻Bの相続分は1/2となる。そして、残りの1/2が子Cの相続分となる。ちなみに、子供が複数いる場合は、1/2の1を全員で山分けすることになる。②子供(直系卑属)が2人いるので、2人で山分けすることになる。だから、相続分は、子Bが1/2、子Cが1/2となる。したがって、①の場合も②の場合もBの相続分は1/2なので、「Bの法定相続は①の方が大きい」とある本肢は×だ。 69頁条文①、70頁 いくら?

(2) 誤。Aが死亡する以前にBが死亡していたのであれば、EはAの代襲相続人だ。しかし、本肢の場合、Aが死亡した後にBが死亡しているので、EはAの代襲相続人ではない(Bの相続人だ)。だから、「Eが代襲相続人として~」とある本肢は×だ。ちなみに、Aの遺産分割については、Bの相続人(つまり、D・E)とCで分割協議を行うことになる。 71頁①

(3) 正。例えば、Aが自己所有の甲不動産をXに貸していた。その後、Aが死亡してから、遺産分割協議が成立するまでに、甲不動産の賃料収入が1,000万円あったとする。そして、B・Cが500万円ずつ取得していたとする。その後、遺産分割協議で甲不動産をBが取得することになった。この場合、Cは既に取得した賃料債権(500万円)につき清算する必要はない(Bに500万円払う必要はない)、という話。

(4) 誤。相続人のうちの1人が限定承認をしても、他の相続人は限定承認したものとはみなされない(そもそも、限定承認は相続人全員共同でなければできない)。 73頁②

正 解 (3)

👆 Point!

遺産分割協議が成立するまでの間に、遺産である不動産から生じた賃料債権は、

➡ 相続人が相続分に応じて分割単独債権として確定的に取得し、その帰属は、後にされた遺産分割の影響を受けない(**精算する必要はない**)(肢((3)))。

相　　続 　　　　　　　　　　　[平14-12]

　相続の承認及び放棄に関する次の記述のうち、民法の規定によれば、誤っているものはどれか。

(1)　相続の放棄をする場合、その旨を家庭裁判所に申述しなければならない。

(2)　相続人が数人あるときは、限定承認は、共同相続人の全員が共同してのみこれをすることができる。

(3)　相続人が、自己のために相続の開始があったことを知った時から3カ月（家庭裁判所が期間の伸長をした場合は当該期間）以内に、限定承認又は放棄をしなかったときは、単純承認をしたものとみなされる。

(4)　被相続人の子が、相続の開始後に相続放棄をした場合、その者の子がこれを代襲して相続人となる。

Hint!　虫がよすぎる。

講義

(1) 正。相続の放棄または限定承認は、**家庭裁判所に申述して**行う必要がある。通常の相続とは違う状態にするので、公的に明確にしておく必要があるからだ。

(2) 正。限定承認は、**相続人全員共同**でなければできない。限定承認した者としない者がいたのでは、その後の処理がややこしくなるからだ。

(3) 正。相続の承認・放棄は、相続人が、自己のために相続が開始したことを**知った時から3カ月以内**にしなければならない。3カ月以内に何もしなかったときは、単純承認したことになる。

(4) 誤。本来の相続人が自分の意思で相続を放棄した場合に、代襲相続を認めるのは適当でない。**相続放棄では、代襲相続を生じない。**

以上全体につき、参73頁(4)

正 解 (4)

Point!

代襲相続原因
代襲相続が起きるのは、①**死亡**（同時死亡を含む）、②**欠格**、③**廃除**の3つだけだ。

相続その他 [平23-10]

　AがBから事業のために1,000万円を借り入れている場合における次の記述のうち、民法の規定及び判例によれば、正しいものはどれか。

(1)　AとBが婚姻した場合、AのBに対する借入金債務は混同により消滅する。

(2)　AがCと養子縁組をした場合、CはAのBに対する借入金債務についてAと連帯してその責任を負う。

(3)　Aが死亡し、相続人であるDとEにおいて、Aの唯一の資産である不動産をDが相続する旨の遺産分割協議が成立した場合、相続債務につき特に定めがなくても、Bに対する借入金返済債務のすべてをDが相続することになる。

(4)　Aが死亡し、唯一の相続人であるFが相続の単純承認をすると、FがBに対する借入金債務の存在を知らなかったとしても、Fは当該借入金債務を相続する。

　借金も受け継ぐのが単純承認。

講義

(1) 誤。たとえば、息子が父親からお金を借りたとする。この場合において、父親が死亡し、息子が父親のことを相続したら、息子の借金はチャラになる。これが混同だ。AとBが婚姻しても、**混同は起こらず**、AのBに対する借金はチャラにならない。

(2) 誤。借金と養子縁組は、別の話だ。だから、AとCが養子縁組をしても、CはAの借金について、**責任を負うことはない**。本肢は、全くのデタラメだ。

(3) 誤。定めがなければ、借金（債務）も相続分に応じて、相続することになる。だから、借金の返済債務はDとEがその**相続分に応じて負担する**ことになる。

(4) 正。単純承認とは、被相続人が残した遺産も借金も**全部受け継ぐ相続**方法のこと。Fは単純承認をしたのだから、借金も相続することになる。

73頁 ①

正 解 (4)

👓 **混同とは？**

　混同とは、➡ **債権者と債務者が同じ人**になった場合に、債権（債務）が消滅すること。たとえば、息子が父親からお金を借りたとする（債権者は父親。債務者は息子だ）。父親が死亡し、息子が父親のことを相続したら（＝債権者と債務者が同じ人になったら）、息子の借金はチャラになる（＝債権（債務）が消滅する）。婚姻の場合は、債権者と債務者が同じ人になるわけではないから、借金はチャラにならない（肢(1)）。

相　　続　　　　　　　　　　　　　　[平25-10]

　婚姻中の夫婦ＡＢ間には嫡出子ＣとＤがいて、Ｄは既に婚姻しており嫡出子Ｅがいたところ、Ｄは令和４年４月１日に死亡した。他方、Ａには離婚歴があり、前の配偶者との間の嫡出子Ｆがいる。Ａが令和４年４月２日に死亡した場合に関する次の記述のうち、民法の規定及び判例によれば、正しいものはどれか。

(1)　Ａが死亡した場合の法定相続分は、Ｂが２分の１、Ｃが５分の１、Ｅが５分の１、Ｆが10分の１である。

(2)　Ａが生前、Ａ所有の全財産のうち甲土地についてＣに相続させる旨の遺言をしていた場合には、特段の事情がない限り、遺産分割の方法が指定されたものとして、Ｃは甲土地の所有権を取得するのが原則である。

(3)　Ａが生前、Ａ所有の全財産についてＤに相続させる旨の遺言をしていた場合には、特段の事情がない限り、Ｅは代襲相続により、Ａの全財産について相続するのが原則である。

(4)　Ａが生前、Ａ所有の全財産のうち甲土地についてＦに遺贈する旨の意思表示をしていたとしても、Ｆは相続人であるので、当該遺贈は無効である。

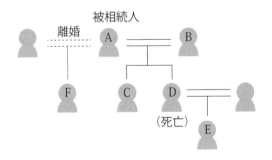

　遺産分割の方法を指定するという遺言もある。

講義

(1) 誤。Aが死亡した場合の相続分は、Bが$\frac{1}{2}$、CとEとFがそれぞれ$\frac{1}{6}$だ（Bは配偶者なので、相続分は$\frac{1}{2}$だ。残りの$\frac{1}{2}$をCとEとFで3等分する）。 图 69頁 ①

(2) 正。特定の相続人に対して、「○○を相続させる」との遺言がされた場合、特段の事情がない限り、**遺産分割の方法**が指定されたことになる（○○はその相続人のものになる）。だから、Cは、原則として、甲土地の所有権を取得することになる。

(3) 誤。DがAより先に死亡しているので、Aの「私の全財産をDに相続させる」という遺言は無効になる（Eが代襲して全財産を相続するのではない）。 图 80頁(3) ③

(4) 誤。全くの他人に対しても遺贈することができるし、**相続人に対しても遺贈**をすることができる。だから、本肢のAの遺贈は有効だ。

正 解 (2)

相続人に対して、「○○を相続させる」との遺言がされた場合
➡ 特段の事情がない限り、**遺産分割の方法**が指定されたことになる（肢(2)）。
具体例 たとえば、Xが「長男Yには甲土地を、次男Zには乙土地を相続させる」との遺言を残して死亡した場合、特段の事情がない限り、**遺産分割の方法**が指定されたことになり、長男Yは甲土地の所有権を取得し、次男Zは乙土地の所有権を取得することになる。

相　　続　　　　　　　　　　　　　　　　　[平26-10]

　Aには、父のみを同じくする兄Bと、両親を同じくする弟C及び弟Dが
いたが、C及びDは、Aより先に死亡した。Aの両親は既に死亡しており、
Aには内縁の妻Eがいるが、子はいない。Cには子F及び子Gが、Dには
子Hがいる。Aが、令和4年4月1日に遺言を残さずに死亡した場合の相
続財産の法定相続分として、民法の規定によれば、正しいものはどれか。

⑴　Eが2分の1、Bが6分の1、Fが9分の1、Gが9分の1、Hが9分
　の1である。

⑵　Bが3分の1、Fが9分の2、Gが9分の2、Hが9分の2である。

⑶　Bが5分の1、Fが5分の1、Gが5分の1、Hが5分の2である。

⑷　Bが5分の1、Fが15分の4、Gが15分の4、Hが15分の4である。

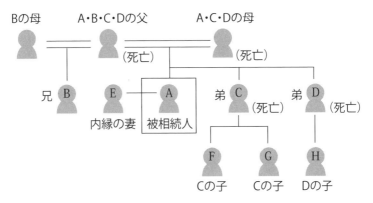

Hint!　Bは、CとDの半分。

　Aには子（直系卑属）がいない。そして、両親（直系尊属）も既に死亡している。また、Eは内縁の妻（＝婚姻届を出していない）なので、Aの相続人となることはできない。結局、Aの相続人となるのは、兄Bと弟Cと弟Dだ。そして、「父母の一方のみを同じくする兄弟姉妹の相続分は、父母の双方を同じくする兄弟姉妹の相続分の 1/2 である」というルールがある。だから、法定相続分は次のようになる。

B ➡ 5分の1（Aと父が同じ。母は違う）

C ➡ 5分の2（Aと父も母も同じ）注意1

D ➡ 5分の2（Aと父も母も同じ）注意2

注意1　CはAより先に死亡しているので、Cの相続分は、Cの子FとGが代襲して半分ずつ相続することになる。

注意2　DはAより先に死亡しているので、Dの相続分は、Dの子Hが代襲して相続することになる。

　以上により、本問の場合における法定相続分は、Bが 1/5、Fが 1/5、Gが 1/5、Hが 2/5 なので、正解は肢(3)となる。

以上全体につき、🔖 69頁 条文、71頁 (3)、75頁 注意！

正 解　(3)

別の解き方（F・G・Hの相続分だけに着目する解き方）

　とりあえず、Cの相続分を 100万円とする（この数字は適当な数字でOK。イメージしやすいように適当な数字をでっち上げただけ）。

　CとDは全く同じ立場だ（父も母も同じということ）。同じ立場なのだから、当然、相続分も同じ。CとDは同じ 100万円となる。

➡ Cの 100万円は、Cの子FとGが半分ずつ代襲するから、「F 50万円」「G 50万円」となる。そして、Dの 100万円は、Dの子Hが全部代襲するので、「Hは 100万円」となる。

➡ 肢(1)から(4)まで見てみると、FとGの相続分が、Hの半分となっているのは肢(3)しかない。よって、肢(3)が正解。細かい計算は不要。

相　　続　　　　　　　　　　　　[令3-9]

　Aには死亡した夫Bとの間に子Cがおり、Dには離婚した前妻Eとの間に子F及び子Gがいる。Fの親権はEが有し、Gの親権はDが有している。AとDが婚姻した後にDが令和4年7月1日に死亡した場合における法定相続分として、民法の規定によれば、正しいものはどれか。

(1)　Aが2分の1、Fが4分の1、Gが4分の1

(2)　Aが2分の1、Cが6分の1、Fが6分の1、Gが6分の1

(3)　Aが2分の1、Gが2分の1

(4)　Aが2分の1、Cが4分の1、Gが4分の1

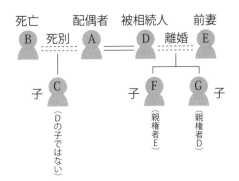

 CはDの子ではない。

講義

　Cは、ＡＢ間の子であって、Ｄの子では**ない**ので相続人とならない。Ｅ はＤと離婚しているので（配偶者ではないので）、相続人とならない。結局、相続人となるのは、Ｄの**配偶者**であるＡと、Ｄの**子**であるＦとＧだ。なお、問題文中に「親権」のことが書いてあるが、ヒッカカってはダメだ。親権があろうがなかろうが、子であれば、相続人となる。取り分（相続分）は、配偶者Ａが$\frac{1}{2}$で、残りの$\frac{1}{2}$を子Ｆと子Ｇで分けることになる。結局、相続分は、Ａが$\frac{1}{2}$、Ｆが$\frac{1}{4}$、Ｇが$\frac{1}{4}$となる。

以上全体につき、 69頁(2)

正 解　(1)

Point!

　実子だけでなく、**養子**も相続人になる。

注意!　本問のＣはＤの実子でもないし、養子でもない。だから、相続人にならない。

相　　続　　　　　　　　　　　[平30-10]

　相続に関する次の記述のうち、民法の規定及び判例によれば、誤っているものはどれか。

(1)　無権代理人が本人に無断で本人の不動産を売却した後に、単独で本人を相続した場合、本人が自ら当該不動産を売却したのと同様な法律上の効果が生じる。

(2)　相続財産に属する不動産について、遺産分割前に単独の所有権移転登記をした共同相続人から移転登記を受けた第三取得者に対し、他の共同相続人は、自己の持分を登記なくして対抗することができる。

(3)　連帯債務者の一人が死亡し、その相続人が数人ある場合、相続人らは被相続人の債務の分割されたものを承継し、各自その承継した範囲において、本来の債務者とともに連帯債務者となる。

(4)　共同相続に基づく共有物の持分価格が過半数を超える相続人は、協議なくして単独で共有物を占有する他の相続人に対して、当然にその共有物の明渡しを請求することができる。

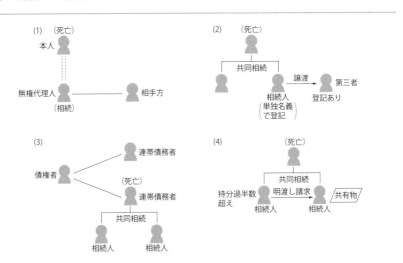

 追い出されたら、かわいそう。

講義

(1) 正。本人が死亡して、無権代理人が単独で本人を相続すると、本人の不動産は無権代理人のものとなる。不動産が無権代理人のものになった以上、初めから無権代理人が**自分の不動産を売った**ものとみなせば八方円満におさまるから、そうみなすことになっている（無権代理行為は、当然に**有効**となり、本人が自ら不動産を売却したのと同じ法律上の効果が生じることになる）。

📖50頁 **ケース1**

(2) 正。単独の登記をした共同相続人は、他の共同相続人の持分については、何の権利もない。それなのに、他の共同相続人の持分についても、第三者に売却したわけだ。この場合、他の共同相続人は、自己の持分について、**登記がなくても対抗することができる。**

📖95頁 ③

(3) 正。連帯債務者の一人が死亡し、相続人が数人いる場合、相続人は被相続人の債務の分割されたものを承継し、各自その**承継した範囲**において、本来の債務者とともに**連帯債務者**となる。たとえば、AとBが1,000万円の連帯債務をCに負っているとする。そして、Aが死亡し、DとEがAを相続したとする（相続分は各2分の1）。2分の1を相続したのだから、**承継した範囲**は、1,000万円の2分の1の500万円だ。だから、DとEは、各自500万円の連帯債務を負う、という話。つまり、A（1,000万円）・B（1,000万円）の連帯債務が➡D（500万円）・E（500万円）・B（1,000万円）の連帯債務になるのだ。

(4) 誤。持分価格が過半数を超える相続人であっても、協議なくして単独で共有物を占有する他の相続人に対して、当然には明渡しを請求することはできない。たとえば、A所有の甲建物に、Aの母Bが住んでいるとする。そして、Aが死亡し、Aの配偶者C（相続分3分の2）と母B（相続分3分の1）がAを相続したとする。この場合、過半数を超える（3分の2だから過半数を超えている）Cは、Bに対して、当然には明渡しを請求することはできない、という話。

正 解 (4)

肢(2)について

　単独の登記をした共同相続人は、他の共同相続人の持分については、**無権利者**だ。そして、その持分を買った第三取得者も**無権利者**だ。だから、他の共同相続人は、第三取得者に対して、自分の持分について**登記がなくても対抗**することができる（無権利者には登記がなくても対抗できるから）。

相　　続　　　　　　　　　　　　　　　　[令2-8]

　相続（令和4年7月1日に相続の開始があったもの）に関する次の記述のうち、民法の規定によれば、誤っているものはどれか。

(1)　相続回復の請求権は、相続人又はその法定代理人が相続権を侵害された事実を知った時から5年間行使しないときは、時効によって消滅する。

(2)　被相続人の子が相続開始以前に死亡したときは、その者の子がこれを代襲して相続人となるが、さらに代襲者も死亡していたときは、代襲者の子が相続人となることはない。

(3)　被相続人に相続人となる子及びその代襲相続人がおらず、被相続人の直系尊属が相続人となる場合には、被相続人の兄弟姉妹が相続人となることはない。

(4)　被相続人の兄弟姉妹が相続人となるべき場合であっても、相続開始以前に兄弟姉妹及びその子がいずれも死亡していたときは、その者の子（兄弟姉妹の孫）が相続人となることはない。

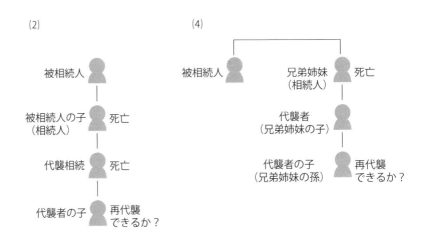

直系卑属が相続人となる場合においては、再代襲相続ありだが……。

講義

(1) 正。相続回復の請求権は、① 相続人またはその法定代理人が相続権を侵害された事実を**知った時**から **5 年間**行使しないとき、または ② 相続開始から **20 年間**経過したときは、時効によって消滅する。

(2) 誤。被相続人の子が相続開始以前に死亡したときは、その者の子（被相続人の孫）が代襲して相続人となるが、さらに代襲者（被相続人の孫）も死亡していたときは、代襲者の子（被相続人のひ孫）が**再代襲**して相続人となる。つまり、再代襲相続が認められている。　🔖71 頁 注意!

(3) 正。第 3 順位の兄弟姉妹が相続人になることができるのは、第 1 順位の直系卑属も、第 2 順位の直系尊属もいない場合だ。だから、直系尊属が相続人となる場合（直系尊属がいる場合）には、兄弟姉妹が相続人となることはない。　🔖69 頁 条文 ③

(4) 正。被相続人の兄弟姉妹が相続開始以前に死亡したときは、その者の子が代襲して相続人となる。しかし、代襲者も死亡していたときは、代襲者の子（兄弟姉妹の孫）は、再代襲できないので、相続人となることはない。つまり、兄弟姉妹が相続人となる場合においては、再代襲相続は認められていないのだ。肢(2)との違いに注意しよう（直系卑属が相続人となる場合は再代襲相続あり、兄弟姉妹が相続人となる場合は再代襲相続なし）。　🔖71 頁 注意!

正　解　(2)

Point!

再代襲相続
① 直系卑属が相続人となる場合　➡　再代襲相続**あり**（肢(2)）。
② 兄弟姉妹が相続人となる場合　➡　再代襲相続**なし**（肢(4)）。

相　続　　　　　　　　　　　　　　　　　　[令1-6]

　遺産分割に関する次の記述のうち、民法の規定及び判例によれば、正しいものはどれか。

(1)　被相続人は、遺言によって遺産分割を禁止することはできず、共同相続人は、遺産分割協議によって遺産の全部又は一部の分割をすることができる。

(2)　共同相続人は、既に成立している遺産分割協議につき、その全部又は一部を全員の合意により解除した上、改めて遺産分割協議を成立させることができる。

(3)　遺産に属する預貯金債権は、相続開始と同時に当然に相続分に応じて分割され、共同相続人は、その持分に応じて、単独で預貯金債権に関する権利を行使することができる。

(4)　遺産の分割は、共同相続人の遺産分割協議が成立した時から効力を生ずるが、第三者の権利を害することはできない。

全員の合意があれば、やり直し OK。

講義

(1) 誤。被相続人は、遺言で、相続開始の時から**5年**を超えない期間を定めて、遺産の分割を**禁止**することができる。この禁止期間内は、遺産の分割をすることはできない。 📖76頁 ②分割には全員の同意が必要 **例 外**

(2) 正。共同相続人は、既に成立している遺産分割協議について、**全員の**合意により解除した上、改めて分割協議を成立させることができる（全員の合意があれば、分割協議をやり直すことができるということ）。
📖76頁 (7)

(3) 誤。預貯金債権（被相続人が銀行に預けているお金）は、相続開始と同時に当然に相続分に応じて分割されるわけではない。**遺産分割の対象**になる。 📖76頁 (7) 注意!

(4) 誤。遺産の分割は、相続開始の時に**さかのぼって**効力を生ずる（遺産分割協議が成立した時からではない）。なお、「第三者の権利を害することはできない」という点は正しい。 📖76頁 (7)

正 解 (2)

Point!

遺産の分割の効力（肢(4)）
① 相続開始の時に**さかのぼって**その効力を生ずる。
② 第三者の権利を害することはできない。

遺言その他　　　　　　　　　　　　　　[平17-12]

　遺言に関する次の記述のうち、民法の規定及び判例によれば、正しいものはどれか。

(1)　自筆証書による遺言をする場合、証人二人以上の立会いが必要である。

(2)　自筆証書による遺言書を保管している者が、相続の開始後、これを家庭裁判所に提出してその検認を経ることを怠り、そのままその遺言が執行された場合、その遺言書の効力は失われる。なお、自筆証書遺言は遺言保管所に保管されていないものとする。

(3)　適法な遺言をした者が、その後更に適法な遺言をした場合、前の遺言のうち後の遺言と抵触する部分は、後の遺言により撤回したものとみなされる。

(4)　法定相続人が配偶者Aと子Bだけである場合、Aに全財産を相続させるとの適法な遺言がなされた場合、Bは遺留分権利者とならない。

Hint!　後の遺言の方が、新しい意思だから……。

講 義

(1) 誤。公正証書遺言を作成するときは、証人 2 人以上の立会いが必要になるが、**自筆証書遺言**を作成するときは、**証人は不要**だ。

📖 79頁⑵ ①

(2) 誤。遺言書を保管している者が、遺言書を家庭裁判所に提出して検認を経ることを怠り、そのまま遺言が執行されたときは、5 万円以下の過料に処せられるが、**遺言の効力は失われない**。検認を受けなくても遺言が効力を生ずることに変わりはないのだ。

📖 79頁⑵ ②

(3) 正。例えば、Aが自分の土地をBに遺贈（遺言で遺産を与えること）すると遺言した後で、同じ土地をCに遺贈すると遺言したら、後の遺言で前の遺言が撤回されたものとみなされる（土地はCに遺贈される）。つまり、**後の遺言の勝ち**なのだ。

📖 79頁 標語

(4) 誤。遺留分がないのは兄弟姉妹だ。配偶者と直系卑属（子や孫）と直系尊属（父母や祖父母）には遺留分がある。だから、**直系卑属である子Bは遺留分権利者**となる。

📖 82頁⑴

正 解 (3)

👤 **次は、ここが出る**

　後の遺言によって前の遺言は撤回したものとみなされる（肢(3)）が、この場合において、遺言は**同じ方式による必要はない**。 ➡ だから、Aが自分の土地をBに遺贈すると公正証書で遺言した後で、同じ土地をCに遺贈すると自筆証書で遺言しても OK で、この場合も後の遺言で前の遺言が撤回されたものとみなされる。

遺　　言　　　　　　　　　　　　　　　[平22-10]

　遺言に関する次の記述のうち、民法の規定によれば、正しいものはどれか。

(1)　自筆証書遺言は、その内容をワープロ等で印字していても、日付と氏名を自書し、押印すれば、有効な遺言となる。

(2)　疾病によって死亡の危急に迫った者が遺言する場合には、代理人が2名以上の証人と一緒に公証人役場に行けば、公正証書遺言を有効に作成することができる。

(3)　未成年であっても、15歳に達した者は、有効に遺言をすることができる。

(4)　夫婦又は血縁関係がある者は、同一の証書で有効に遺言をすることができる。

　数字にも注意。

講義

(1) 誤。自筆証書遺言は、遺言者が、その全文、日付及び氏名を**自書**（手書きのこと）し、これに印を押さなければならない。ワープロは自書ではないからダメだ。なお、財産目録については、自書でなくても OK だ。

🕮 79 頁 注意1

(2) 誤。疾病等によって死亡の危急に迫った者は、**証人 3 人以上**を立ち合わせて、その内の 1 人に遺言の趣旨を口頭で述べる、という方法で遺言をすることができる。しかし、本肢のような方法で遺言を作成することはできない。

(3) 正。未成年者であっても、**15 歳**になると遺言ができる（ちなみに、法定代理人の同意は不要だ）。

🕮 77 頁 ① ①

(4) 誤。2 人以上の者が**同一の証書**で、遺言をすることはできない。たとえ、夫婦や血縁関係がある者であってもダメだ。

🕮 79 頁 注意2

正 解 (3)

Point!

制限行為能力者も遺言ができる。

① 未成年者 ➡ **15 歳**になると遺言ができる（法定代理人の同意不要）（肢(3)）。

② 成年被後見人 ➡ 判断力を回復している間なら、**医師 2 人以上**の立会いがあれば遺言ができる（成年後見人の同意不要）。

③ 被保佐人 ➡ **自由**に遺言ができる（保佐人の同意不要）。

遺産分割協議その他 [平18-12]

　成年Aには将来相続人となるB及びC（いずれも法定相続分は2分の1）がいる。Aが所有している甲土地の処分に関する次の記述のうち、民法の規定及び判例によれば、正しいものはどれか。

(1)　Aが精神上の障害により事理を弁識する能力を欠く常況になった場合、B及びCはAの法定代理人となり甲土地を第三者に売却することができる。

(2)　Aが「相続財産全部をBに相続させる」旨の有効な遺言をして死亡した場合、BがAの配偶者でCがAの子であるときはCには相続財産の4分の1の遺留分があるのに対し、B及びCがAの兄弟であるときはCには遺留分がない。

(3)　Aが「甲土地全部をBに相続させる」旨の有効な遺言をして死亡し、甲土地以外の相続財産についての遺産分割協議の成立前にCがBの同意なく甲土地を第三者Dに売却し登記を移転した場合、Bは甲土地につき、民法第900条及び第901条の規定により算定した相続分を超える部分についても、Dに対抗することができる。

(4)　Aが遺言なく死亡し、B及びCの協議により甲土地をBが取得する旨の遺産分割協議を有効に成立させた場合には、後になってB及びCの合意があっても、甲土地をCが取得する旨の遺産分割協議を成立させることはできない。

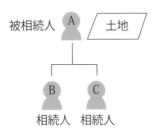

被相続人　A　／　土地

B　　C
相続人　相続人

Hint!　遺留分がない人は誰？

講義

(1)　誤。1精神障害のために判断力（事理を弁識する能力）を欠く常況で、かつ、2後見開始の審判を受けた人のことを成年被後見人という。そして、この成年被後見人には、保護者として成年後見人という法定代理人がつけられる。しかし、Aは、1の事理を弁識する能力を欠く常況ではあるが、2の後見開始の審判は受けていないので、成年被後見人ではない。したがって、成年被後見人ではないAには、法定代理人（成年後見人）はつけられていないはずであり、B及びCがAの法定代理人であることはありえない。だから、本肢は×だ。　　　　　　　　　　　　　　　　図8頁(1)

(2)　正。CがAの子である場合の相続分は2分の1で、**遺留分も2分の1**であるから、結局Cは相続財産について、2分の1×2分の1＝4分の1の遺留分がある。また、兄弟姉妹には、遺留分はないので、CがAの兄弟であるときにはCには**遺留分はない**。　　　　　　　　　図81頁3.

(3)　誤。「甲土地を全部Bに相続させる」と特定の遺産を特定の相続人に相続させる旨の遺言があるときは、特段の事情のない限り、甲土地の所有権はAの死亡により**直ちに**Bのモノとなる。ただし、第900条及び第901条の規定により算定した相続分（法定相続分のこと）を**超える**部分については、**登記**がないと対抗できない。例えば、Bの法定相続分が2分の1であるなら、登記がないと、2分の1を超える部分については、Dに「俺のモノだ」と主張できないということ。

(4)　誤。一旦遺産分割協議が有効に成立しても、相続人**全員の合意**があれば、新たな遺産分割協議を成立させてOKだ。　　　　　　　図76頁(7)

（正　解）(2)

Point!

遺留分の割合
　1　兄弟姉妹には ➡ **遺留分はない**（肢(2)）
　2　直系尊属だけが相続人の場合 ➡ **遺留分は遺産の3分の1**
　3　それ以外の場合 ➡ **遺留分は遺産の2分の1**（肢(2)）

相続その他 [平24-10]

Aは未婚で子供がなく、父親Bが所有する甲建物にBと同居している。Aの母親Cは令和3年3月末日に死亡している。AにはBとCの実子である兄Dがいて、DはEと婚姻して実子Fがいたが、Dは令和4年3月末日に死亡している。この場合における次の記述のうち、民法の規定及び判例によれば、正しいものはどれか。

⑴　Bが死亡した場合の法定相続分は、Aが2分の1、Eが4分の1、Fが4分の1である。

⑵　Bが死亡した場合、甲建物につき法定相続分を有するFは、甲建物を1人で占有しているAに対して、当然に甲建物の明渡しを請求することができる。

⑶　Aが死亡した場合の法定相続分は、Bが4分の3、Fが4分の1である。

⑷　Bが死亡した後、Aがすべての財産を第三者Gに遺贈する旨の遺言を残して死亡した場合、FはGに対して遺留分を主張することができない。

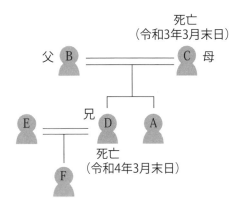

 兄弟姉妹には遺留分がないから……。

(1)　誤。Bの相続人は、Aと、すでに死亡しているDの代わりに相続人となるF（代襲相続人）の2人だけだ。Eは相続人とならないので、本肢は×だ。ちなみに、相続分は、Aが$\frac{1}{2}$、Fが$\frac{1}{2}$だ。　🗒71頁(3)①

(2)　誤。AもBの相続人だ。だから、Aも甲建物を占有する権利があるので、FはAに対して、当然には甲建物の明渡しを請求することはできない（ちなみに、もし、Aが相続人ではなく、単なる不法占拠者であったなら、Fは当然に明渡しを請求することができる）。

(3)　誤。Aに直系卑属も直系尊属もいない場合に、Aの兄弟姉妹は相続人になれる。本肢の場合、Aには直系尊属であるBがいるので、Aの兄Dは相続人になれない。そして、Dの実子であるFも相続人になれない（代襲相続できない）。結局、本肢の場合、Aの相続人はBだけだ。Fは相続人になれないので、本肢は×だ。　🗒74頁(5)

(4)　正。兄弟姉妹には遺留分はない。だから、兄Dの代襲相続人であるFにも遺留分はない（兄Dに遺留分がないのだから、Dを代襲相続するFにも遺留分はない）。だから、FはGに対して遺留分を主張することはできない。　🗒82頁(1)

正　解　(4)

遺留分の割合はどれだけか？
①　兄弟姉妹には ➡ 遺留分は**ない**（肢(4)）
②　**直系尊属だけ**が相続人の場合 ➡ 遺留分は遺産の$\frac{1}{3}$
③　それ以外の場合※ ➡ 遺留分は遺産の$\frac{1}{2}$
　※　遺留分を有する相続人が、㋐直系卑属と配偶者の場合、㋑直系卑属だけの場合、㋒配偶者だけの場合、㋓直系尊属と配偶者の場合。

第1編　弱点表

項　目	番　号	難　度	正　解	自己採点
制限行為能力者	平 28-2	普通	(4)	
制限行為能力者	平 22-1	難しい	(2)	
制限行為能力者	平 26-9	難しい	(4)	
未成年者	令 3 - 5	普通	(2)	
意思表示	平 16-1	カンターン	(2)	
意思表示	平 23-1	カンターン	(4)	
意思表示	令 1 - 2	カンターン	(4)	
意思表示	平 30-1	普通	(4)	
錯　誤	令 2 - 6	普通	(3)	
意思表示	平 19-1	普通	(3)	
虚偽表示	平 24-1	難しい	(3)	
虚偽表示	平 27-2	難しい	(2)	
代　理	平 21-2	普通	(2)	
代　理	平 22-2	普通	(4)	
代　理	平 30-2	普通	(4)	
代　理	平 24-2	普通	(1)	
代　理	平 19-2	普通	(1)	
代　理	平 14-2	普通	(1)	
代　理	平 26-2	難しい	(2)	
代　理	平 17-3	超難	(3)	
無権代理	平 16-2	難しい	(4)	
無権代理	平 20-3	普通	(3)	

無権代理	平 24-4	普通	(2)	
無権代理（判決文問題）	令 1 - 5	普通	(2)	
表見代理その他	平 18-2	普通	(1)	
取得時効	平 22-3	カンターン	(1)	
取得時効	平 16-5	普通	(1)	
取得時効	平 27-4	普通	(3)	
時　効	令 2 - 10	普通	(2)	
所有権の移転・取得	平 29-2	普通	(4)	
時　効	令 1 - 9	普通	(4)	
消滅時効	平 21-3	普通	(3)	
消滅時効	平 30-4	難しい	(2)	
相　続	平 29-9	カンターン	(3)	
相　続	平 19-12	カンターン	(1)	
相　続	平 28-10	普通	(4)	
相　続	平 29-6	普通	(3)	
相　続	平 14-12	カンターン	(4)	
相続その他	平 23-10	普通	(4)	
相　続	平 25-10	普通	(2)	
相　続	平 26-10	難しい	(3)	
相　続	令 3 - 9	難しい	(1)	
相　続	平 30-10	難しい	(4)	
相　続	令 2 - 8	難しい	(2)	
相　続	令 1 - 6	難しい	(2)	
遺言その他	平 17-12	普通	(3)	

遺　言	平 22-10	カン ターン	(3)	
遺産分割協議その他	平 18-12	普通	(2)	
相続その他	平 24-10	普通	(4)	

2

第 2 編

物権の変動・危険負担・債権譲渡
不動産登記法
共有・区分所有法

物権変動の対抗要件　　　　　[平19-3]

　Aが所有者として登記されている甲土地の売買契約に関する次の記述のうち、民法の規定及び判例によれば、正しいものはどれか。

(1)　Aと売買契約を締結したBが、平穏かつ公然と甲土地の占有を始め、善意無過失であれば、甲土地がAの土地ではなく第三者の土地であったとしても、Bは即時に所有権を取得することができる。

(2)　Aと売買契約を締結したCが、登記を信頼して売買契約を行った場合、甲土地がAの土地ではなく第三者Dの土地であったとしても、Dの過失の有無にかかわらず、Cは所有権を取得することができる。

(3)　Aと売買契約を締結して所有権を取得したEは、所有権の移転登記を備えていない場合であっても、正当な権原なく甲土地を占有しているFに対し、所有権を主張して甲土地の明渡しを請求することができる。

(4)　Aを所有者とする甲土地につき、AがGとの間で10月1日に、Hとの間で10月10日に、それぞれ売買契約を締結した場合、G、H共に登記を備えていないときには、先に売買契約を締結したGがHに対して所有権を主張することができる。

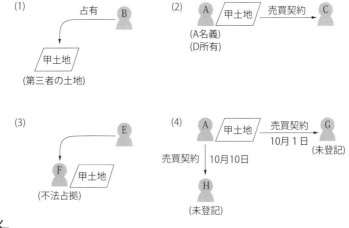

Hint!　「極悪」な人を保護する必要はないぞ！

講義

(1) 誤。Bは**善意無過失**であれば、**10年間占有**を続ければ甲土地の所有権を時効によって取得することができる。Bは、即時に甲土地の所有権を取得できるわけではないので、本肢は×だ。　　　　　　　　　　　　図 56頁(3)

(2) 誤。甲土地の所有者であるDに**過失**（Aが勝手に自己名義に登記をしていたことを知りながら、Dが放置していた場合）があり、かつ、売買契約を締結したCが**善意**である場合は、Cは、甲土地の所有権を取得することができる。だから、「Dの過失の有無にかかわらず、Cは所有権を取得することができる」とある本肢は×だ。　　　　図 97頁 例 外

(3) 正。不動産の物権変動（例－土地所有権の取得）は、原則として、登記がないと第三者に対抗できない（「俺の土地だ」と主張できない）。しかし、例外として、「**極悪**」な第三者である不法占拠者に対しては、**登記がなくても対抗できる**（「俺の土地だ」と主張できる）。だから、Eは、登記がなくても不法占拠者Fに対して、「俺の土地だ。明け渡せ！」と主張することができる。　　　　　　　　　　　　　　　　　　図 95頁(5)①

(4) 誤。一つしかない甲土地を2人に売っているのだから、二重譲渡だ。二重譲渡の場合は、**先に登記した方**が「俺の土地だ」と主張できる。Gは、先に登記をしたわけではないので、Hに対して所有権を主張することができない。ちなみに、Hも登記をしていないので、Gに対して所有権を主張することができない。　　　　　　　　　　　　図 92頁 解決

〔 正 解 〕　(3)

Point!

登記がなくとも ➡ 次のような「**極悪**」な第三者には対抗できる（「俺の土地だ」と主張できる）。

① 不法占拠者（肢(3)）
② 不法行為者
③ 無権利者
④ 背信的悪意者（いやがらせ）
⑤ 登記申請の依頼を受けていた者
⑥ 詐欺・強迫により登記を妨げた者

物権変動の対抗要件 [平22-4]

　AがBから甲土地を購入したところ、甲土地の所有者を名のるCがAに対して連絡してきた。この場合における次の記述のうち、民法の規定及び判例によれば、正しいものはどれか。

(1)　CもBから甲土地を購入しており、その売買契約書の日付とBA間の売買契約書の日付が同じである場合、登記がなくても、契約締結の時刻が早い方が所有権を主張することができる。

(2)　甲土地はCからB、BからAと売却されており、CB間の売買契約がBの強迫により締結されたことを理由として取り消された場合には、BA間の売買契約締結の時期にかかわらず、Cは登記がなくてもAに対して所有権を主張することができる。

(3)　Cが時効により甲土地の所有権を取得した旨主張している場合、取得時効の進行中にBA間で売買契約及び所有権移転登記がなされ、その後に時効が完成しているときには、Cは登記がなくてもAに対して所有権を主張することができる。

(4)　Cは債権者の追及を逃れるために売買契約の実態はないのに登記だけBに移し、Bがそれに乗じてAとの間で売買契約を締結した場合には、CB間の売買契約が存在しない以上、Aは所有権を主張することができない。

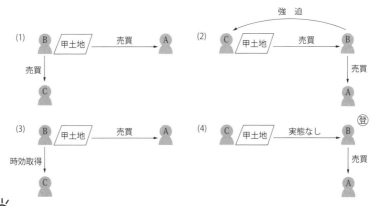

時効完成前なら、時効取得者の勝ち。

講義

⑴　誤。二重譲渡の場合、**先に登記**をした方が勝つことになっている（契約締結の時刻は関係ない。契約をしたのが後であっても、先に登記をすれば勝ちになる）。だから、登記がない場合は、先に契約していても、「俺の土地だ」と主張することはできない。　　　　　　　　📖92頁　解決

⑵　誤。ＢＡ間の契約の後に、ＣＢ間の契約が取り消された場合は、Ｃは登記がなくても、Ａに対して「俺の土地だ」と主張することができる。しかし、ＣＢ間の契約が取り消された後に、ＢＡ間の契約が行われた場合は、Ｃは**登記**がなければ、Ａに対して「俺の土地だ」と主張することができない。　　　　　　　　　　　　　　　　　　　　　　📖94頁③

⑶　正。時効取得者と時効**完成前**の譲受人では、時効取得者の勝ちとなる（登記がなくても時効取得者の勝ちとなる）。だから、Ｃは登記がなくても、Ａに対して「俺の土地だ」と主張することができる。　　　　　📖94頁④

⑷　誤。Ｂにも、Ｃにもウソ（虚偽）の外観を作出した責任がある。だから、Ａが**善意**であるならば、Ａは保護され、Ｃに対して「俺の土地だ」と主張することができる。　　　　　　　　　　　　　　　　　　📖26頁4.

（**正　解**）⑶

Point!

どっちが勝つ？	どっちが勝つ（＝所有権を対抗できる）か？
①　時効取得者と時効**完成前**の譲受人	時効取得者（肢⑶）（登記がなくても）
②　時効取得者と時効**完成後**の譲受人	登記を得た方

物権変動の対抗要件 [平15-3]

　Aは、自己所有の甲地をBに売却し引き渡したが、Bはまだ所有権移転登記を行っていない。この場合、民法の規定及び判例によれば、次の記述のうち誤っているものはどれか。

⑴　Cが、AB間の売買の事実を知らずにAから甲地を買い受け、所有権移転登記を得た場合、CはBに対して甲地の所有権を主張することができる。

⑵　Dが、Bを欺き著しく高く売りつける目的で、Bが所有権移転登記を行っていないことに乗じて、Aから甲地を買い受け所有権移転登記を得た場合、DはBに対して甲地の所有権を主張することができない。

⑶　Eが、甲地に抵当権を設定して登記を得た場合であっても、その後Bが所有権移転登記を得てしまえば、以後、EはBに対して甲地に抵当権を設定したことを主張することができない。

⑷　AとFが、通謀して甲地をAからFに仮装譲渡し、所有権移転登記を得た場合、Bは登記がなくとも、Fに対して甲地の所有権を主張することができる。

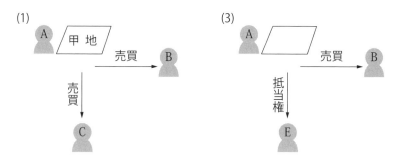

　先に登記した方の勝ち！

講義

(1) 正。1つしかない不動産を2人に売っているのだから、二重譲渡だ。二重譲渡は、**先に登記をした方が勝つ**、ということになっている。

92頁 解決

(2) 正。Dは、Bを欺き著しく高く売りつける目的を持っているから**極悪**だ。本肢のような極悪な人物を保護する必要はない。だから、Dは、Bに対して所有権を主張することはできない。ちなみにDのような人物を背信的悪意者という。念のため。

96頁 ④

(3) 誤。Bの所有権移転登記よりも、Eの抵当権設定登記の方が先にされているから、Eの勝ちだ。だから、Eは、Bに対して甲地に抵当権を設定したことを主張することができる。抵当権対所有権の場合も**先に登記**した方が勝ちなのだ。

92頁 解決

(4) 正。AF間の契約は、仮装譲渡（虚偽表示のこと）なので無効だ。契約が無効なのだから、Fは**無権利者**だ。無権利者に対しては、登記がなくても対抗することができるので、Bは、登記がなくても、Fに対して甲地の所有権を主張することができる。

95頁 ③

（正 解）(3)

Point!

二重譲渡の話
　　所有権 対 所有権 （肢(1)) ➡ 先に登記した方の勝ち
　　所有権 対 抵当権 （肢(3)) ➡ 先に登記した方の勝ち
　　抵当権 対 抵当権 　　　 ➡ 先に登記した方の勝ち

物権変動の対抗要件 [令1-1]

　Aは、Aが所有している甲土地をBに売却した。この場合に関する次の記述のうち、民法の規定及び判例によれば、誤っているものはどれか。

(1)　甲土地を何らの権原なく不法占有しているCがいる場合、BがCに対して甲土地の所有権を主張して明渡請求をするには、甲土地の所有権移転登記を備えなければならない。

(2)　Bが甲土地の所有権移転登記を備えていない場合には、Aから建物所有目的で甲土地を賃借して甲土地上にD名義の登記ある建物を有するDに対して、Bは自らが甲土地の所有者であることを主張することができない。

(3)　Bが甲土地の所有権移転登記を備えないまま甲土地をEに売却した場合、Eは、甲土地の所有権移転登記なくして、Aに対して甲土地の所有権を主張することができる。

(4)　Bが甲土地の所有権移転登記を備えた後に甲土地につき取得時効が完成したFは、甲土地の所有権移転登記を備えていなくても、Bに対して甲土地の所有権を主張することができる。

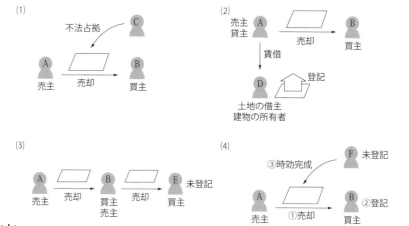

 「極悪」な第三者に対しては、登記がなくても対抗できる。

講義

(1)　誤。不動産の物権変動（例 土地所有権の取得）は、原則として、登記がないと第三者に対抗できない。しかし、例外として、「極悪」な第三者である不法占拠者（不法占有者）に対しては、**登記がなくても対抗できる**。だから、Ｂは登記がなくてもＣに対して「俺の土地だ。明け渡せ」と請求できる。　　　　　　　　　　　　　　　　　　　図95頁(5)①

(2)　正。土地の譲受人は、所有権の移転の**登記がないと賃借人に対抗できない**。だから、登記がないＢはＤに対して自分が甲土地の所有者であることを主張できない（「俺の土地だ。賃料払え」と主張できない）。
　　　　　　　　　　　　　　　　　　　　　　　図91頁 **原則**

(3)　正。Ａ→Ｂ→Ｅと売買された場合、Ｅから見て、Ａは**第三者ではない**。だから、Ｅは登記がなくてもＡに対抗できる（「俺の土地だ」と主張できる）。　　　　　　　　　　　　　　　　　　　図91頁条文

(4)　正。時効取得者（本肢ではＦ）と時効完成前の譲受人（本肢ではＢ）では、**時効取得者の勝ちだ**（登記は関係ない）。だから、Ｆは登記がなくてもＢに対抗できる（「俺の土地だ」と主張できる）。　　図60頁表

　　　　　　　　　　　　　　　　　　　　正 解　(1)

Point!

時効取得者対譲受人
① 時効取得者と時効完成前の譲受人　➡　**時効取得者の勝ち**（登記は関係ない）（肢(4)）。
② 時効取得者と時効完成後の譲受人　➡　**登記を得た方の勝ち**。

物権変動の対抗要件その他 [平28-3]

　AがA所有の甲土地をBに売却した場合に関する次の記述のうち、民法の規定及び判例によれば、正しいものはどれか。

(1)　Aが甲土地をBに売却する前にCにも売却していた場合、Cは所有権移転登記を備えていなくても、Bに対して甲土地の所有権を主張することができる。

(2)　AがBの詐欺を理由に甲土地の売却の意思表示を取り消しても、取消しより前にBが甲土地をDに売却し、Dが所有権移転登記を備えた場合には、DがBの詐欺の事実を知らなかったことにつき、過失があったか否かにかかわらず、AはDに対して甲土地の所有権を主張することができない。

(3)　Aから甲土地を購入したBは、所有権移転登記を備えていなかった。Eがこれに乗じてBに高値で売りつけて利益を得る目的でAから甲土地を購入し所有権移転登記を備えた場合、EはBに対して甲土地の所有権を主張することができない。

(4)　AB間の売買契約が、Bの意思表示の動機に錯誤があって締結されたものである場合、Bが所有権移転登記を備えていても、AはBの錯誤を理由にAB間の売買契約の無効を主張することができる。

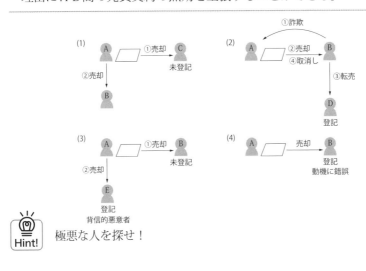

112

講義

(1)　誤。甲土地をBとCの2人に売っているのだから二重譲渡だ。二重譲渡の場合は、**先に登記**した方が「俺の土地だ」と主張できる。Cは登記をしていないので、Bに対して「甲地は俺の土地だ」と主張できない。
🔖92頁 解決

(2)　誤。詐欺による取消しは善意無過失の第三者には対抗できない。だから、Dが、Bの詐欺を知らなかったことにつき過失がなければ（Dが善意**無過失**なら）、AはDに甲土地の所有権を主張できないが、過失があったら（Dが善意**有過失**なら）、AはDに主張できる。だから、「過失があったか否かにかかわらず〜主張することができない」とある本肢は×だ。
🔖20頁(2)

(3)　正。Eは高値で売りつけて利益を得る目的で購入しているから、**極悪**だ。極悪な人物を保護する必要はない。だから、EはBに対して「甲地は俺の土地だ」と主張できない。ちなみに、Eのような人物を**背信的悪意者**という。
🔖96頁④

(4)　誤。錯誤（勘違いのこと）に陥って契約をした人は、一定の要件を満たせば、契約を**取り消せる**。錯誤は「取消し」の話であって、「無効」の話ではないから本肢は×だ。また、取り消せるのは錯誤に陥った（勘違いをした）Bであり、Aではない。
🔖24頁(1)、(3)

正　解　(3)

Point!

　「極悪」な第三者に対しては、**登記がなくても**対抗できる（「極悪」な第三者の負け）。

注意！　背信的悪意者は、「極悪」な第三者だ（肢(3)）。

物権変動の対抗要件 [平20-2]

　所有権がAからBに移転している旨が登記されている甲土地の売買契約に関する次の記述のうち、民法の規定及び判例によれば、正しいものはどれか。

(1)　CはBとの間で売買契約を締結して所有権移転登記をしたが、甲土地の真の所有者はAであって、Bが各種の書類を偽造して自らに登記を移していた場合、Aは所有者であることをCに対して主張できる。

(2)　DはBとの間で売買契約を締結したが、AB間の所有権移転登記はAとBが通じてした仮装の売買契約に基づくものであった場合、DがAB間の売買契約が仮装であることを知らず、知らないことに無過失であっても、Dが所有権移転登記を備えていなければ、Aは所有者であることをDに対して主張できる。

(3)　EはBとの間で売買契約を締結したが、BE間の売買契約締結の前にAがBの債務不履行を理由にAB間の売買契約を解除していた場合、Aが解除した旨の登記をしたか否かにかかわらず、Aは所有者であることをEに対して主張できる。

(4)　FはBとの間で売買契約を締結して所有権移転登記をしたが、その後AはBの強迫を理由にAB間の売買契約を取り消した場合、FがBによる強迫を知っていたときに限り、Aは所有者であることをFに対して主張できる。

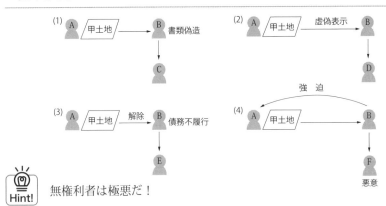

無権利者は極悪だ！

(1) 正。Bは、各種の書類を偽造して自らに登記をしていたのだから、無権利者だ。そして、無権利者であるBから甲地を買ったCも、トーゼン**無権利者**だ。だから、真の所有者であるAはCに対して、「甲地は俺の土地だ」と主張することができる。　🗾95頁 ③ **例2**

(2) 誤。AB間の契約はありもしない架空の契約（虚偽表示という）だから、無効だ。しかし、この無効は、善意の第三者であるDには**対抗できない**。だから、Dは、所有権移転登記を備えてなくても、Aに対して、「甲地は俺の土地だ」と主張することができる。　🗾27頁 解決

(3) 誤。解除者と解除後の転得者では、**登記を得た方が勝つ**（＝所有権を対抗できる）。だから、解除者であるAは、登記を得ないと、解除後の転得者であるEに対して、「甲地は俺の土地だ」と主張することができない。だから、Aが「登記をしたか否かにかかわらず、Aは所有者であることをEに対して主張できる」とある本肢は×だ。　🗾94頁 表 ②

(4) 誤。強迫の場合は、取消しを**善意の第三者に対抗できる**（なお、第三者が善意有過失の場合だけでなく、善意無過失の場合も対抗できる）。だから、「第三者であるFが悪意である（＝強迫を知っていた）ときに限り、Aは所有者であることをFに対して主張できる」とある本肢は×だ。　🗾21頁 キーポイント

正　解　(1)

👤 **肢(3)のまとめ**

どっちが勝つ（＝所有権を対抗できる）か？

1 解除者と解除前の転得者 ➡ **登記を得た方が勝つ**。

2 解除者と解除後の転得者 ➡ **登記を得た方が勝つ**（肢(3)）。

物権変動の対抗要件 [平19-6]

不動産の物権変動の対抗要件に関する次の記述のうち、民法の規定及び判例によれば、誤っているものはどれか。なお、この問において、第三者とはいわゆる背信的悪意者を含まないものとする。

(1) 不動産売買契約に基づく所有権移転登記がなされた後に、売主が当該契約に係る意思表示を詐欺によるものとして適法に取り消した場合、売主は、その旨の登記をしなければ、当該取消後に当該不動産を買主から取得して所有権移転登記を経た第三者に所有権を対抗できない。

(2) 不動産売買契約に基づく所有権移転登記がなされた後に、売主が当該契約を適法に解除した場合、売主は、その旨の登記をしなければ、当該契約の解除後に当該不動産を買主から取得して所有権移転登記を経た第三者に所有権を対抗できない。

(3) 甲不動産につき兄と弟が各自2分の1の共有持分で共同相続した後に、兄が弟に断ることなく単独で所有権を相続取得した旨の登記をした場合、弟は、その共同相続の登記をしなければ、共同相続後に甲不動産を兄から取得して所有権移転登記を経た第三者に自己の持分権を対抗できない。

(4) 取得時効の完成により乙不動産の所有権を適法に取得した者は、その旨を登記しなければ、時効完成後に乙不動産を旧所有者から取得して所有権移転登記を経た第三者に所有権を対抗できない。

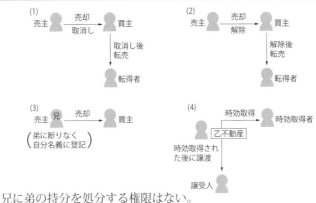

兄に弟の持分を処分する権限はない。

⑴　正。詐欺によって契約を取り消した売主は、買主に「取り消したのだから登記を戻せ」と請求できるし、契約が取り消された後に、買主から不動産を取得した第三者は、「買ったのだから登記を移転しろ」と請求できる。そこで、この場合、買主から売主と第三者に**二重譲渡**されたものとみなして、**先に登記を得た方**が所有権を主張することができることになっている。　🗺 93頁 解決

⑵　正。契約を解除した売主は、買主に「解除したのだから登記を戻せ」と請求できるし、契約が解除された後に買主から不動産を取得した第三者は「買ったのだから登記を移転しろ」と請求できる。そこで、この場合、買主から売主と第三者に**二重譲渡**されたものとみなして、**先に登記を得た方**が所有権を主張することができることになっている。　🗺 92頁⑵

⑶　誤。共同相続人である兄が、共同相続人である弟に断ることなく単独で所有権を相続取得した旨の登記をして、第三者に甲地を譲渡した場合、弟は**登記がなくても**、**自己の持分**について、所有権移転登記をした第三者に対抗することができる。弟の相続分（持分）については、兄は無権利者なのだから、その相続分（持分）については、弟は登記がなくても、第三者に対抗することができるのだ。　🗺 95頁 ③ 例3

⑷　正。時効の完成により乙不動産の所有権を取得した者は、「時効取得したのだから登記を移転しろ」と請求できるし、時効完成後に旧所有者から乙不動産を取得した第三者は、「買ったのだから登記を移転しろ」と請求できる。そこで、この場合、旧所有者から時効取得者と第三者に**二重譲渡**されたものとみなして、**先に登記を得た方**が所有権を主張することができることになっている。　🗺 60頁 表

正 解　⑶

まとめ

どっちが勝つ？
① 二重譲渡があった場合 ➡ **先に登記を得た方**の勝ち。
② 詐欺の被害者と取消後の転得者 ➡ **先に登記を得た方**の勝ち（肢⑴）。
③ 解除と解除後の転得者 ➡ **先に登記を得た方**の勝ち（肢⑵）。
④ 時効取得者と時効完成後の譲受人 ➡ **先に登記を得た方**の勝ち（肢⑷）。

物権変動の対抗要件 [平17-8]

Aは、自己所有の甲地をBに売却し、代金を受領して引渡しを終えたが、AからBに対する所有権移転登記はまだ行われていない。この場合に関する次の記述のうち、民法の規定及び判例によれば、誤っているものはどれか。

(1) Aの死亡によりCが単独相続し、甲地について相続を原因とするAからCへの所有権移転登記がなされた場合、Bは、自らへの登記をしていないので、甲地の所有権をCに対抗できない。

(2) Aの死亡によりCが単独相続し、甲地について相続を原因とするAからCへの所有権移転登記がなされた後、CがDに対して甲地を売却しその旨の所有権移転登記がなされた場合、Bは、自らへの登記をしていないので、甲地の所有権をDに対抗できない。

(3) AB間の売買契約をBから解除できる事由があるときで、Bが死亡し、EとFが$\frac{1}{2}$ずつ共同相続した場合、E単独ではこの契約を解除することはできず、Fと共同で行わなければならない。

(4) AB間の売買契約をAから解除できる事由があるときで、Bが死亡し、EとFが$\frac{1}{2}$ずつ共同相続した場合、Aがこの契約を解除するには、EとFの全員に対して行わなければならない。

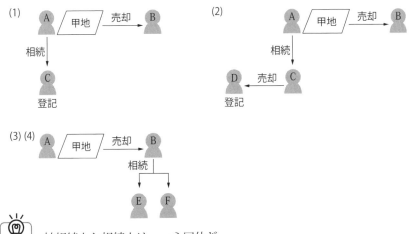

被相続人と相続人は、一心同体だ。

Hint!

講義

(1) 誤。売主Aの相続人Cは、Aの権利義務を引き継ぐことになる。だから、**売主A＝相続人C**と考えてOKだ。買主のBは、売主のAに対しては登記がなくても所有権を主張することができるのだから、売主Aとイコール（＝）である相続人Cに対しても、登記がなくても所有権を主張することができる。　　　　　　　　　　　　　　　　　　　　　　　　　91頁 3.

(2) 正。本肢の場合は、「売主A＝相続人C」からBに対して譲渡が行われ、「売主A＝相続人C」からDに対しても譲渡が行われた、と考えればよい。つまり、BとDに二重譲渡が行われたと考えればよいわけだ。二重譲渡なのでBとDでは、先に**登記**を得た方が勝ちで所有者となる。登記をしているのはDであり、Bは登記をしていないのでDの勝ち。だから、Bは、甲地の所有権をDに対抗することはできない。　　　　　　　　　　　92頁 解決

(3) 正。当事者の一方が数人いる場合、解除の意思表示は**全員から**（能動）または、全員に対して（受動）しなければならない。だから、解除をするときはEとFが共同して行わなければならない。　　　　　　170頁 下の条文

(4) 正。当事者の一方が数人いる場合、解除の意思表示は全員から（能動）または、**全員に対して**（受動）しなければならない。だから、Aが解除をするときはEとFの全員に対して行わなければならない。

170頁 下の条文

正 解 (1)

標語 解除するのもされるのもみんな一緒にやりなさい！（肢(3)(4)）

物権変動の対抗要件 [〒10-1]

　Aの所有する土地をBが取得したが、Bはまだ所有権移転登記を受けていない。この場合、民法の規定及び判例によれば、Bが当該土地の所有権を主張できない相手は、次の記述のうちどれか。

(1)　Aから当該土地を賃借し、その上に自己名義で保存登記をした建物を所有している者

(2)　Bが移転登記を受けていないことに乗じ、Bに高値で売りつけ不当な利益を得る目的でAをそそのかし、Aから当該土地を購入して移転登記を受けた者

(3)　当該土地の不法占拠者

(4)　Bが当該土地を取得した後で、移転登記を受ける前に、Aが死亡した場合におけるAの相続人

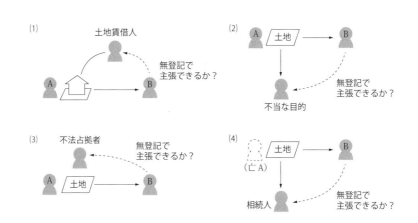

　「原則ズバリ」の肢が答え。

講 義

(1)　**主張できない。**土地の所有権を取得したものが、「この土地は俺の土地だ」と第三者（**土地賃借人**ももちろん含まれる）に対して所有権を主張するには、原則として登記が必要。原則ズバリが本肢。例外として登記なしに所有権を主張できるのは、肢(2)以下のような特別な場合だ。

📖91頁

(2)　**主張できる。**見るからにマトモでない話だ。こういう不当な目的をもった人を背信的悪意者という。保護に値しない人だ。だから、Bがこんな**極悪**な人に所有権を主張するために登記などいらない。　📖96頁 ④

(3)　**主張できる。**これもマトモでない。不法占拠者は**極悪**だ。だから、Bは登記がなくとも所有権を主張できる。　📖95頁 ①

(4)　**主張できる。**相続人はAの権利義務を引き継ぐ。だから、**相続人＝A**と考えていい。BはAに対しては無登記で所有権を主張できる（Aは売主なのだから当然だ）。相続人に対しても、同様だ。

正 解　(1)

😎 肢(1)をもう一押し！

　肢(1)でBに登記が**あれば**、Bは土地所有権を土地賃借人に主張できる。その結果、

➡　Bは**賃料**を請求できる。

121

物権変動の対抗要件 [平24-6]

A所有の甲土地についての所有権移転登記と権利の主張に関する次の記述のうち、民法の規定及び判例によれば、正しいものはどれか。

(1) 甲土地につき、時効により所有権を取得したBは、時効完成前にAから甲土地を購入して所有権移転登記を備えたCに対して、時効による所有権の取得を主張することができない。

(2) 甲土地の賃借人であるDが、甲土地上に登記ある建物を有する場合に、Aから甲土地を購入したEは、所有権移転登記を備えていないときであっても、Dに対して、自らが賃貸人であることを主張することができる。

(3) Aが甲土地をFとGとに対して二重に譲渡してFが所有権移転登記を備えた場合に、AG間の売買契約の方がAF間の売買契約よりも先になされたことをGが立証できれば、Gは、登記がなくても、Fに対して自らが所有者であることを主張することができる。

(4) Aが甲土地をHとIとに対して二重に譲渡した場合において、Hが所有権移転登記を備えない間にIが甲土地を善意のJに譲渡してJが所有権移転登記を備えたときは、Iがいわゆる背信的悪意者であっても、Hは、Jに対して自らが所有者であることを主張することができない。

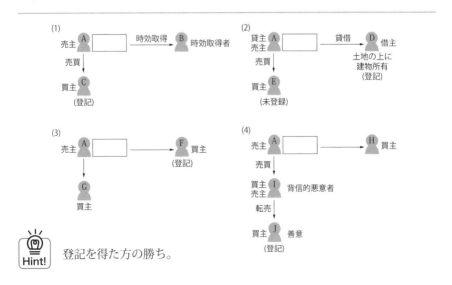

Hint! 登記を得た方の勝ち。

(1)　誤。ＡＣ間の譲渡がＢの時効完成の**前**ならＢの勝ち。登記は関係ない。だから、ＢはＣに対して、時効による所有権の取得を**主張することができる**。　　　　　　　　　　　　　　　　　　　　　　　60頁 表

(2)　誤。Ｅ自身が賃貸人であることをＤに対して主張するためには、所有権移転登記を備えることが**必要**だ。　　　　91頁 **原 則**、218頁♣

(3)　誤。二重譲渡の場合は、**登記を得た方の勝ち**となる。だから、登記を得ていないＧは、Ｆに対して自らが所有者であることを主張することはできない。　　　　　　　　　　　　　　　　　　　　91頁 具体例

(4)　正。本肢も、二重譲渡の場合だから、Ｈ対Ｊ（善意）では、**登記を得た方の勝ち**となる。登記を得たのはＪだから、Ｊの勝ちだ。だから、背信的悪意者Ｉから甲土地を譲り受け、**登記**を備えたＪに対しては、Ｈは、自らが所有者であることを主張することができない。　　　91頁 具体例

（**正 解**）(4)

Point!

　Ａが甲土地をＨとＩに二重に譲渡した。Ｉは**背信的悪意者**だ。

➡ この場合、Ｈは登記がなくてもＩに対抗できる（Ｈ対Ｉでは、問答無用でＨの勝ち）。

➡ しかし、ＨはＩから甲土地を取得したＪ（善意）に対しては、登記がないと対抗できない（Ｈ対Ｊでは、**登記を得た方の勝ち**となる）(肢(4))。

物権変動の対抗要件 [平16-3]

　Aは、自己所有の建物をBに売却したが、Bはまだ所有権移転登記を行っていない。この場合、民法の規定及び判例によれば、次の記述のうち誤っているものはどれか。

(1)　Cが何らの権原なくこの建物を不法占有している場合、Bは、Cに対し、この建物の所有権を対抗でき、明渡しを請求できる。

(2)　DがAからこの建物を賃借し、引渡しを受けて適法に占有している場合、Bは、Dに対し、この建物の所有権を対抗でき、賃貸人たる地位を主張できる。

(3)　この建物がAとEとの持分 $\frac{1}{2}$ ずつの共有であり、Aが自己の持分をBに売却した場合、Bは、Eに対し、この建物の持分の取得を対抗できない。

(4)　Aはこの建物をFから買い受け、FからAに対する所有権移転登記がまだ行われていない場合、Bは、Fに対し、この建物の所有権を対抗できる。

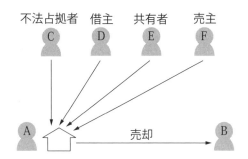

 登記がないと対抗できないのが原則だ。

講義

(1) 正。建物所有権の取得などの不動産物権変動は、原則として登記がないと第三者に対抗できない（「俺の建物だ」と主張できない）。しかし、例外として不法占拠者のような極悪な者に対しては、登記がなくても対抗できるので、Bは、不法占拠者Cに対して「俺の建物だ。明け渡せ！」と請求することができる。　　　　　　　　　　　　　　　　　　　　　　図95頁 ①

(2) 誤。不動産を譲り受けた者は、その**不動産の移転登記を受けなければ**、賃貸人の地位を主張することはできない。Bは、まだ移転登記を受けていないので、建物の賃借人であるDに対して賃貸人の地位を主張することはできない。　　　　　　　　　　　　図91頁 条文①、218頁 ♣

(3) 正。不動産物権変動は、原則として登記がないと第三者に対抗できない。そして、Bから見て、Eは**第三者**なのだから、登記がないBは、Eに対して建物の持分の取得を対抗することはできない。　　　　図91頁 条文①

(4) 正。F➡A➡Bのように転々と売買された場合は、Bから見て、AとFは**第三者ではない**（難しく考えなくてOKだ。要するに、買主Bから見て売主Aはもちろんのこと、その前の売主Fも第三者ではないということだ）。Fは第三者ではないのだから、Bは登記がなくてもこの建物所有権をFに対抗することができる。　　　　　　　図91頁 条文①

正 解 (2)

🧑 肢(3)の詳しい話

　不動産の共有者が自己の持分を譲渡した場合 ➡ 譲受人Bから見て、譲渡した共有者A以外の共有者Eは**第三者**だ ➡ だから、持分の取得を対抗するには登記が必要

債権譲渡 [平23-5]

AがBに対して1,000万円の代金債権を有しており、Aがこの代金債権をCに譲渡した場合における次の記述のうち、民法の規定及び判例によれば、誤っているものはどれか。

(1) AB間の代金債権には譲渡禁止特約があり、Cがその特約の存在を知らないことにつき重大な過失がある場合には、BはCに対してその債務の履行を拒むことができる。

(2) AがBに対して債権譲渡の通知をすれば、その譲渡通知が確定日付によるものでなくても、CはBに対して自らに弁済するように主張することができる。

(3) BがAに対して期限が到来した1,000万円の貸金債権を有していても、AがBに対して確定日付のある譲渡通知をした場合には、BはCに譲渡された代金債権の請求に対して貸金債権による相殺を主張することができない。

(4) AがBに対する代金債権をDに対しても譲渡し、Cに対する債権譲渡もDに対する債権譲渡も確定日付のある証書でBに通知した場合には、CとDの優劣は、確定日付の先後ではなく、確定日付のある通知がBに到着した日時の先後で決まる。

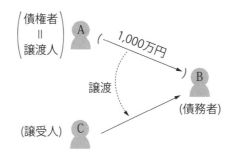

 Bを守る必要があるのはどれ？

講義

(1) 正。譲渡を禁止する特約があっても、債権は有効に譲渡できる。ただし、譲受人Cが、この特約を知っていたり（悪意）、知らなかったことにつき重大な過失（**重過失**）があった場合は、債務者Bは、Cから「1,000万円払ってくれ」と言われても、支払い（履行）を拒むことができる。

🔖 98頁(1)

(2) 正。債権の譲渡人から債務者への通知（**口頭でOK**）があれば、譲受人は債務者に対抗できる（「俺に払え」と主張できる）。だから、CはBに対して、「俺に払え」と主張できる。

🔖 98頁② ①

(3) 誤。Bは、債権譲渡の対抗要件の具備時より前（つまり、①AからBへの**通知**、②BからAへの**承諾**、③BからCへの**承諾**より前）に取得したAに対する債権による相殺をCに対抗できる。要するに、Bが、Aに対する債権を取得したのが、「①AからBへの通知、②BからAへの承諾、③BからCへの承諾」より前なら、相殺を主張できるということ。

(4) 正。確定日付のある証書と確定日付のある証書がケンカした場合、証書が**先に到達**した方が勝つことになっている（勝負は、「到達した日時の前後」で決まるのであり、「確定日付の前後」で決まるのではない）。

🔖 100頁 注意！

(正 解) (3)

🧑 肢(4)について

	確定日付	通知が到達した日
証書①	4月1日	4月5日
証書②	4月2日	4月4日

➡ この場合、**先に到達**した証書②が勝つ。確定日付が先である証書①が勝つのではない。

債権譲渡　　　　　　　　　　　　　[令3-6]

　売買代金債権（以下この問において「債権」という。）の譲渡（令和4年7月1日に譲渡契約が行われたもの）に関する次の記述のうち、民法の規定によれば、誤っているものはどれか。

(1)　譲渡制限の意思表示がされた債権が譲渡された場合、当該債権譲渡の効力は妨げられないが、債務者は、その債権の全額に相当する金銭を供託することができる。

(2)　債権が譲渡された場合、その意思表示の時に債権が現に発生していないときは、譲受人は、その後に発生した債権を取得できない。

(3)　譲渡制限の意思表示がされた債権の譲受人が、その意思表示がされていたことを知っていたときは、債務者は、その債務の履行を拒むことができ、かつ、譲渡人に対する弁済その他の債務を消滅させる事由をもって譲受人に対抗することができる。

(4)　債権の譲渡は、譲渡人が債務者に通知し、又は債務者が承諾をしなければ、債務者その他の第三者に対抗することができず、その譲渡の通知又は承諾は、確定日付のある証書によってしなければ、債務者以外の第三者に対抗することができない。

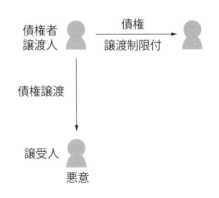

　現在は発生していない債権であっても、譲渡できる。

講義

(1) 正。債権は、譲渡を禁止・制限する特約（譲渡制限の意思表示）があっても有効に譲渡できる。そして、債務者は、譲渡制限の意思表示がされた金銭債権が譲渡されたときは、債権の全額に相当する金銭を供託できる。
98頁 条文①

(2) 誤。**将来発生する債権（現在は発生していない債権）であっても、譲渡できる。**そして、譲受人は、発生した債権を当然に**取得する**（たとえば、将来発生する債権をAが譲り受けたとする。そして、１カ月後にその債権が発生した場合、Aは発生した債権を当然に取得する）。
98頁 (1) 注意

(3) 正。譲渡制限の特約があっても、有効に譲渡できる。ただし、譲受人がこの特約について悪意・重過失であれば、債務者は、債務の履行を**拒むことができる。**また、譲渡人に対する弁済等債務を消滅させる事由を譲受人に対抗できる。
98頁 条文①

(4) 正。債権譲渡を対抗するには、①譲渡人から債務者への通知、②債務者から譲渡人への承諾、③債務者から譲受人への承諾のうちのどれか一つが必要だ。そして、債務者以外の第三者に対抗するには、①②③の通知または承諾を、**確定日付のある証書**（内容証明郵便等）によってする必要がある。
99頁 (2)、100頁 (3)

正 解 (2)

Point!

譲渡制限の意思表示がされた**金銭債権**が譲渡された場合
➡ 債務者は、その債権の全額に相当する金銭を債務の履行地の供託所に**供託**できる（肢(1)）。

債　　権　　　　　　　　　　　　　　[平23-8]

　AがBに対して金銭の支払いを求める場合における次の記述のうち、AのBに対する債権が契約に基づいて発生するものはどれか。

(1)　青信号で横断歩道を歩いていたAが、赤信号を無視した自動車にはねられてケガをした。運転者はBに雇用されていて、勤務時間中、仕事のために自動車を運転していた。Aが治療費として病院に支払った50万円の支払いをBに対して求める場合。

(2)　Aは、B所有の甲不動産の売却について、売買契約が締結されるに至った場合には売買代金の2%の報酬の支払いを受けるとして、Bから買主のあっせんの依頼を受けた。Aがあっせんした買主Cとの間で1,000万円の売買契約が成立したのでAがBに対して報酬として20万円の支払いを求める場合。

(3)　Bは、B所有の乙不動産をAに売却し、代金1,000万円の受領と同時に登記を移転して引渡しも終えていた。しかし、Bは、錯誤を理由に売買契約を取り消し、乙不動産を返還し、登記を戻すようにAに求めた。これに対し、AがBに対して、1,000万円（代金相当額）の返還を求める場合。

(4)　BはDに200万円の借金があり、その返済に困っているのを見かねたAが、Bから頼まれたわけではないが、Bに代わってDに対して借金の返済を行った。Bの意思に反する弁済ではないとして、AがDに支払った200万円につき、AがBに対して支払いを求める場合。

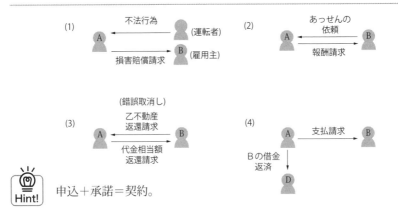

Hint!　申込＋承諾＝契約。

講義

(1) 契約に基づかない。契約は**申込み**と**承諾**によって成立する（たとえば、売買契約の場合は、買主が「売ってください」と申込みをして、売主が「はい、わかりました。売ります」と承諾すれば、成立する）。交通事故（不法行為）による損害賠償請求権は、契約によって発生するのではない。

(2) 契約に基づく。契約は申込みと承諾によって成立する。BがAに対して「あっせんをしてください」と**申込み**をして、Aが「はい。わかりました。あっせんします」と**承諾**をしている（媒介契約が成立している）。だから、AのBに対する債権は契約によって発生している。

(3) 契約に基づかない。Aの1,000万円の返還請求権は、契約によって発生したのではない。契約が**取消し**になった結果として発生したものだ。

(4) 契約に基づかない。契約は**申込み**と**承諾**によって成立する。AはBから申し込まれたわけではない（申込みがない）。申込みがないのだから、契約は成立していない。だから、AのBに対する債権は契約によって発生したのではない。

以上全体につき、図 87頁(1)

(**正 解**) (2)

Point!

契約は**申込み**と**承諾**によって成立する。
（申込み＋承諾＝契約成立）

選択債権 [令3-10]

　AとBとの間で、Aを売主、Bを買主とする、等価値の美術品甲又は乙のいずれか選択によって定められる美術品の売買契約（以下この問において「本件契約」という。）が令和4年7月1日に締結された場合に関する次の記述のうち、民法の規定によれば、正しいものはどれか。

(1)　本件契約において、給付の目的を甲にするか乙にするかについて、第三者Cを選択権者とする合意がなされた場合、Cが選択をすることができないときは、選択権はBに移転する。

(2)　本件契約において、給付の目的を甲にするか乙にするかについて、Aを選択権者とする合意がなされた後に、Aの失火により甲が全焼したときは、給付の目的物は乙となる。

(3)　本件契約において、給付の目的を甲にするか乙にするかについての選択権に関する特段の合意がない場合、Bが選択権者となる。

(4)　本件契約において、給付の目的を甲にするか乙にするかについて、第三者Dを選択権者とする合意がなされた場合、Dが選択権を行使するときは、AとBの両者に対して意思表示をしなければならない。

等価値の美術品
または
A　売買契約　B
売主　　　　　買主

Hint!　給付の目的物の一つを選択権者自身が全焼させてしまったのであれば……。

講義

　「数個の中からいずれかを引き渡す」という債権のことを選択債権という。本問は美術品の甲または乙のいずれかを引き渡すわけだから、選択債権だ。選択権者（甲か乙のどちらを引き渡すのかを選択する人）は→① 合意（特約）で決める。**第三者を選択権者にすることもできる**。② 合意（特約）がない場合は、**債務者**（引き渡す人。本問では A）が選択権者となる。

(1)　誤。第三者を選択権者とすることができる。そして、第三者が選択をすることができず、または選択をする意思を有しないときは、選択権は、**債務者**（本問では A）に移転する。

(2)　正。債権の目的である給付の中に不能のものがある場合において、その不能が**選択権者の過失**によるものであるときは、債権は、その残存するものについて存在する。だから、選択権者 A の失火（つまり、過失）により甲が全焼したとき（つまり、甲の給付が不能になったとき）は、給付の目的物は乙となる（つまり、乙を引き渡すことになる）。

(3)　誤。合意（特約）がない場合は、**債務者**（本問では A）が選択権者となる。

(4)　誤。第三者が選択権者の場合、その選択は、**債権者または債務者**に対する意思表示によってする。A と B の両者に対して意思表示をする必要はないので、本肢は×だ。

[正 解]　(2)

Point!

　選択権者は、
①　合意（特約）で決める。 注意!
②　合意（特約）がない場合は、**債務者**（引き渡す人）が選択権者となる（肢(3)）。

注意!　**第三者**を選択権者にすることもできる。なお、第三者は債権者**または**債務者に対する意思表示によって、選択権を行使する（肢(4)）。

不動産登記法 [平21-14]

　不動産の表示に関する登記についての次の記述のうち、誤っているものはどれか。

(1)　土地の地目について変更があったときは、表題部所有者又は所有権の登記名義人は、その変更があった日から1月以内に、当該地目に関する変更の登記を申請しなければならない。

(2)　表題部所有者について住所の変更があったときは、当該表題部所有者は、その変更があった日から1月以内に、当該住所についての変更の登記を申請しなければならない。

(3)　表題登記がない建物（区分建物を除く。）の所有権を取得した者は、その所有権の取得の日から1月以内に、表題登記を申請しなければならない。

(4)　建物が滅失したときは、表題部所有者又は所有権の登記名義人は、その滅失の日から1月以内に、当該建物の滅失の登記を申請しなければならない。

　表題部には、「不動産」の現況を記録するのだから……。

(1) 正。地目（主な用途により、宅地、田、畑、山林、原野等に区分して定められる）や地積（面積）について変更があったときは、表題部所有者又は所有権の登記名義人は、その変更があった日から**1カ月以内**に、変更の登記を申請しなければならない。なお、法律用語では、1カ月の期間のことを「1月」と書き「いちげつ」と読むから、念のため。 🔲 102頁(1)

(2) 誤。**地目**や**地積**に変更があったときは、1カ月以内に、変更の登記を申請しなければならない、というルールはあるが、表題部所有者の住所に変更があったときは、1カ月以内に、変更の登記を申請しなければならない、というルールはない。 🔲 102頁(1) 注意！

(3) 正。**表題登記**（新築のときの最初にされる表示登記のこと）がない建物の所有権を取得した者は、その所有権の取得の日から**1カ月以内**に表題登記を申請しなければならない。 🔲 103頁(3)

(4) 正。建物を新築したときと建物が**滅失**したとき（火災など）には、所有者は**1カ月以内**に表題登記を申請しなければならない。 🔲 103頁(3)

正 解 (2)

Point!

1カ月以内に申請する必要があるか？

1️⃣ 地目に変更　○ （肢(1)）

2️⃣ 地積に変更　○

3️⃣ 建物新築　○ （肢(3)）

4️⃣ 建物滅失　○ （肢(4)）

5️⃣ 住所変更　× （肢(2)）

不動産登記法 [平28-14]

不動産の登記に関する次の記述のうち、不動産登記法の規定によれば、誤っているものはどれか。

(1) 新築した建物又は区分建物以外の表題登記がない建物の所有権を取得した者は、その所有権の取得の日から1月以内に、所有権の保存の登記を申請しなければならない。

(2) 登記することができる権利には、抵当権及び賃借権が含まれる。

(3) 建物が滅失したときは、表題部所有者又は所有権の登記名義人は、その滅失の日から1月以内に、当該建物の滅失の登記を申請しなければならない。

(4) 区分建物の所有権の保存の登記は、表題部所有者から所有権を取得した者も、申請することができる。

 権利登記。

(1)　誤。新築した建物または区分建物（マンション）以外の表題登記がない建物の所有権を取得した者は、1 カ月以内に**表題登記（表示登記）を申**請しなければならない。所有権保存登記ではないので、本肢は×だ。ちなみに、所有権保存登記などの**権利登記に申請義務はない**。ヒッカケ注意！　　　　　　　　　　　　　　　📖 103 頁 (3)、106 頁 キーポイント

(2)　正。所有権だけでなく、抵当権や**賃借権**も登記することができる。
　　　　　　　　　　　　　　　　　　　　　　　📖 104 頁 表 ②、③

(3)　正。建物が滅失したら、表題部の所有者等は、**1 カ月**以内に滅失の登記（表示登記）を申請しなければならない。本肢は表示登記の話だ。権利登記の話ではない。ヒッカケ注意！　　　　　📖 103 頁 (3)、106 頁 キーポイント

(4)　正。区分建物（マンション）の場合は、**表題部所有者から所有権を取**得した者（要するに、分譲業者からマンションを買った人）も、いきなり自己名義で所有権保存登記をすることができる。　📖 140 頁 コメント

　　　　　　　　　　　　　　　　　　　　　[　正　解　]　(1)

登記の申請義務はあるか？
①　建物の新築・滅失（表示登記）　➡　あり（**1 カ月**以内）(肢(3))
②　権利登記　➡　**なし**　(肢(1))

不動産登記法 [平17-16]

不動産登記の申請に関する次の記述のうち、誤っているものはどれか。

(1) 登記の申請を共同してしなければならない者の一方に登記手続をすべきことを命ずる確定判決による登記は、当該申請を共同してしなければならない者の他方が単独で申請することができる。

(2) 相続又は法人の合併による権利の移転の登記は、登記権利者が単独で申請することができる。

(3) 登記名義人の氏名若しくは名称又は住所についての変更の登記又は更正の登記は、登記名義人が単独で申請することができる。

(4) 所有権の登記の抹消は、所有権の移転の登記の有無にかかわらず、現在の所有権の登記名義人が単独で申請することができる。

 勝手に単独で抹消されると迷惑な場合がある。

講義

(1) 正。登記の申請は、原則として、登記権利者と登記義務者が共同して
やらなければならないが、例外として、「登記手続きを命じる確定判決」（給
付判決）がある場合は、単独申請OKだ。　　　　　　　　　　📖112頁⑥

(2) 正。登記の申請は、原則として、登記権利者と登記義務者が共同して
やらなければならないが、例外として、**相続**または**法人の合併**による権
利移転登記は、単独申請OKだ。　　　　　　　　　　　　　📖112頁④

(3) 正。登記の申請は、原則として、登記権利者と登記義務者が共同してや
らなければならないが、例外として、登記名義人の住所氏名**変更**または更
正の登記は、単独申請OKだ（「鈴木花子」さんが結婚して「山田花子」
さんに改姓した場合、「花子」さんが単独申請する）。　　　📖112頁③

(4) 誤。所有権の登記の抹消は、**所有権の移転の登記がない場合**は、単独申
請OKだ。しかし、所有権の移転の登記がある場合は、単独申請はできない。
例えば、Aが所有権保存登記をしている（所有権の移転登記はされてい
ない）場合、Aが単独で所有権の登記の抹消の申請ができるが、AからB
に所有権移転登記がされた場合は、A単独で所有権の登記の抹消の申請は
できず、AとBで共同して所有権の登記の抹消を申請することになる。

【　正　解　】　(4)

👓 **肢(2)の詳しい話**

① **相続**による権利移転登記 ➡ 例えば、父親が死んで土地を相続した場
合、土地を相続した子が、父名義から自分名義へとするとき、子が**単独
申請**。

② **法人の合併**による権利移転登記 ➡ 例えば、A社がB社を吸収合併し
た場合、A社がB社名義の土地を自分（A社）名義へとするとき、A社
が**単独申請**。

不動産登記法 [平26-14]

不動産の登記に関する次の記述のうち、誤っているものはどれか。

(1) 表示に関する登記を申請する場合には、申請人は、その申請情報と併せて登記原因を証する情報を提供しなければならない。

(2) 新たに生じた土地又は表題登記がない土地の所有権を取得した者は、その所有権の取得の日から1月以内に、表題登記を申請しなければならない。

(3) 信託の登記の申請は、当該信託に係る権利の保存、設定、移転又は変更の登記の申請と同時にしなければならない。

(4) 仮登記は、仮登記の登記義務者の承諾があるときは、当該仮登記の登記権利者が単独で申請することができる。

権利の登記なら必要だが……。

(1) 誤。登記原因を証する情報を提供する必要があるのは、所有権移転登記などの権利に関する登記をする場合だ（たとえば、Aの土地をBが買って、所有権移転登記を申請する場合、売買契約書などの登記原因を証する情報を提供しなければならない）。しかし、**表示**に関する登記をする場合は、提供**不要**。

(2) 正。新たに生じた土地や表題登記がない土地を取得した者は、**1カ月**以内に表題登記を申請しなければならない（「建物を新築した者は、**1カ月**以内に表題登記を申請しなければならない」というのと同じ話）。

📖 106頁⑶

(3) 正。信託の登記の申請は、信託に係る権利の登記の申請と**同時**にしなければならない。

📖 113頁 注意3

(4) 正。登記の申請は、原則として当事者双方が共同してやらなければならないが、仮登記の場合は、仮登記義務者の**承諾**があれば、仮登記権利者が単独で申請することができる。

📖 112頁②、120頁⑶

（ **正 解** ）(1)

Point!

肢⑶について

　Aが、Aが所有する甲土地をBに預ける。そして、Bが甲土地を運用して儲け、その利益をAが受け取る。これが信託だ。

　上記の場合、「信託の登記」と「甲土地の所有権移転登記」の2つを行うことになる。この「甲土地の所有権移転登記」のことを、「信託に係る権利の登記」というのだ。

　そして、「**信託の登記**」は「甲土地の所有権移転登記＝**信託に係る権利の登記**」と、**同時**に申請しなければならないことになっている。

不動産登記法 [平24-14]

不動産の登記に関する次の記述のうち、誤っているものはどれか。

(1) 登記の申請をする者の委任による代理人の権限は、本人の死亡によっては、消滅しない。

(2) 承役地についてする地役権の設定の登記は、要役地に所有権の登記がない場合においても、することができる。

(3) 区分建物である建物を新築した場合において、その所有者について相続その他の一般承継があったときは、相続人その他の一般承継人も、被承継人を表題部所有者とする当該建物についての表題登記を申請することができる。

(4) 不動産の収用による所有権の移転の登記は、起業者が単独で申請することができる。

要役地にも登記がされるから……。

(1)　正。原則として、委任による代理権は、本人の死亡によって消滅する。しかし、例外として、委任による**登記申請の代理権**は、本人が死亡しても**消滅しないことになっている**。　　　　　　　　　　📖114頁(4)

(2)　誤。承役地に地役権設定の登記がされると、要役地にも地役権の内容等が登記される（例—この要役地は承役地の通行地になっていますよ）。要役地に所有権の登記がないと、この地役権の内容等を登記することができない。だから、要役地に**所有権の登記がない**ときは、承役地に地役権の設定の登記をすることは**できない**。

(3)　正。区分建物を新築した場合、相続人等は、被相続人（**被承継人**）を表題部所有者とする表題登記を申請することができる（区分建物を新築したが、所有者であるＡが表題登記をする前に死亡した。この場合、Ａの相続人のＢは、Ａを表題部所有者とする表題登記を申請することができる）。

📖107頁(5)

(4)　正。不動産の**収用**による所有権の移転の登記は起業者（公共事業の施行者のこと）が**単独で**申請することができる。　📖113頁注意1

正　解　(2)

😊 **肢(1)の具体例**

　Ａが A 所有の甲土地をＢに売却した。そして、Ａが C に「私は登記のことがよくわかりません。だから、貴方が私の代理人となって移転登記をしてください」と登記の**申請**を委任した。しかし、所有権移転登記がされる前にＡが死亡してしまった。この場合、Ｃの**代理権は消滅しない**（代理権が消滅しないので、Ｃは、Ａから頼まれた甲土地の所有権移転登記手続きを続行する）。

不動産登記法 [令3-14]

　不動産の登記に関する次の記述のうち、不動産登記法の規定によれば、正しいものはどれか。

(1)　所有権の登記の抹消は、所有権の移転の登記がある場合においても、所有権の登記名義人が単独で申請することができる。

(2)　登記の申請をする者の委任による代理人の権限は、本人の死亡によって消滅する。

(3)　法人の合併による権利の移転の登記は、登記権利者が単独で申請することができる。

(4)　信託の登記は、受託者が単独で申請することができない。

---

① 所有権の移転の登記がない場合

甲建物

所有権
保存登記

Aが甲建物を建てて所有権
保存登記をした。

所有権の登記の抹消
➡Aの単独申請

② 所有権の移転の登記がある場合

甲建物

売　却
所有権移転登記

所有権
保存登記

Aが甲建物を建てて所有権保存登記
をした。その後Bに甲建物を売却
し、所有権移転登記をした。

所有権の登記の抹消
➡ABの共同申請

Hint!

「単独申請」は３つ登場　➡　そのうち「申請することができる」は
２つ登場　➡　どちらかが正解では？

(1) 誤。所有権の登記の抹消は、所有権の移転の登記がない場合は、所有権の登記名義人が単独で申請することができる。ちなみに、所有権の移転の登記がある場合は、共同申請となる。

(2) 誤。原則として、委任による代理権は、本人が死亡すると消滅する。しかし、例外として、委任による登記申請の代理権は、本人が死亡しても消滅しない（民法上の代理権は、本人が死亡すると消滅するが、不動産登記法上の代理権は本人が死亡しても消滅しない）。たとえば、AがBに登記申請の代理権を与えた後に、Aが死亡しても、登記申請の代理権は消滅しないから、Bは登記を申請することができる。　　　　　　　114頁⑷

(3) 正。法人の合併による権利の移転の登記は、登記権利者が単独で申請することができる。たとえば、A社がB社を吸収合併した場合、A社は単独で「B社名義の土地を自分（A社）名義にして下さい」と申請することができる。　　　　　　　113頁 注意1

(4) 誤。たとえば、Aが所有する甲土地をBに預ける。Bが甲土地を運用して、利益をあげる。その利益はAの息子であるCが受け取るとする。これが信託だ。この場合のAのことを委託者、Bのことを受託者、Cのことを受益者という。信託の登記は、受託者（本例ではB）が単独で申請することができる。　　　　　　　113頁 注意3

正 解 (3)

Point!

所有権の登記の抹消
1 所有権の移転の登記が**ない**場合 ➡ **単独**申請（肢(1)）
2 所有権の移転の登記が**ある**場合 ➡ 共同申請

注意！ 所有権の移転の登記がない場合というのは、要するに、所有権保存登記だけがある場合だ。たとえば、Aが甲建物の所有権保存登記をした。Aは甲建物を誰にも売っていないので、所有権移転登記はされていない。この場合、Aは単独で所有権の登記の抹消（所有権保存の登記の抹消）を申請することができるということ。

不動産登記法 [令1-14]

　不動産の登記に関する次の記述のうち、不動産登記法の規定によれば、誤っているものはどれか。

(1)　登記の申請に係る不動産の所在地が当該申請を受けた登記所の管轄に属しないときは、登記官は、理由を付した決定で、当該申請を却下しなければならない。

(2)　所有権の登記名義人が相互に異なる土地の合筆の登記は、することができない。

(3)　登記官は、一筆の土地の一部が別の地目となったときであっても、職権で当該土地の分筆の登記をすることはできない。

(4)　登記の申請をする者の委任による代理人の権限は、本人の死亡によっては、消滅しない。

Hint!　一筆の土地の地目は一つだけだ。

講義

(1) 正。登記の申請に係る不動産の所在地が申請を受けた登記所の**管轄に属しない**ときは、登記官は、理由を付した決定で、申請を**却下**しなければならない。A不動産は甲登記所の管轄に属する（甲登記所に申請しなければならない）のに、乙登記所に申請したら、「こちら（乙登記所）で申請してもダメです」と門前払い（却下）されてしまうということ。

(2) 正。所有権の登記名義人が相互に**異なる**土地の合筆の登記は、できない。A名義の甲土地とB名義の乙土地の合筆の登記は、できないということ。　　　　　　　　　　　　　　　　103頁(5)

(3) 誤。一筆の土地の一部が**別の地目**となったときは、登記官は、職権で、その土地の**分筆の登記**をしなければならない。地目が田である甲土地の一部が宅地になったら、登記官は、職権で、甲土地の分筆の登記をしなければならないということ。　　　　　　　　　　　　　　103頁(5)

(4) 正。原則として、委任による代理権は、本人の死亡によって消滅する。しかし、例外として、委任による登記申請の代理権は、本人が死亡しても消滅しない。AがBに登記申請の代理権を与えた後に、Aが死亡しても、Bは登記を申請できるということ（本人Aが死んでも登記申請の代理権は消滅しないから）。　　　　　　　　　　　　　114頁(4)

正　解　(3)

Point!

一筆の土地の地目は一つだけだ。だから、

① 地目が**異なる**土地の合筆の登記はできない。

② 一筆の土地の一部が**別の地目**となったときは、登記官は、職権で、**分筆の登記**をしなければならない（肢(3)）。

不動産登記法 [平19-16]

　不動産の登記に関する次の記述のうち、不動産登記法の規定によれば、誤っているものはどれか。

(1)　表題部所有者であるＡから土地を買い受けたＢは、Ａと共同してＢを登記名義人とする所有権の保存の登記の申請をすることができる。

(2)　共有物分割禁止の定めに係る権利の変更の登記の申請は、当該権利の共有者であるすべての登記名義人が共同してしなければならない。

(3)　権利が法人の解散によって消滅する旨の登記がされている場合において、当該権利がその法人の解散によって消滅したときは、登記権利者は、単独で当該権利に係る権利に関する登記の抹消を申請することができる。

(4)　遺贈を登記原因とする所有権の移転の登記は、遺言執行者が指定されているか否かにかかわらず、登記権利者及び登記義務者が共同してしなければならない。

 ＢはＡの相続人ではない！

講義

(1)　誤。所有権保存登記ができるのは、①表題部所有者（既に死亡している
　　るならその相続人）と②所有者であることを確定判決で認められた者だ。
　　Ｂは、表題部所有者でも、その相続人でも、所有者であることを確定判
　　決で認められた者でもない。だから、Ｂ名義の所有権保存登記を申請す
　　ることはできない。　　　　　　　　　　　　　　　　　107頁 (5)

(2)　正。たとえば、共有者ＡＢＣで共有物の分割を禁ずる特約（不分割特約）
　　をしたとする。この場合において、このこと（不分割特約）を登記しよ
　　うとするときは、共有者であるすべての登記名義人のＡＢＣが共同して
　　登記を申請しなければならないことになっている。　　　113頁 注意2

(3)　正。たとえば、Ａの土地に法人Ｂの地上権が設定され、「地上権者であ
　　る法人Ｂが解散したら、この地上権は消滅しますよ」と登記されていた
　　とする。この場合において、法人Ｂが実際に解散したときは、Ａは単独
　　で地上権設定登記の抹消を申請することができることになっている。

(4)　正。登記の申請は、原則として、登記権利者と登記義務者が共同して申
　　請しなければならない。遺贈の場合、①遺言執行者がいるときは、登記義
　　務者は遺言執行者であり、②遺言執行者がいないときは、登記義務者は遺
　　贈をした者の相続人が登記義務者となるが、①の場合も②の場合も、登記
　　権利者と登記義務者が共同して申請しなければならない。ちなみに、登記
　　権利者は遺贈を受ける者だ。

正　解　(1)

肢(1)の詳しい話

　　肢(1)の場合は、Ａが単独でＡ名義の所有権保存登記をした後、ＡとＢが
共同してＡからＢへの所有権移転登記をすることになる。

不動産登記法 [平30-14]

不動産の登記に関する次の記述のうち、誤っているものはどれか。

(1)　登記は、法令に別段の定めがある場合を除き、当事者の申請又は官庁若しくは公署の嘱託がなければ、することができない。

(2)　表示に関する登記は、登記官が、職権ですることができる。

(3)　所有権の登記名義人は、建物の床面積に変更があったときは、当該変更のあった日から1月以内に、変更の登記を申請しなければならない。

(4)　所有権の登記名義人は、その住所について変更があったときは、当該変更のあった日から1月以内に、変更の登記を申請しなければならない。

---

 (3)と(4)は似ている　➡　どちらかが答えかも。

講　義

(1)　正。登記は、原則として、当事者の**申請**または役所（官庁・公署）の嘱託がなければ、することができない。ちなみに、役所が登記を申請することを嘱託という。だから、嘱託も申請の一種だと考えればよい。

110頁(1)

(2)　正。肢(1)の解説にあるように、登記は、原則として、当事者の申請または役所の嘱託がなければ、することができない。しかし、例外として、**表示登記**は、当事者の申請または役所の嘱託がなくても、登記官が**職権**でやることもできる。

110頁(1) **例　外**

(3)　正。建物の種類・構造・床面積等について変更があったときは、変更があった日から**1カ月**以内に、変更の登記を申請しなければならない。

(4)　誤。住所について変更があっても、変更の登記の申請をしなくても一向にかまわない。だから、1カ月以内に、変更の登記を申請しなくてもOKだ。

正　解 (4)

Point!

①　建物の種類・構造・床面積等について変更があったときは、変更があった日から**1カ月**以内に、変更の登記を申請しなければならない（肢(3)）。

②　住所について変更があっても、変更の登記の申請をしなくてもよい。だから、1カ月以内に、変更の登記を申請しなくてもOK（肢(4)）。

不動産登記法 [平25-14]

不動産の登記に関する次の記述のうち、誤っているものはどれか。

(1) 所有権の登記名義人が表示に関する登記の申請人となることができる場合において、当該登記名義人について相続その他の一般承継があったときは、相続人その他の一般承継人は、当該表示に関する登記を申請することができる。

(2) 共有物分割禁止の定めに係る権利の変更の登記の申請は、当該権利の共有者である全ての登記名義人が共同してしなければならない。

(3) 敷地権付き区分建物の表題部所有者から所有権を取得した者は、当該敷地権の登記名義人の承諾を得ることなく、当該区分建物に係る所有権の保存の登記を申請することができる。

(4) 所有権に関する仮登記に基づく本登記は、登記上の利害関係を有する第三者がある場合には、当該第三者の承諾があるときに限り、申請することができる。

 勝手に登記をしてはダメ。

(1) 正。所有権の登記名義人が死んでしまったとき（一般承継があったとき）は、**相続人**（一般承継人）が表示に関する登記を申請することができる。

(2) 正。たとえば、共有者ＡＢＣが共有物の分割を禁ずる特約（不分割特約）をしたとする。この不分割特約の登記（共有物分割禁止の定めに係る権利の変更の登記）の申請は、共有者であるＡＢＣの**全員が共同**してしなければならない。

113頁 注意2

(3) 誤。**区分建物**（マンション）の表題部所有者から、所有権を取得した者（要するに、分譲業者からマンションを買った人）は、所有権保存登記を申請することができる。そして、区分建物が敷地権付きである場合は、敷地権の登記名義人の**承諾**を得る必要がある。

140頁 コメント

(4) 正。所有権の仮登記に基づく本登記は、利害関係人の**承諾**がなければ、申請できない。ちなみに、利害関係人とは、仮登記されている不動産を買った人などのことだ。

120頁 上の 注意！

(**正　解**) (3)

Point!

　区分建物（マンション）の表題部所有者から、所有権を取得した者は、
➡ 所有権保存登記を申請することができる。

注意！　　敷地権付きの区分建物の場合は、敷地権の登記名義人の**承諾**が必要だ（肢(3)）。

不動産登記法 [令2-14]

　不動産の登記に関する次の記述のうち、不動産登記法の規定によれば、正しいものはどれか。

(1)　敷地権付き区分建物の表題部所有者から所有権を取得した者は、当該敷地権の登記名義人の承諾を得なければ、当該区分建物に係る所有権の保存の登記を申請することができない。

(2)　所有権に関する仮登記に基づく本登記は、登記上の利害関係を有する第三者がある場合であっても、その承諾を得ることなく、申請することができる。

(3)　債権者Aが債務者Bに代位して所有権の登記名義人CからBへの所有権の移転の登記を申請した場合において、当該登記を完了したときは、登記官は、Aに対し、当該登記に係る登記識別情報を通知しなければならない。

(4)　配偶者居住権は、登記することができる権利に含まれない。

---

(3)

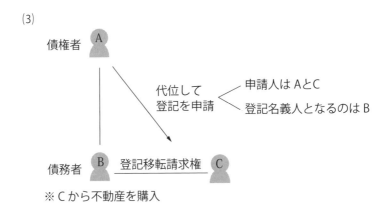

　敷地権。

講義

(1) 正。区分建物（マンションのこと）にあっては、表題部所有者から所有権を取得した者も、所有権保存登記を申請できる。この場合において、区分建物が敷地権付きである場合は、敷地権の登記名義人の**承諾**を得なければならない。　📖140頁 注意!

(2) 誤。**所有権**の仮登記を本登記にする場合は、登記上の利害関係を有する第三者の**承諾**が**必要**だ。ちなみに、所有権以外の仮登記を本登記にする場合は、登記上の利害関係を有する第三者の承諾は不要だ。

📖120頁 上の 注意!

(3) 誤。Cの土地がCからBへと譲渡されたが、登記がまだCにある場合は、Bの債権者Aは、BがCに対して有する登記請求権を代位行使して、CからBへと登記を移転するよう請求できる。ところで、**申請人が登記名義人**となる場合（申請人が権利者として登記される場合）は、登記官は、その人に登記識別情報（パスワード）を通知しなければならない。つまり、「申請人＝登記名義人（**申請人が登記名義人**）」の場合に、その人に登記識別情報が通知されるわけだ。本肢の申請人はȦとĊだ。しかし、登記名義人となるのはḂだ（「Ḃへと登記を移転するよう請求」しているのだから、新たに土地の所有権者として記録されるのはBだ。Aではない）。Aは申請人ではあるが、登記名義人ではないから、登記官は、Aに対し、登記識別情報を通知する必要はない。　📖115頁 (2)、267頁 Q5 ⒈

(4) 誤。所有権、地上権、賃借権、**配偶者居住権**、（根）抵当権等が登記できる権利だ。配偶者居住権は、登記できる権利に含まれるので、本肢は×だ。　📖104頁 (1)、105頁 言葉のイミ

(　正　解　) (1)

Point!

仮登記を本登記にする場合に利害関係人の承諾が必要か？
⒈ **所有権**の仮登記を本登記にする場合　➡　**必要**（肢(2)）
⒉ 所有権以外の権利（抵当権等）の仮登記を本登記にする場合　➡　**不要**

不動産登記法 [平20-16]

不動産の登記の申請に関する次の記述のうち、誤っているものはどれか。

(1)　所有権に関する仮登記に基づく本登記は、登記上の利害関係を有する第三者がある場合には、当該第三者の承諾があるときに限り、申請することができる。

(2)　仮登記の登記義務者の承諾がある場合であっても、仮登記権利者は単独で当該仮登記の申請をすることができない。

(3)　二筆の土地の表題部所有者又は所有権の登記名義人が同じであっても、持分が相互に異なる土地の合筆の登記は、申請することができない。

(4)　二筆の土地の表題部所有者又は所有権の登記名義人が同じであっても、地目が相互に異なる土地の合筆の登記は、申請することができない。

原則共同、例外単独。

(1)　正。所有権に関する仮登記を本登記にする場合には、利害関係を有する第三者の**承諾**が必要なので、本肢は○だ。ちなみに、所有権以外の仮登記を本登記にする場合は、第三者の承諾は不要だ。

(2)　誤。登記の申請は、原則として当事者双方が共同してやらなければならないが、仮登記の場合は、仮登記義務者の**承諾があれば**、仮登記権利者が単独で仮登記を申請できる。　　　　　　　　　　　　　　　🖺 120頁 ①

(3)　正。例えば、甲地と乙地の共有持分が同じ場合（例甲地－Ａの持分 1/2 でＢの持分 1/2、乙地－Ａの持分 1/2 でＢの持分 1/2 の場合）は、甲地と乙地の合筆の登記を申請することができる。しかし、甲地と乙地で**共有持分が異なる場合**（例甲地－Ａの持分 2/3 でＢの持分 1/3、乙地－Ａの持分 1/2 分でＢの持分 1/2 の場合）は、甲地と乙地の合筆（がっぴつ(ごうひつ)）の登記を申請することができない。

(4)　正。1つの土地の地目は1つに決まっている（例えば、表題部に「この土地の地目は宅地です」と記録される）。だから、「この土地の地目は宅地及び田です」と2つの地目を記録することは許されない。だから、**地目が異なる場合は合筆の登記を申請することはできない**。地目が異なる土地を合筆すると、2つの地目を記録することが必要になってしまうからだ。

🖺 103頁 (5)

（**正　解**）　(2)

Point!

仮登記権利者が単独で登記を申請できる場合
①　仮登記義務者の**承諾**がある場合（肢(2)）。
②　裁判所による仮登記を命じる処分がある場合。

不動産登記法 [^平23-14]

不動産の登記に関する次の記述のうち、誤っているものはどれか。

(1)　所有権の登記がない土地と所有権の登記がある土地との合筆の登記は、することができない。

(2)　権利の変更の登記又は更正の登記は、登記上の利害関係を有する第三者の承諾がある場合及び当該第三者がない場合に限り、付記登記によってすることができる。

(3)　受益者又は委託者は、受託者に代わって信託の登記を申請することができる。

(4)　仮登記の抹消は、登記権利者及び登記義務者が共同してしなければならない。

Hint!　本登記の抹消なら、共同申請が必要だが……。

(1)　正。所有権の登記がない土地（所有権保存登記をしていない土地のこと）と所有権の登記のある土地（所有権保存登記をしている土地のこと）を合筆することはできない。所有権の登記がある土地とない土地では、タイプが違うから合筆できないのだ。　**📚 103頁 (5)**

(2)　正。権利の変更または更正の登記は**利害関係人の承諾**がある場合は、付記登記によってすることができる。たとえば、一番抵当権者の被担保債権を 1,000 万円から 2,000 万円に変更したら、二番抵当権者は困る（二番抵当権者は利害関係人）。この場合において、二番抵当権者の承諾を得れば、2,000 万円にする変更登記を付記登記によってすることができるのだ。モチロン、利害関係人がいない場合には、付記登記によってすることができる。

(3)　正。たとえば、Aが所有する土地をBに預けて、Bがその土地を運用してお金を儲け、そして、利益はAの息子であるCが受け取るとする（これが、信託だ。そして、Aのことを委託者、Bのことを受託者、Cのことを受益者という）。**受益者**または**委託者**は、受託者に代わって信託の登記を申請することができる。

(4)　誤。仮登記の抹消は、仮登記名義人が**単独**で申請することができる。共同して申請する必要はない。　**📚 120頁 ②**

（**正　解**）　(4)

Point!

単独でできるか？

仮登記の申請	○
仮登記の抹消	○（肢(4)）

不動産登記法　　　　　　　　　　　　　　[平16-15]

不動産の仮登記に関する次の記述のうち、誤っているものはどれか。

(1)　仮登記の申請は、仮登記義務者の承諾があれば、仮登記権利者が単独ですることができる。

(2)　仮登記の申請は、裁判所による仮登記を命ずる処分があれば、仮登記権利者が単独ですることができる。

(3)　仮登記の抹消の申請は、仮登記名義人が単独ですることはできない。

(4)　仮登記の抹消の申請は、仮登記名義人の承諾があれば、当該登記の登記上の利害関係人が単独ですることができる。

A　　　　　　　　　　　　　　B
仮登記義務者　　　　　　　　仮登記権利者

利害関係人が抹消するには、何が必要？

講義

(1)　正。登記の申請は、原則として当事者双方が共同してやらなければならないが、仮登記の場合は、仮登記義務者の**承諾**があれば仮登記権利者が単独で申請をすることができる。　　　　　　　　120頁①

(2)　正。登記の申請は、原則として当事者双方が共同してやらなければならないが、仮登記の場合は、裁判所による**仮登記を命ずる処分**があれば、仮登記権利者が単独で申請をすることができる。　　　　　　　120頁①

(3)　誤。登記の申請は、原則として当事者双方が共同してやらなければならないが、仮登記の**抹消**の場合は、**仮登記名義人**が単独で申請することができる。　　　　　　　　　　　　　　　　　　　　120頁②

(4)　正。登記の申請は、原則として当事者双方が共同してやらなければならないが、仮登記の抹消の場合は、仮登記**名義人の承諾**があれば、利害関係人が単独で申請することができる。　　　　　　　　　　120頁②

　　　　　　　　　　　　　　　　　　　　　　（正　解）　(3)

Point!

仮登記の抹消登記の**単独**申請について

①　**仮登記名義人**は、単独で申請できる（肢(3)）。

②　**利害関係人**（仮登記が抹消されると得する人）は、仮登記名義人の**承諾**があれば単独で申請できる（肢(4)）。

不動産登記法 [㍻27-14]

　不動産の登記に関する次の記述のうち、不動産登記法の規定によれば、誤っているものはどれか。

⑴　登記事項証明書の交付の請求は、利害関係を有することを明らかにすることなく、することができる。

⑵　土地所在図、地積測量図、地役権図面、建物図面及び各階平面図を除く登記簿の附属書類の閲覧の請求は、請求人が利害関係を有する部分に限り、することができる。

⑶　登記事項証明書の交付の請求は、請求情報を電子情報処理組織を使用して登記所に提供する方法によりすることができる。

⑷　筆界特定書の写しの交付の請求は、請求人が利害関係を有する部分に限り、することができる。

 利害関係にご注目。

講義

(1)　正。登記記録をプリントアウトした登記事項証明書の交付請求は、**利害関係がなくても、誰でもできる**。　📖 109頁(1)

(2)　正。①土地所在図②地積測量図③地役権図面④建物図面⑤各階平面図の閲覧の請求は、利害関係がなくても、誰でもできる。しかし、①〜⑤**以外**の登記簿の付属書類は、利害関係人しか請求できない。

(3)　正。登記事項証明書の交付の請求は、請求情報を**電子情報処理組織**を使用して登記所に提供する方法によりすることができる（要するに、インターネットを利用して請求できるということ）。　📖 109頁(1)

(4)　誤。土地の筆界（境界）が分からないこともある。そういう場合は、筆界特定登記官という人に泣きついて、土地の筆界（境界）の位置を特定してもらうことができる。これが筆界特定制度だ。結果が書いてある筆界特定書の写しの交付請求は、**利害関係がなくても、誰でもできる**。

（正　解）　(4)

Point!

利害関係がなくても、誰でも請求できるか？
①　登記事項証明書の交付請求　➡ **できる**（肢(1)）
②　筆界特定書の写しの交付請求 ➡ **できる**（肢(4)）

不動産登記法 [平29-14]

不動産の登記に関する次の記述のうち、不動産登記法の規定によれば、誤っているものはどれか。

(1) 建物の名称があるときは、その名称も当該建物の表示に関する登記の登記事項となる。

(2) 地上権の設定の登記をする場合において、地上権の存続期間の定めがあるときは、その定めも登記事項となる。

(3) 賃借権の設定の登記をする場合において、敷金があるときであっても、その旨は登記事項とならない。

(4) 事業用定期借地権として借地借家法第 23 条第 1 項の定めのある賃借権の設定の登記をする場合、その定めも登記事項となる。

 賃料（お金の話）は登記事項だ。では敷金（これもお金の話）は？

(1)　正。建物に**名称**があるときは、その名称も当該建物の表示に関する登記の登記事項となる。例えば、マンションに「仙台ハイツ」という名称があるときは、「仙台ハイツ」という名称も登記事項になるということ。

(2)　正。地上権の場合、□地上権設定の目的（例えば、「目的　建物所有」）、□地代またはその支払時期の定めがあるときは、その定め、□**存続期間**の定めがあるときは、その定め等が登記事項だ。

(3)　誤。賃借権の場合、□賃料、□賃料の支払時期の定めがあるときは、その定め、□存続期間の定めがあるときは、その定め、□譲渡・転貸を許す旨の定めがあるときは、その定め、□**敷金**があるときは、その旨等が登記事項だ。

(4)　正。**事業用定期借地権**として借地借家法第 23 条第 1 項の定めのある賃借権の設定の登記をする場合、その定めも登記事項となる。

以上全体につき、📖101 頁以下

（ 正　解 ）(3)

Point!

賃借権の登記事項（主なもの）

□　賃料（例「1 月○万円」）

□　賃料の支払時期の定めがあるときは、その定め（例「支払期毎月末日」）

□　存続期間の定めがあるときは、その定め（例「存続期間○年」）

□　譲渡・転貸を許す旨の定めがあるときは、その定め（例「特約譲渡・転貸ができる」）

□　**敷金**があるときは、その旨（肢 (3)）（例「敷金○万円」）

□　**事業用定期借地権**として借地借家法第 23 条第 1 項の定めのある賃借権の設定の登記をする場合、その定め（肢 (4)）（例「特約借地借家法第 23 条第 1 項の特約」）

配偶者居住権　　　　　　　　　　　　　[令3-4]

　被相続人Aの配偶者Bが、A所有の建物に相続開始の時に居住していたため、遺産分割協議によって配偶者居住権を取得した場合に関する次の記述のうち、民法の規定によれば、正しいものはどれか。

(1)　遺産分割協議でBの配偶者居住権の存続期間を20年と定めた場合、存続期間が満了した時点で配偶者居住権は消滅し、配偶者居住権の延長や更新はできない。

(2)　Bは、配偶者居住権の存続期間内であれば、居住している建物の所有者の承諾を得ることなく、第三者に当該建物を賃貸することができる。

(3)　配偶者居住権の存続期間中にBが死亡した場合、Bの相続人CはBの有していた配偶者居住権を相続する。

(4)　Bが配偶者居住権に基づいて居住している建物が第三者Dに売却された場合、Bは、配偶者居住権の登記がなくてもDに対抗することができる。

原則は終身(一生)だが、例外あり。

講義

(1) 正。配偶者居住権の存続期間は、配偶者の**終身**の間（一生を終えるまでの間）だ。ただし、**遺産分割協議に別段の定め**があるときは、その定めによる。だから、遺産分割協議で20年と定めた場合は、20年となる。そして、期間の延長や更新はできない。

(2) 誤。配偶者が第三者に建物を賃貸する（使用収益させる）には、建物の所有者の**承諾**が必要だ。ちなみに、配偶者が建物の改築・増築をする場合も、建物の所有者の承諾が必要だ。ついでに覚えておこう。

(3) 誤。配偶者居住権は、**配偶者の死亡**により消滅する（配偶者が死んだら終わり）。だから、配偶者Bの相続人Cは配偶者居住権を相続しない。

(4) 誤。配偶者居住権は、**登記**がないと第三者に対抗できない（配偶者居住権の対抗要件は登記だ）。Bは登記がないから、Dに対抗できない。ちなみに、引渡しは、建物賃借権の場合は対抗要件になるが、配偶者居住権の場合は対抗要件に**ならない**。本肢のBは居住している（つまり、引渡しを受けている）が、引渡しは対抗要件に**ならない**から、Dに対抗できない。

以上全体につき、105頁 言葉のイミ

（ 正 解 ）(1)

Point!

配偶者居住権の存続期間は、

➡ 配偶者の終身の間だ。ただし、① 遺産分割協議に別段の定めがあるとき、② 遺言に別段の定めがあるとき、③ 家庭裁判所が遺産の分割の審判において別段の定めをしたときは、その定めるによる（肢(1)）。

共　有　　　　　　　　　　　　　　　　　　[平15-4]

　A、B及びCが、建物を共有している場合（持分を各3分の1とする。）に関する次の記述のうち、民法の規定によれば、誤っているものはどれか。

⑴　Aは、BとCの同意を得なければ、この建物に関するAの共有持分権を売却することはできない。

⑵　Aは、BとCの同意を得なければ、この建物に物理的損傷及び改変などの変更を加えることはできない。

⑶　Aが、その共有持分を放棄した場合、この建物は、BとCの共有となり、共有持分は各2分の1となる。

⑷　各共有者は何時でも共有物の分割を請求できるのが原則であるが、5年を超えない期間内であれば分割をしない旨の契約をすることができる。

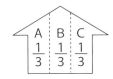

　持分は自由に処分できる。

講義

(1) 誤。共有物である建物全体を譲渡する場合は、共有者全員の同意が必要だが、自分の**持分**だけを譲渡する場合は他の共有者の同意を得る必要はない。ヒッカカルナ。　　　　　　　　　　　　　🔖 122頁 ただし

(2) 正。共有物の**変更行為**を行うには、全員の同意が必要だ。　🔖 121頁 ③

(3) 正。共有者のうちの1人が持分を**放棄**すると、その放棄された持分は他の共有者のものになる。だから、Aが持分放棄すると、その持分はBCのものとなり、その結果この建物は、BとCの共有となり、共有持分は各2分の1となる。　　　　　　　　　　　　　　🔖 123頁 ⑥

(4) 正。共有者は、**5年**を限度として共有物の分割を禁ずる特約（不分割特約のことだ）を結ぶことができる。　　🔖 123頁 ⑸ 不分割特約

（正 解）(1)

Point!

分割請求（肢⑷）

　原則 ➡ いつでも自由に共有物の分割を請求することができる。

　例外 ➡ **5年**を限度として共有物の分割を禁ずる特約をしておくことができる。

共　　有　　　　　　　　　　　　　　　[平19-4]

A、B及びCが、持分を各3分の1とする甲土地を共有している場合に関する次の記述のうち、民法の規定及び判例によれば、誤っているものはどれか。

(1) 共有者の協議に基づかないでAから甲土地の占有使用を承認されたDは、Aの持分に基づくものと認められる限度で甲土地を占有使用することができる。

(2) A、B及びCが甲土地について、Eと賃貸借契約を締結している場合、AとBが合意すれば、Cの合意はなくとも、賃貸借契約を解除することができる。

(3) A、B及びCは、5年を超えない期間内は甲土地を分割しない旨の契約を締結することができる。

(4) Aがその持分を放棄した場合には、その持分は所有者のない不動産として、国庫に帰属する。

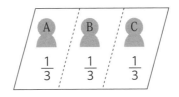

Hint! 　共有者が国だと何かと不便である……。

(1)　正。共有者のAは、持分の割合にしたがって甲土地を使用することができる。そして、Aから甲土地の占有使用を**承認されたD**も、Aの持分に基づくものと認められる限度で甲土地を使用することができる。

(2)　正。**利用行為**（例　賃貸借契約の締結と解除）を行うには、持分の**過半数**の賛成が必要だ。そして、AとBが合意すれば、持分の過半数の賛成を得たことになるので、AとBが合意すれば、Cの合意がなくとも、賃貸借契約を解除することができる。　　　　　　　　　　　　　　　　📖 121頁②

(3)　正。共有者は、**5年**を限度として共有物を分割しない旨の契約（不分割特約）を締結することができる。　　　　　　　📖 123頁(5) 不分割特約

(4)　誤。共有者の1人が**持分を放棄**した場合、その人の持分は**他の共有者のもの**になる。だから、Aの持分はBとCのものになる。国のものになるのではない。　　　　　　　　　　　　　　　　　　　　　　📖 123頁(6)

（**正　解**）(4)

Point!

・単独所有者が所有権を放棄した場合　➡ 国のものになる。
・共有者の1人が**持分を放棄**した場合　➡ **他の共有者のものになる**（肢(4)）。

共　　有 ［平18-4］

　A、B及びCが、持分を各3分の1として甲土地を共有している場合に関する次の記述のうち、民法の規定及び判例によれば、誤っているものはどれか。

(1)　甲土地全体がDによって不法に占有されている場合、Aは単独でDに対して、甲土地の明渡しを請求できる。

(2)　甲土地全体がEによって不法に占有されている場合、Aは単独でEに対して、Eの不法占有によってA、B及びCに生じた損害全額の賠償を請求できる。

(3)　共有物たる甲土地の分割について共有者間に協議が調わず、裁判所に分割請求がなされた場合、裁判所は、特段の事情があれば、甲土地全体をAの所有とし、AからB及びCに対し持分の価格を賠償させる方法により分割することができる。

(4)　Aが死亡し、相続人の不存在が確定した場合、Aの持分は、民法第958条の3の特別縁故者に対する財産分与の対象となるが、当該財産分与がなされない場合はB及びCに帰属する。

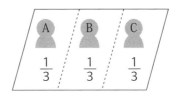

　保存行為は単独でできる。

講義

(1) 正。不法占拠者に**明渡し**を求めることは保存行為だから、各共有者が**単独**でできる。だから、Aは単独で不法占拠者であるDに対して「出て行け」と請求できる。　🔖122頁 逆に

(2) 誤。不法占拠者に対して**損害賠償**を請求する場合は、各共有者は自分の**持分の割合**だけしか請求できない。 だから、Aは自分の持分の割合だけしか請求できず、B及びCの分については請求することはできない。
🔖122頁 逆に

(3) 正。裁判所は、特段の事情がある場合には、共有物を共有者のうちの誰か1人の単独所有とし、他の共有者に対してはその単独所有者となった者に持分の価格を賠償させる、という方法により分割することができる。例えば、甲土地の価格が3,000万円だとした場合、Aが甲土地の単独所有者になり、AがBとCに持分の価格の賠償としてそれぞれ1,000万円ずつ払うという分割方法でもOKということだ。

(4) 正。共有者の1人が死亡したが、その共有者に**相続人**も、**特別縁故者**（長期間にわたって死亡した人の面倒を見た人など）もいない場合は、死亡した人の持分は、他の共有者のモノになる。本肢のAには相続人も、特別縁故者もいないので、Aの持分はB及びCのモノとなる。

🔖123頁(6)

（**正　解**）(2)

Point!

第三者が共有物を不法占拠している場合
① 明渡し請求 ➡ 各共有者が**単独**でできる（肢(1)）。
② 損害賠償請求 ➡ 各共有者は自分の**持分の割合**だけしか請求できない（肢(2)）。

共　　有　　　　　　　　　　　　　[平13-1]

　　A・B・Cが、持分を6・2・2の割合とする建物の共有をしている場合に関する次の記述のうち、民法の規定及び判例によれば、正しいものはどれか。

⑴　Aが、B・Cに無断で、この建物を自己の所有としてDに売却した場合は、その売買契約は有効であるが、B・Cの持分については、他人の権利の売買となる。

⑵　Bが、その持分に基づいて単独でこの建物全部を使用している場合は、A・Cは、Bに対して、理由を明らかにすることなく当然に、その明渡しを求めることができる。

⑶　この建物をEが不法占有している場合には、B・Cは単独でEに明渡しを求めることはできないが、Aなら明渡しを求めることができる。

⑷　裁判による共有物の分割では、Aに建物を取得させ、AからB・Cに対して適正価格で賠償させる方法によることは許されない。

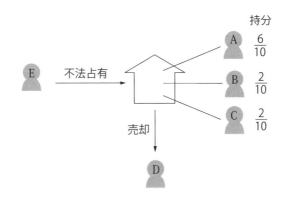

所有権は移転できなくとも……。

(1)　正。自分の持分を自由に売却できるのは当然。では、他の共有者の持分は売却できないのか？　そんなことはない。**他人のモノを勝手に売る契約も有効**だ。ただし、B・Cの持分が買主のモノになるわけではなく、買主はAに「B・Cの持分を早う買い取ってこんかい！」と要求できるだけ。それが「他人の権利の売買」というイミ。「共有物全体の売却には（全部を買主のモノにさせるには）全員の同意が必要」という話とゴッチャにするな！

📖122頁 ただし

(2)　誤。3人とも建物の持主だ。だから、A・CはBに「俺たちにも**持分に応じて使わせろ！**」とは言えるが、「出ていけ！」とは言えない。

📖122頁(4)

(3)　誤。不法占有者に明渡しを求めるのは保存行為だから各自単独でOK。相手はワルだから保護に値せず、追い出すのに持分関係ナシ！

📖121頁 ①

(4)　誤。分割といってもノコギリで切るのではなく売ったお金を持分に応じて分ける。買主は他人でなくAでもかまわない。これは、AがB・Cの**持分相当額を賠償**する、という方法だ。こういう方法もアリだ。

📖123頁(5)

（**正　解**）(1)

Point!

共有物全体の売却　➡　全員の同意が必要

共　有　　　　　　　　　　　　　　　　[平23-3]

　共有に関する次の記述のうち、民法の規定及び判例によれば、誤っているものはどれか。

(1)　各共有者は、いつでも共有物の分割を請求することができるが、5年を超えない期間内であれば、分割をしない旨の契約をすることができる。

(2)　共有物である現物の分割請求が裁判所になされた場合において、分割によってその価格を著しく減少させるおそれがあるときは、裁判所は共有物の競売を命じることができる。

(3)　各共有者は、共有物の不法占拠者に対し、妨害排除の請求を単独で行うことができる。

(4)　他の共有者との協議に基づかないで、自己の持分に基づいて1人で現に共有物全部を占有する共有者に対し、他の共有者は単独で自己に対する共有物の明渡しを請求することができる。

共有者は不法占拠者ではないから……。

⑴　正。共有者は、共有物の分割を禁じる特約（**不分割特約**）をしておく
ことができる。そして、不分割特約の有効期間は**5年が限度**だ。

❊ 123頁 不分割特約

⑵　正。共有物を分割すると価格が**著しく減少**するおそれがある場合、裁
判所は共有物の競売を命じることができる（そして、競売で得られたお
金を共有者で山分けする）。

⑶　正。共有物の**保存**行為は、各共有者が**単独**でできる。不法占拠者に明
渡しを求めることは、保存行為だから各共有者が**単独**でできる。

❊ 121頁 ①

⑷　誤。共有物の全部を占有している共有者は、**不法占拠者ではない**（共
有者だから、共有物を使用する権利がある）。だから、他の共有者は、当
然には、明渡しを請求することはできない（肢⑶とは違う！　肢⑶の場合、
占有しているのは何の権利も持たない不法占拠者であり、肢⑷の場合、占
有しているのはキチンとした権利を持つ共有者だ）。　❊ 122頁 ちなみに

（**正　解**）⑷

Point!

　共有物の全部を占有している共有者に対して、➡ 他の共有者は、当然に
は、明渡しを請求することは**できない**（共有者は不法占拠者ではないから）
（肢⑷）。

共　有（判決文問題）　　　　　　　　[平29-3]

　次の1から4までの記述のうち、民法の規定及び下記判決文によれば、誤っているものはどれか。

（判決文）

　共有者の一部の者から共有者の協議に基づかないで共有物を占有使用することを承認された第三者は、その者の占有使用を承認しなかった共有者に対して共有物を排他的に占有する権原を主張することはできないが、現にする占有がこれを承認した共有者の持分に基づくものと認められる限度で共有物を占有使用する権原を有するので、第三者の占有使用を承認しなかった共有者は右第三者に対して当然には共有物の明渡しを請求することはできないと解するのが相当である。

(1)　共有者は、他の共有者との協議に基づかないで当然に共有物を排他的に占有する権原を有するものではない。

(2)　AとBが共有する建物につき、AB間で協議することなくAがCと使用貸借契約を締結した場合、Bは当然にはCに対して当該建物の明渡しを請求することはできない。

(3)　DとEが共有する建物につき、DE間で協議することなくDがFと使用貸借契約を締結した場合、Fは、使用貸借契約を承認しなかったEに対して当該建物全体を排他的に占有する権原を主張することができる。

(4)　GとHが共有する建物につき、Gがその持分を放棄した場合は、その持分はHに帰属する。

　判決文の中に答えあり。

例えば、建物をAとBの2人で共有していた。ところが、この建物をAがBに無断でCに貸して、Cが建物を使用していた。この場合ドーなるのか？というのが判決文の内容だ。

（判決文）

　共有者の一部の者（A）から共有者の協議に基づかないで（AB間で協議することなく）、共有物（建物）を占有使用することを承認された第三者（C）は、その者（C）の占有使用を承認しなかった共有者（B）に対して共有物（建物）を排他的に占有する権原を主張することはできないが、現にする占有がこれを承認した共有者（A）の持分に基づくものと認められる限度で共有物（建物）を占有使用する権原を有するので、第三者（C）の占有使用を承認しなかった共有者（B）は右第三者（C）に対して当然には共有物（建物）の明渡しを請求することはできないと解するのが相当である。

注意　肢(3)の場合は、登場人物がABCではなく、DEFになっている（「A→Dに」「Bを→Eに」「Cを→Fに」入れ替えて読もう）。

(1)　正。共有者は、他の共有者との協議に基づかないで当然に共有物を排他的に占有する権原を**有するものではない**。

(2)　正。判決文の6〜7行目に「共有者（B）は、右第三者（C）に対して**当然には共有物（建物）の明渡しを請求することはできない**」とあるので、本肢は○だ。

(3)　誤。判決文の1〜4行目に「共有者の一部の者（D）から共有者の協議に基づかないで（DE間で協議することなく）、共有物（建物）を占有使用することを承認された第三者（F）は、その者（F）の占有使用を承認しなかった共有者（E）に対して共有物（建物）を排他的に占有する権原を主張することはできない」とあるので、本肢は×だ。

(4)　正。共有者の1人が**持分を放棄**したら、その人の持分は**他の共有者のものに**なる。

　123頁(6)

正 解　(3)

　肢(2)と肢(3)については、判決文の中にズバリ書いてある。そして、本問の正解肢は肢(3)だ。だから、判決文をキチンと読めば、それだけで正解できる問題であった。間違えたらモッタイナイぞ。

区分所有法 [平22-13]

建物の区分所有等に関する法律に関する次の記述のうち、正しいものはどれか。

(1) 専有部分が数人の共有に属するときは、規約で別段の定めをすることにより、共有者は、議決権を行使すべき者を2人まで定めることができる。

(2) 規約及び集会の決議は、区分所有者の特定承継人に対しては、その効力を生じない。

(3) 敷地利用権が数人で有する所有権その他の権利である場合には、区分所有者は、規約で別段の定めがあるときを除き、その有する専有部分とその専有部分に係る敷地利用権とを分離して処分することができる。

(4) 集会において、管理者の選任を行う場合、規約に別段の定めがない限り、区分所有者及び議決権の各過半数で決する。

 原則 ➡ 過半数の賛成が必要。

講義

(1)　誤。専有部分を数人で共有しているときは、共有者は、議決権を行使すべき者を1人定めなければならない。例えば、夫婦で共有している場合、議決権を行使する人を夫（または妻）と決めておく必要がある、ということだ。

(2)　誤。集会の決議や規約は、特定承継人（譲受人のこと）に対しても**効力が及ぶ**。なぜなら、現に建物を使っている人に効力が及ばなければ意味がないからだ。　🔀 130頁 効力が及ぶ

(3)　誤。敷地利用権は、規約に別段の定めがあるときを除き、分離処分をすることができない。本肢は、規約に別段の定めがあるときを除き、分離処分をすることが「できる」とあるので、×だ（逆になっているので×）。

🔀 127頁 ②

(4)　正。管理者の選任は、規約に別段の定めがない限り、区分所有者及び議決権の各過半数で決めることになる。　🔀 129頁 注意2

正 解　(4)

Point!

　敷地利用権は、

1　原則として ➡ 分離処分**できない**。

2　例外として ➡ 規約に別段の定めがある場合は、分離処分**できる**（肢(3)）。

区分所有法 [平24-13]

建物の区分所有等に関する法律に関する次の記述のうち、誤っているものはどれか。

(1) 共用部分の保存行為は、規約に別段の定めがない限り、集会の決議を経ずに各区分所有者が単独ですることができる。

(2) 共用部分の変更（その形状又は効用の著しい変更を伴わないものを除く。）は、区分所有者及び議決権の各4分の3以上の多数による集会の決議で決するが、規約でこの区分所有者の定数及び議決権を各過半数まで減ずることができる。

(3) 管理者は、その職務に関して区分所有者を代理するため、その行為の効果は、規約に別段の定めがない限り、本人である各区分所有者に共用部分の持分の割合に応じて帰属する。

(4) 共用部分の管理に要した各区分所有者の費用の負担については、規約に別段の定めがない限り、共用部分の持分に応じて決まる。

○○だけ過半数まで減らせる。

講義

(1) 正。共用部分の**保存行為**（例－雨漏りの修理）は、各区分所有者が**単独**でできる。集会の決議は不要だ。　　　　　　　　　　132頁(4)

(2) 誤。共用部分の重大な変更には、原則として、Ⓐ頭数とⒷ議決権（床面積）の両方について$\frac{3}{4}$以上の賛成による集会決議が必要。例外として、Ⓐ頭数だけは規約で過半数まで減らせるが、Ⓑ議決権の方は規約をもってしても**変更できない**。　　　　　　　　　　　　　　131頁(2)

(3) 正。管理者が、職務の範囲内において第三者との間にした行為につき区分所有者がその責めに任ずべき割合は、**共用部分の持分**の割合による（共用部分の持分の割合に応じて帰属する）。

(4) 正。共用部分の管理に要した費用については、**共用部分の持分**に応じて決まる（例えば、区分所有者Aの共用部分の持分が$\frac{1}{10}$の場合、Aは$\frac{1}{10}$の管理費用を負担することになる）。

（**正　解**）(2)

区分所有建物の管理のポイント

これだけの賛成があれば	こういうことができる	定数を規約で変更できるか？
$\frac{1}{5}$以上	集会の**招集**	**頭数**も**議決権**も減らせる
$\frac{3}{4}$以上	共用部分の**重大な変更**	**頭数**だけ**過半数**まで減らせる（肢(2)）
	規約の設定・変更・廃止	×
	違反者への措置（使用禁止・競売・引渡請求）	×
	管理組合の**法人化**	×
	大規模滅失の**復旧**	×
$\frac{4}{5}$以上	**建替え**	×

区分所有法 [平25-13]

　建物の区分所有等に関する法律に関する次の記述のうち、誤っているものはどれか。

(1) 区分所有者の承諾を得て専有部分を占有する者は、会議の目的たる事項につき利害関係を有する場合には、集会に出席して議決権を行使することができる。

(2) 区分所有者の請求によって管理者が集会を招集した際、規約に別段の定めがある場合及び別段の決議をした場合を除いて、管理者が集会の議長となる。

(3) 管理者は、集会において、毎年一回一定の時期に、その事務に関する報告をしなければならない。

(4) 一部共用部分は、区分所有者全員の共有に属するのではなく、これを共用すべき区分所有者の共有に属する。

 意見を述べることはできるが……。

(1) 誤。占有者（賃借人等のこと）は、利害関係を有する場合は、集会に **出席**して**意見**を述べることができる。ただし、占有者は区分所有者ではないから決議には参加できない。　　　　　　　　　　📖 130頁 出席・意見

(2) 正。規約に別段の定めがある場合及び別段の決議をした場合を除いて、**管理者**(または集会を招集した区分所有者の一人)が議長となる。たとえば、規約に「Aが議長になる」と定められていたり、集会で「Aを議長にしよう」との決議をした場合は、Aが議長になるが、そうでない場合は、**管理者**（または集会を招集した区分所有者の一人）が議長になる、ということ。

📖 130頁 集会の議長

(3) 正。管理者は、集会において、毎年一回一定の時期に、その事務に関する**報告**をしなければならない。

(4) 正。**一部**共用部分は、一部共用部分を共用すべき区分所有者の共有に属することになっている（区分所有者全員の共有に属するのではない）。ただし、規約で別段の定めをすることにより、区分所有者全員の共有に属させることもできる。

（ 正　解 ）(1)

👨 肢(4)をもう一押し

　一部共用部分とは、一部の区分所有者だけが共用すべき共用部分のこと。
　たとえば、下駄履きマンション（1階部分が店舗で2階より上が住居のマンション）があるとする。この場合、店舗専用の出入り口（これが一部共用部分）は、店舗の区分所有者（これが一部共用部分を共用すべき区分所有者）だけの共有となる。

区分所有法　　　　　　　　　　　　　　　　　[令1-13]

　建物の区分所有等に関する法律（以下この問において「法」という。）に関する次の記述のうち、正しいものはどれか。

(1)　専有部分が数人の共有に属するときは、共有者は、集会においてそれぞれ議決権を行使することができる。

(2)　区分所有者の承諾を得て専有部分を占有する者は、会議の目的たる事項につき利害関係を有する場合には、集会に出席して議決権を行使することができる。

(3)　集会においては、規約に別段の定めがある場合及び別段の決議をした場合を除いて、管理者又は集会を招集した区分所有者の1人が議長となる。

(4)　集会の議事は、法又は規約に別段の定めがない限り、区分所有者及び議決権の各4分の3以上の多数で決する。

 普通決議は過半数の賛成でOK。

講義

(1) 誤。専有部分が数人の**共有**に属するときは、共有者は、議決権を行使すべき者**1人**を定めなければならない。例えば、夫婦で共有しているときは、議決権を行使する人を夫（または妻）と決めておかなければならない。そして、決められた夫（または妻）が議決権を行使することになる。夫と妻の両名がそれぞれ議決権を行使することはできない。

(2) 誤。占有者（賃借人等のこと）は、利害関係を有する場合は、集会に出席して**意見**を述べることができる。ただし、占有者は、区分所有者ではないから議決権を行使することはできない。　　　　　130頁 出席・意見

(3) 正。規約に別段の定めがある場合と別段の決議をした場合を除いて、**管理者**または集会を招集した区分所有者の1人が議長となる。例えば、規約に「Aが議長になる」という定めがあったり、集会で「Aを議長にしよう」という決議をした場合は、Aが議長になるが、そうでない場合は、管理者または集会を招集した区分所有者の1人が議長となる。

130頁 集会の議長

(4) 誤。集会の議事は、法（区分所有法のこと）または規約に別段の定めがない限り、区分所有者と議決権の各**過半数**で決めることになる。つまり、普通の決議は各過半数で決めるということ。　　　　129頁 注意2

正　解　(3)

Point!

専有部分が数人の**共有**に属するときは、
➡　議決権を行使すべき者**1人**を定めなければならない。
注意!　共有者が、それぞれ議決権を行使することはできない（肢(1)）。

建物の区分所有等に関する法律に関する次の記述のうち、正しいものはどれか。

(1)　管理者は、集会において、毎年2回一定の時期に、その事務に関する報告をしなければならない。

(2)　管理者は、規約に特別の定めがあるときは、共用部分を所有することができる。

(3)　管理者は、自然人であるか法人であるかを問わないが、区分所有者でなければならない。

(4)　各共有者の共用部分の持分は、規約で別段の定めをしない限り、共有者数で等分することとされている。

　管理者にお任せ。

講義

(1) 誤。管理者は、集会において、毎年1回一定の時期に、その事務に関する**報告**をしなければならない。 🈁 平成25年第13問(3)

(2) 正。**管理者**は、規約に特別の定めがあるときは、**共用部分を所有**することができる。例えば、階段は共用部分だが、規約で「階段は管理者が所有する」と定めることができる、という話。 🈁 130頁 注意4

(3) 誤。管理者は、自然人でも**法人**（マンション管理会社）でも**OK**だ。もちろん、区分所有者である必要はない。

(4) 誤。共用部分の持分は、**専有部分の床面積**（内側線で算出）の**割合**によるのが原則だ。共有者数で等分するのではないので、本肢は×だ。

🈁 126頁 床面積の割合で共有

正 解 (2)

Point!

　管理者は、規約に特別の定めがあるときは、**共用部分を所有**することができる（肢(2)）。

コメント　階段などの共用部分は、**区分所有者全員の共有**に属することになっているが、規約で「階段は管理者が所有する」と定めることができる、ということ。ちなみに、この制度のことを管理所有という。

区分所有法 [平20-15]

建物の区分所有等に関する法律に関する次の記述のうち、正しいものはどれか。

(1) 管理者は、少なくとも毎年2回集会を招集しなければならない。また、区分所有者の5分の1以上で議決権の5分の1以上を有するものは、管理者に対し、集会の招集を請求することができる。

(2) 集会は、区分所有者及び議決権の各4分の3以上の多数の同意があるときは、招集の手続きを経ないで開くことができる。

(3) 区分所有者は、規約に別段の定めがない限り集会の決議によって、管理者を選任し、又は解任することができる。

(4) 規約は、管理者が保管しなければならない。ただし、管理者がないときは、建物を使用している区分所有者又はその代理人で理事会又は集会の決議で定めるものが保管しなければならない。

 Hint! 集会の決議は大事だ。

講義

(1)　誤。管理者は、毎年1回以上、集会を招集しなければならない(=集会は、毎年1回でもOK)。だから、「少なくとも毎年2回集会を招集しなければならない」とある本肢は×だ。なお、区分所有者（頭数）の5分の1以上で議決権5分の1以上を有する者は、管理者に対して、集会の招集を請求できる、という点は○だ。　130頁 注意1

(2)　誤。集会は、**区分所有者全員**のOKがあれば、招集の手続きを経ないで開くことができる。4分の3以上では足りない。全員の同意が必要だ。　130頁 注意2

(3)　正。区分所有者は、規約に別段の定めがない限り、集会の決議で、**管理者を選任**することができるし、**解任**することもできる。　129頁 注意2

(4)　誤。管理者がいない場合は、建物を使用している区分所有者またはその代理人で、**規約**または**集会の決議**によって定められた者が規約を保管することになっている。理事会で定める者が保管するのではない。　133頁 注意1

正解　(3)

Point!

集会について
① 管理者は、毎年1回以上、集会を招集しなければならない（肢(1)）。
② 区分所有者（頭数）の5分の1以上で議決権5分の1以上を有する者は、管理者に対して、集会の招集を請求できる（肢(1)）。
③ **区分所有者全員**の同意があれば、招集手続きの省略OK（肢(2)）。

区分所有法 [平29-13]

建物の区分所有等に関する法律に関する次の記述のうち、誤っているものはどれか。

(1) 管理者は、少なくとも毎年1回集会を招集しなければならない。

(2) 区分所有者の5分の1以上で議決権の5分の1以上を有するものは、管理者に対し、会議の目的たる事項を示して、集会の招集を請求することができるが、この定数は規約で減ずることはできない。

(3) 集会の招集の通知は、区分所有者が管理者に対して通知を受け取る場所をあらかじめ通知した場合には、管理者はその場所にあててすれば足りる。

(4) 集会は、区分所有者全員の同意があれば、招集の手続を経ないで開くことができる。

 全員が同意しているなら不要だ。

講義

(1)　正。管理者は、少なくとも**毎年1回**集会を招集しなければならない。

130頁 注意1

(2)　誤。区分所有者（の頭数）の1/5以上で議決権の1/5以上を有するものは、管理者に対して、「集会を招集してくれ」と請求できる。この定数は、規約で**減らせる**（区分所有者の頭数も議決権も減らせる）。

128頁 2.表

(3)　正。集会の招集の通知は、①区分所有者が管理者に対して通知を受けとる場所を**通知した**場合はその場所（通知した場所）に、②通知しなかった場合は区分所有者の所有する専有部分が所在する場所にあててすれば足りる。

(4)　正。集会は、区分所有者**全員**の同意があるときは、招集の手続きなしで開くことができる。

130頁 注意2

（ 正 解 ）(2)

Point!

集会の招集の通知

① 区分所有者が、管理者に対して通知を受けとる場所を**通知した**場合
➡ 通知した場所（肢(3)）

② ①の**通知をしなかった**場合
➡ 区分所有者の所有する**専有部分**が所在する場所
　例えば、仙台ハイツの301号室を取得したのがAだったとする。Aが管理者に対して、「通知を受けとる場所は実家の○市1丁目1番1号」と通知した場合（「実家に連絡してくれ」と通知した場合）は、管理者は、○市1丁目1番1号に通知する。このような通知がない場合は、管理者は、仙台ハイツの301号室に通知するということ。

区分所有法　　　　　　　　　　　　　　[平23-13]

　建物の区分所有等に関する法律（以下この問において「法」という。）に関する次の記述のうち、誤っているものはどれか。

(1) 管理者は、利害関係人の請求があったときは、正当な理由がある場合を除いて、規約の閲覧を拒んではならない。

(2) 規約に別段の定めがある場合を除いて、各共有者の共用部分の持分は、その有する専有部分の壁その他の区画の内側線で囲まれた部分の水平投影面積の割合による。

(3) 一部共用部分に関する事項で区分所有者全員の利害に関係しないものは、区分所有者全員の規約に定めることができない。

(4) 法又は規約により集会において決議すべきとされた事項であっても、区分所有者全員の書面による合意があったときは、書面による決議があったものとみなされる。

Hint! 　一部共用部分であっても、全員で管理した方が良い場合もある。

講義

(1) 正。管理者は、**利害関係人**から「規約を見せてくれ」との請求があったときは、正当な理由がある場合を除いて、規約の閲覧を拒んではならない。　　　　　　　　　　　　　　　　　　　　　　133頁 注意3

(2) 正。共用部分の持分は、原則として専有部分の床面積（「**内側線**」で算出する。「中心線」で算出するのではない）の割合だ。もっとも、例外として規約で別段の定めをすることもできる。

126頁 床面積の割合で共有

(3) 誤。一部共用部分であっても、**区分所有者全員の規約**に定めることができる（「一部共用部分ではあるけど、マンションの区分所有者全員で管理しましょう」と規約に定めることができる、ということ）。

(4) 正。書面による決議（区分所有者に書面を提出してもらう方法）は、集会の決議と同一の効力を有する。そして、**全員の書面による合意**があったときは、書面による決議があったものとみなされることになっている。要するに、ある議題について、全員が書面で賛成していれば、➡書面による決議があったとみなされる（＝集会の決議と同一の効力を有する＝実際に集会を開く必要はない）ということ。

正　解 (3)

👓 一部共用部分とは？

たとえば、1階が店舗で、2階が住居のマンションがあるとする。この場合における、1階の店舗のためだけに使用される出入り口や廊下などのこと。一部の区分所有者（店舗のオーナー達）のみの共用に供されるので、一部共用部分という。そして、一部共用部分であっても、**区分所有者全員の規約**に定めることができる（肢(3)）。

建物の区分所有等に関する法律（以下この問において「法」という。）に関する次の記述のうち、誤っているものはどれか。

(1)　法又は規約により集会において決議をすべき場合において、区分所有者が1人でも反対するときは、集会を開催せずに書面によって決議をすることはできない。

(2)　形状又は効用の著しい変更を伴う共用部分の変更については、区分所有者及び議決権の各4分の3以上の多数による集会の決議で決するものであるが、規約でこの区分所有者の定数を過半数まで減ずることができる。

(3)　敷地利用権が数人で有する所有権その他の権利である場合には、規約に別段の定めがあるときを除いて、区分所有者は、その有する専有部分とその専有部分に係る敷地利用権とを分離して処分することができない。

(4)　各共有者の共用部分の持分は、規約に別段の定めがある場合を除いて、その有する専有部分の床面積の割合によるが、この床面積は壁その他の区画の中心線で囲まれた部分の水平投影面積である。

Hint!　仙台（専内）ハイツは害虫（外中）の巣。

講義

(1)　正。区分所有者**全員**の承諾があるときは、集会を開催せずに書面または電磁的方法（電子メール等）によって決議をすることができる。全員の承諾が必要なので、1人でも反対するときは、集会を開催せずに書面によって決議をすることはできない。

(2)　正。形状または効用の著しい変更を伴う共用部分の変更（つまり、重大変更）は、原則として、Ⓐ区分所有者（頭数）とⒷ議決権の両方について$\frac{3}{4}$以上の賛成が必要だ。ただし、例外として、Ⓐ区分所有者（頭数）については、規約で**過半数**まで減らすことができる。　　📖131頁(2)

(3)　正。区分所有者は、原則として、専有部分と敷地利用権とを分離して処分することができない。ただし、例外として、**規約**に別段の定めがあるときは、分離して処分することができる。　　📖127頁②

(4)　誤。各共有者の共用部分の持分は、規約に別段の定めがある場合を除いて、その有する専有部分の床面積の割合による（前半は○）。そして、この床面積は壁その他の区画の「**内側線**」で囲まれた部分の水平投影面積による。「中心線」ではない（後半が×）。　　📖125頁 床面積の算出方法

正 解　(4)

Point!

書面または電磁的方法による決議
➡ 区分所有者**全員**の承諾があるときは、集会を開催せずに書面または電磁的方法による決議をすることができる（肢(1)）。

区分所有法 [☞2-13]

建物の区分所有等に関する法律に関する次の記述のうち、正しいものはどれか。

(1) 共用部分の変更（その形状又は効用の著しい変更を伴わないものを除く。）は、区分所有者及び議決権の各4分の3以上の多数による集会の決議で決するが、この区分所有者の定数は、規約で2分の1以上の多数まで減ずることができる。

(2) 共用部分の管理に係る費用については、規約に別段の定めがない限り、共有者で等分する。

(3) 共用部分の保存行為をするには、規約に別段の定めがない限り、集会の決議で決する必要があり、各共有者ですることはできない。

(4) 一部共用部分は、これを共用すべき区分所有者の共有に属するが、規約で別段の定めをすることにより、区分所有者全員の共有に属するとすることもできる。

 例外あり。

(1)　誤。共用部分の重大変更は、原則として区分所有者（頭数）と議決権の両方について4分3以上の賛成が必要だ。ただし、例外として区分所有者については、規約で「**過半数**（区分所有者が100人なら、51人）」まで減らすことができる。「2分の1（区分所有者が100人なら、50人）」までではない。　131頁(2)

(2)　誤。共用部分の管理に係る費用は、規約に別段の定めがない限り、「共有者は**持分**に応じて負担する」。「共有者で等分する」のではない。

(3)　誤。共用部分の保存行為は、各共有者が**単独**でできる。集会の決議は不要だ。　132頁(4)

(4)　正。一部共用部分は、これを共用すべき区分所有者の共有に属する。たとえば、1階と2階が店舗で、3階以上が住居となっているマンションがあるとする。この場合、店舗用のエレベーターは、一部共用部分であり、店舗の区分所有者だけの共有に属する。しかし、規約で別段の定めをすることにより、店舗用のエレベーター（一部共用部分）を区分所有者**全員の共有**に属するとすることもできる。

（**正　解**）(4)

Point!

一部共用部分
1　一部共用部分は、これを共用すべき区分所有者の共有に属する。
2　規約で別段の定めをすることにより、区分所有者**全員の共有**に属するとすることもできる（肢(4)）。

区分所有法 [平26-13]

建物の区分所有等に関する法律（以下この問において「法」という。）に関する次の記述のうち、誤っているものはどれか。

(1) 区分所有者の団体は、区分所有建物が存在すれば、区分所有者を構成員として当然に成立する団体であるが、管理組合法人になることができるものは、区分所有者の数が30人以上のものに限られる。

(2) 専有部分が数人の共有に属するときの集会の招集の通知は、法第40条の規定に基づく議決権を行使すべき者にすればよく、共有者間で議決権を行使すべき者が定められていない場合は、共有者のいずれか1人にすればよい。

(3) 建物の価格の2分の1以下に相当する部分が滅失した場合、規約で別段の定めがない限り、各区分所有者は、滅失した共用部分について、復旧の工事に着手するまでに復旧決議、建替え決議又は一括建替え決議があったときは、復旧することができない。

(4) 管理者が、規約の保管を怠った場合や、利害関係人からの請求に対して正当な理由がないのに規約の閲覧を拒んだ場合は、20万円以下の過料に処せられる。

 小さいマンションの管理組合でも法人化できる。

講義

(1)　誤。区分所有者（の頭数）と議決権の両方について **3/4 以上**の賛成があれば、管理組合を法人にすることができる。区分所有者の数が 30 人以上である必要はない。　　　　　　　　　　　　　　　　　　　🔖 135 頁 **4**

(2)　正。たとえば、専有部分を夫婦で共有しているとする。この場合において、議決権を行使するのは夫と定められているときは、夫に通知すれば OK だ。そして、議決権を行使する者が定められていないときは、夫または妻のいずれか **1 人**にすれば OK だ。

(3)　正。復旧決議や建替え決議があったのに、各区分所有者が勝手に共用部分の復旧（修理）をしたら迷惑だ。だから、復旧決議・建替え決議があった**後**は、各区分所有者は共用部分の復旧をすることは**できない**。

🔖 136 頁 ②

(4)　正。管理者が、規約の保管を怠った場合や、利害関係人からの請求に対して正当な理由がないのに規約の閲覧を拒んだ場合は、ペナルティーとして、20 万円以下の**過料**に処せられる。　　　　　🔖 133 頁 注意 3

（**正　解**）　(1)

Point!

小規模な滅失（建物全体の価格の 1/2 以下の部分の滅失）
➡ 区分所有者及び議決権の**各過半数**の賛成で、復旧工事を決議することができる。

注意 1 各区分所有者は、上記の復旧決議や建替え決議があるまでは、共用部分の復旧（修理）をすることができる。しかし、復旧決議や建替え決議の**後**は、復旧することは**できない**（肢(3)）。

　たとえば、マンションの階段の手すりが壊れていたとする。この場合、復旧決議・建替え決議があるまでは、各区分所有者は、各自の判断で、手すりを修理できる。しかし、決議の後は、手すりを修理できない、ということだ。

区分所有法 [平19-15]

建物の区分所有等に関する法律に関する次の記述のうち、誤っているものはどれか。

(1) 規約は、管理者が保管しなければならない。ただし、管理者がないときは、建物を使用している区分所有者又はその代理人で規約又は集会の決議で定めるものが保管しなければならない。

(2) 最初に建物の専有部分の全部を所有する者は、公正証書により、建物の共用部分を定める規約を設定することができる。

(3) 規約を保管する者は、利害関係人の請求があったときは、正当な理由がある場合を除いて、規約の閲覧を拒んではならない。

(4) 規約の保管場所は、各区分所有者に通知するとともに、建物内の見やすい場所に掲示しなければならない。

 掲示と通知の両方が必要か？

(1)　正。規約は管理者がいるときは、管理者が保管しなければならない。そして管理者がいないときは、建物を使用している区分所有者またはその代理人で、**規約または集会の決議で定めるもの**が保管しなければならない。

 133頁 注意1

(2)　正。最初に建物の専有部分の全部を所有する者（分譲業者のことだ）は、**公正証書**によって、建物の共用部分を定める規約を設定することができる。

133頁(2)

(3)　正。規約を保管する者は、利害関係人の請求があったときは、**正当な理由がある場合を除いて**、規約の閲覧を拒むことはできない。

133頁 注意3

(4)　誤。規約の保管場所は、建物内の**見やすい場所に掲示**しなければならない。しかし、規約の保管場所を各区分所有者に通知する必要はない。

133頁 注意2

正　解　(4)

Point!

規約の保管場所（肢(4)）
・保管場所を建物の**見やすい場所に掲示**する必要がある。
・保管場所を各区分所有者に通知する必要はない。

区分所有法 [平30-13]

建物の区分所有等に関する法律に関する次の記述のうち、誤っているものはどれか。

(1) 規約の設定、変更又は廃止を行う場合は、区分所有者の過半数による集会の決議によってなされなければならない。

(2) 規約を保管する者は、利害関係人の請求があったときは、正当な理由がある場合を除いて、規約の閲覧を拒んではならず、閲覧を拒絶した場合は20万円以下の過料に処される。

(3) 規約の保管場所は、建物内の見やすい場所に掲示しなければならない。

(4) 占有者は、建物又はその敷地若しくは附属施設の使用方法につき、区分所有者が規約又は集会の決議に基づいて負う義務と同一の義務を負う。

 大事なことだから……。

(1) 誤。規約の設定・変更・廃止には、区分所有者と議決権の両方について**4分の3**以上の賛成が必要だ。区分所有者の過半数では足りないので、本肢は×だ。　　　　　　　　　　　　　　　　　　　132頁 **2**

(2) 正。規約の保管者は、利害関係人の請求があったときは、正当な理由がある場合を除いて、規約の閲覧を拒んではならない。正当な理由がないのに、閲覧を拒んだら、20万円以下の**過料**だ。　　　133頁 注意3

(3) 正。規約の保管場所は、建物内の**見やすい場所**に掲示しなければならない。　　　　　　　　　　　　　　　　　　　　　　133頁 注意2

(4) 正。占有者とは、賃借人等のことだ（たとえば、甲マンションの301号室の区分所有者Aが301号室をBに貸借したら、Bが占有者だ）。規約または集会の決議は、**占有者**に対しても効力が**及ぶ**（占有者Bは、建物等の使用方法につき、区分所有者Aが規約または集会の決議に基づいて負う義務と同一の義務を負う）。なぜなら、現に建物を使っている人に効力が及ばなければ意味がないからだ。　　　130頁 効力が及ぶ

（**正 解**）(1)

Point!

規約と集会の議事録の保管者
保管者は、利害関係人の請求があったときは、正当な理由がある場合を除いて、閲覧を拒んではならない。 注意！
注意！　正当な理由がないのに、閲覧を拒んだら ➡ 20万円以下の**過料**だ
　　　　（肢(2)）。

区分所有法 [平21-13]

建物の区分所有等に関する法律（以下この問において「法」という。）についての次の記述のうち、誤っているものはどれか。

(1) 管理者は、少なくとも毎年1回集会を招集しなければならない。また、招集通知は、会日より少なくとも1週間前に、会議の目的たる事項を示し、各区分所有者に発しなければならない。ただし、この期間は、規約で伸縮することができる。

(2) 法又は規約により集会において決議をすべき場合において、これに代わり書面による決議を行うことについて区分所有者が1人でも反対するときは、書面による決議をすることができない。

(3) 建替え決議を目的とする集会を招集するときは、会日より少なくとも2月前に、招集通知を発しなければならない。ただし、この期間は規約で伸長することができる。

(4) 他の区分所有者から区分所有権を譲り受け、建物の専有部分の全部を所有することとなった者は、公正証書による規約の設定を行うことができる。

 最初だけできる。

講義

(1)　正。管理者は、少なくとも毎年1回集会を招集しなければならない。そして、集会招集通知は、集会の日（会日）より少なくとも**1週間**前に発しなければならない。そして、この1週間という期間は、規約で**伸縮**できる（伸長しても OK だし、短縮しても OK）。　　📖130頁 注意1、注意2

(2)　正。区分所有者の**全員の承諾**があるときは、集会を開催しないで、書面による決議をすることができる。この書面による決議は、全員の承諾が必要なので、1人でも反対すると、することができない。

(3)　正。建替え決議を目的とする集会を招集するときは、会日より少なくとも**2カ月**前に招集通知を発しなければならない。そして、この2カ月という期間は、規約で**伸長**することができる（伸長することだけ OK。短縮はダメ）。　　📖137頁 建替え決議を目的とする集会の招集通知は特別扱い

(4)　誤。最初に建物の専有部分を全部所有する者（分譲業者のこと）は、**公正証書**（公証人というプロに作ってもらう文書）によって、規約を設定することができる。しかし、他の区分所有者から区分所有権を譲り受け、建物の専有部分の全部を所有することとなった者は、公正証書によって、規約を設定することはできない。　　📖132頁(2)

（**正　解**）(4)

Point!

違いに注意！

① 　集会招集通知は、会日より少なくとも**1週間**前に発しなければならない。➡ この1週間という期間は、規約で、**伸長**することもできるし、**短縮**することもできる（肢(1)）。

② 　建替え決議を目的とする集会を招集するときは、会日より少なくとも**2カ月**前に招集通知を発しなければならない。➡ そして、この2カ月という期間は、規約で**伸長**することはできるが、短縮することはできない（肢(3)）。

区分所有法 [平27-13]

建物の区分所有等に関する法律に関する次の記述のうち、正しいものはどれか。

(1) 管理者が選任されていない場合、集会においては、規約に別段の定めがある場合及び別段の決議をした場合を除いて、集会を招集した区分所有者の1人が議長となる。

(2) 集会の招集の通知は、会日より少なくとも2週間前に発しなければならないが、この期間は規約で伸縮することができる。

(3) 集会の議事録が書面で作成されているときは、議長及び集会に出席した区分所有者の1人がこれに署名しなければならない。

(4) 区分所有者は、規約に別段の定めがない限り集会の決議によって、管理者を選任することができる。この場合、任期は2年以内としなければならない。

 誰かがやらなければいけない。

(1) 正。集会においては、**管理者**または集会を招集した区分所有者の1人が議長となることになっている。本肢の場合、管理者が**いない**のだから、集会を招集した区分所有者の1人が議長となる。

130頁 集会の議長

(2) 誤。集会の招集通知は**1週間**前に発しなければならない。ちなみに、この期間は規約で**伸縮できる**（1週間より長くすることもできるし、1週間より短くすることもできる）、という後半部分の記述は○だ。

130頁 注意2

(3) 誤。議長および集会に出席した区分所有者の**2人**が署名しなければならない。

130頁 注意3

(4) 誤。区分所有者は、集会の決議で管理人を選任できる（この点は○だ）。しかし、管理人の任期については、**規定がない**（任期は自由に設定できる）ので、後半部分の記述が×だ。

129頁 注意2

正 解 (1)

Point!

集会の招集通知（肢(2)）

① **1週間**前に発しなければならない。

② この期間は規約で**伸縮**できる（1週間より長くすることも、短くすることもできる）。

注意！ 建替え決議を目的とする場合は、**2カ月**前に発しなければならない。この期間は規約で**伸長**できる（2カ月より長くすることができる。短くすることはできない）。

第2編　弱点表

項　目	番　号	難　度	正　解	自己採点
物権変動の対抗要件	平 19-3	カンターン	(3)	
物権変動の対抗要件	平 22-4	普通	(3)	
物権変動の対抗要件	平 15-3	普通	(3)	
物権変動の対抗要件	令 1- 1	普通	(1)	
物権変動の対抗要件その他	平 28-3	普通	(3)	
物権変動の対抗要件	平 20-2	カンターン	(1)	
物権変動の対抗要件	平 19-6	難しい	(3)	
物権変動の対抗要件	平 17-8	普通	(1)	
物権変動の対抗要件	平 10-1	カンターン	(1)	
物権変動の対抗要件	平 24-6	難しい	(4)	
物権変動の対抗要件	平 16-3	カンターン	(2)	
債権譲渡	平 23-5	普通	(3)	
債権譲渡	令 3 - 6	普通	(2)	
債　権	平 23-8	普通	(2)	
選択債権	令 3 - 10	難しい	(2)	
不動産登記法	平 21-14	普通	(2)	
不動産登記法	平 28-14	普通	(1)	
不動産登記法	平 17-16	普通	(4)	
不動産登記法	平 26-14	難しい	(1)	
不動産登記法	平 24-14	普通	(2)	
不動産登記法	令 3 - 14	普通	(3)	
不動産登記法	令 1 - 14	難しい	(3)	
不動産登記法	平 19-16	普通	(1)	

不動産登記法	平 30-14	難しい	(4)	
不動産登記法	平 25-14	難しい	(3)	
不動産登記法	令 2 - 14	難しい	(1)	
不動産登記法	平 20-16	普通	(2)	
不動産登記法	平 23-14	難しい	(4)	
不動産登記法	平 16-15	難しい	(3)	
不動産登記法	平 27-14	超難	(4)	
不動産登記法	平 29-14	難しい	(3)	
配偶者居住権	令 3 - 4	難しい	(1)	
共　有	平 15-4	カンターン	(1)	
共　有	平 19-4	カンターン	(4)	
共　有	平 18-4	普通	(2)	
共　有	平 13-1	普通	(1)	
共　有	平 23-3	難しい	(4)	
共有（判決文問題）	平 29-3	カンターン	(3)	
区分所有法	平 22-13	普通	(4)	
区分所有法	平 24-13	カンターン	(2)	
区分所有法	平 25-13	カンターン	(1)	
区分所有法	令 1 - 13	カンターン	(3)	
区分所有法	平 28-13	普通	(2)	
区分所有法	平 20-15	普通	(3)	
区分所有法	平 29-13	カンターン	(2)	
区分所有法	平 23-13	普通	(3)	
区分所有法	令 3 - 13	難しい	(4)	
区分所有法	令 2 - 13	難しい	(4)	
区分所有法	平 26-13	難しい	(1)	

区分所有法	平 19-15	普通	(4)	
区分所有法	平 30-13	普通	(1)	
区分所有法	平 21-13	普通	(4)	
区分所有法	平 27-13	難しい	(1)	

3

第3編

抵 当 権
債務不履行・損害賠償・解除
契約不適合の場合の売主の担保責任
連帯債務・保証債務

抵 当 権　　　　　　　　　　　　　　　　　[平22-5]

　AはBから2,000万円を借り入れて土地とその上の建物を購入し、Bを抵当権者として当該土地及び建物に2,000万円を被担保債権とする抵当権を設定し、登記した。この場合における次の記述のうち、民法の規定及び判例によれば、誤っているものはどれか。

⑴　AがBとは別にCから500万円を借り入れていた場合、Bとの抵当権設定契約がCとの抵当権設定契約より先であっても、Cを抵当権者とする抵当権設定登記の方がBを抵当権者とする抵当権設定登記より先であるときには、Cを抵当権者とする抵当権が第1順位となる。

⑵　当該建物に火災保険が付されていて、当該建物が火災によって焼失してしまった場合、Bの抵当権は、その火災保険契約に基づく損害保険金請求権に対しても行使することができる。

⑶　Bの抵当権設定登記後にAがDに対して当該建物を賃貸し、当該建物をDが使用している状態で抵当権が実行され当該建物が競売された場合、Dは競落人に対して直ちに当該建物を明け渡す必要はない。

⑷　AがBとは別に事業資金としてEから500万円を借り入れる場合、当該土地及び建物の購入代金が2,000万円であったときには、Bに対して500万円以上の返済をした後でなければ、当該土地及び建物にEのために2番抵当権を設定することはできない。

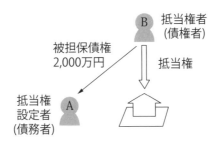

Hint!　抵当権者は、抵当権の目的物から全額を支払ってもらえないこともある。

(1) 正。抵当権の順位は、**登記の前後**で決まる。だから、先に抵当権の登記をしたCが一番抵当権者となる。 📚 145頁(1)

(2) 正。目的物の、① 滅失、② 売却、③ 賃貸等を原因として、債務者が他人からお金をもらう場合には、抵当権者は、そのお金を差し押さえることができる。だから、Bは建物が火災により滅失したことを原因とする保険金を差し押さえることができる。 📚 154頁(1)

(3) 正。抵当権が設定されている建物（土地はダメ）を賃借した人は、抵当権が実行されて建物が競売されても明渡しを **6カ月間**猶予してもらえる。だから、Dは直ちに建物を明け渡す必要はない。 📚 150頁(2)

(4) 誤。こんなルール（「二番抵当権を設定するためには、その分のお金を一番抵当権者に返済してからでないといけない」というルール）はない。まったくデタラメだ。AはBに対して返済をしなくても、Eのために二番抵当権を設定することができる。 📚 145頁

正　解 (4)

Point!

　抵当権の順位のまとめ

① 抵当権の順位は ➡ **登記の前後**で決まる（肢(1)）。

② 抵当権の順位を変更するには ➡ ①抵当権者全員の合意と、②利害関係者の承諾が必要だが ➡ **抵当権設定者の承諾は不要**だ。

③ 一番抵当権が消滅すると ➡ 二番抵当権が一番に**繰り上がる**。

抵 当 権 [平28-4]

Aは、A所有の甲土地にBから借り入れた3,000万円の担保として抵当権を設定した。この場合における次の記述のうち、民法の規定及び判例によれば、誤っているものはどれか。

(1) Aが甲土地に抵当権を設定した当時、甲土地上にA所有の建物があり、当該建物をAがCに売却した後、Bの抵当権が実行されてDが甲土地を競落した場合、DはCに対して、甲土地の明渡しを求めることはできない。

(2) 甲土地上の建物が火災によって焼失してしまったが、当該建物に火災保険が付されていた場合、Bは、甲土地の抵当権に基づき、この火災保険契約に基づく損害保険金を請求することができる。

(3) AがEから500万円を借り入れ、これを担保するために甲土地にEを抵当権者とする第2順位の抵当権を設定した場合、BとEが抵当権の順位を変更することに合意すれば、Aの同意がなくても、甲土地の抵当権の順位を変更することができる。

(4) Bの抵当権設定後、Aが第三者であるFに甲土地を売却した場合、FはBに対して、民法第383条所定の書面を送付して抵当権の消滅を請求することができる。

(1)

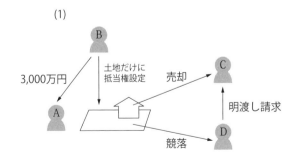

 抵当権が設定されたのは？

(1) 正。①抵当権設定時、土地の上に建物が存在していて、②その土地と建物が、**抵当権設定時に**、**同一人物の所有物**だった場合は、法定地上権が成立する（抵当権設定後に建物が第三者に**譲渡**され、所有者が別々になっても、法定地上権は成立する）。だから、本肢の場合、法定地上権は成立するので、DはCに対して、甲土地の明渡しを求めることはできない。

🈂 147頁②

(2) 誤。火災保険が付されているのは、**建物**だ。だから、建物に抵当権を設定したのであれば、保険金を請求できる（保険金請求権に物上代位できる）。しかし、本肢の場合、抵当権が設定されたのは土地だ。だから、Bは保険金を請求できない。

🈂 154頁(1)

(3) 正。抵当権の順位を変更するには、順位の変更をする抵当権者全員の合意の他に、利害関係者の承諾が必要だ。ただし、**抵当権設定者**は利害関係者では**ない**。だから、Aの同意がなくても、抵当権の順位を変更できる。

🈂 146頁(4)

(4) 正。抵当権の設定されている甲土地を買ったF（**第三取得者**という）はBに対して、書面を送付して**抵当権の消滅**を請求できる。 🈂 152頁(3)

（**正 解**） (2)

Point!

抵当権の順位を変更するには、次の①と②が必要だ（肢(3)）。
① 順位の変更をする抵当権者全員の合意
② **利害関係者の承諾**
注1 債務者・**抵当権設定者**は利害関係者では**ない**。
注2 順位の変更は、登記をしなければ効力が生じない。

抵当権 （判決文問題） 　　　　　　　　　　　[平21-7]

法定地上権に関する次の(1)から(4)までの記述のうち、民法の規定、判例及び判決文によれば、誤っているものはどれか。

（判決文）

　土地について1番抵当権が設定された当時、土地と地上建物の所有者が異なり、法定地上権成立の要件が充足されていなかった場合には、土地と地上建物を同一人が所有するに至った後に後順位抵当権が設定されたとしても、その後に抵当権が実行され、土地が競落されたことにより1番抵当権が消滅するときには、地上建物のための法定地上権は成立しないものと解するのが相当である。

(1)　土地及びその地上建物の所有者が同一である状態で、土地に1番抵当権が設定され、その実行により土地と地上建物の所有者が異なるに至ったときは、地上建物について法定地上権が成立する。

(2)　更地である土地の抵当権者が抵当権設定後に地上建物が建築されることを承認した場合であっても、土地の抵当権設定時に土地と所有者を同じくする地上建物が存在していない以上、地上建物について法定地上権は成立しない。

(3)　土地に1番抵当権が設定された当時、土地と地上建物の所有者が異なっていたとしても、2番抵当権設定時に土地と地上建物の所有者が同一人となれば、土地の抵当権の実行により土地と地上建物の所有者が異なるに至ったときは、地上建物について法定地上権が成立する。

(4)　土地の所有者が、当該土地の借地人から抵当権が設定されていない地上建物を購入した後、建物の所有権移転登記をする前に土地に抵当権を設定した場合、当該抵当権の実行により土地と地上建物の所有者が異なるに至ったときは、地上建物について法定地上権が成立する。

　法定地上権が付いていると、土地の価値はグーンと下がる！

(1)　正。①抵当権設定時に、土地の上に建物が存在していて、②その土地と建物が、**抵当権設定時に、同一人物の所有物**だった場合は、法定地上権が成立する。　📖147頁 条文①、②

(2)　正。肢(1)の解説にあるように、法定地上権が成立するためには、**抵当権設定時に、土地の上に建物が存在している**ことが必要だ。

📖147頁 条文①

(3)　誤。法定地上権が付いていると、土地の価値はグーンと下がる。だから、本肢の場合において、もし法定地上権が成立してしまうと、一番抵当権者がかわいそうだ。だから、土地と建物が、**一番抵当権設定時に、同一人物の所有物でなかった**場合は、土地と建物が、二番抵当権設定時に、同一人物の所有物であった場合でも、**法定地上権は成立しない**。

(4)　正。①抵当権設定時に、土地の上に建物が存在していて、②その土地と建物が、抵当権設定時に、同一人物の所有物だった場合（所有権移転登記をしてなくても OK）は、法定地上権が成立するので、本肢は正しい。

📖147頁 条文①、②

(**正　解**)　(3)

Point!

　法定地上権が成立するための条件は、次の2つだ。
① **抵当権設定時に、土地の上に建物が存在していたこと。**
② その土地と建物が、**抵当権設定時に、同一人物の所有物**だったこと。
　では、抵当権設定時は、同一所有者だったが、抵当権設定後に、土地と建物が別々の所有者になった場合ドーなる？
➡ **法定地上権は成立する。**

抵 当 権　　　　　　　　　　　　[平30-6]

　Aが所有する甲土地上にBが乙建物を建築して所有権を登記していたところ、AがBから乙建物を買い取り、その後、Aが甲土地にCのために抵当権を設定し登記した。この場合の法定地上権に関する次の記述のうち、民法の規定及び判例によれば、誤っているものはどれか。

(1)　Aが乙建物の登記をA名義に移転する前に甲土地に抵当権を設定登記していた場合、甲土地の抵当権が実行されたとしても、乙建物のために法定地上権は成立しない。

(2)　Aが乙建物を取り壊して更地にしてから甲土地に抵当権を設定登記し、その後にAが甲土地上に丙建物を建築していた場合、甲土地の抵当権が実行されたとしても、丙建物のために法定地上権は成立しない。

(3)　Aが甲土地に抵当権を設定登記するのと同時に乙建物にもCのために共同抵当権を設定登記した後、乙建物を取り壊して丙建物を建築し、丙建物にCのために抵当権を設定しないまま甲土地の抵当権が実行された場合、丙建物のために法定地上権は成立しない。

(4)　Aが甲土地に抵当権を設定登記した後、乙建物をDに譲渡した場合、甲土地の抵当権が実行されると、乙建物のために法定地上権が成立する。

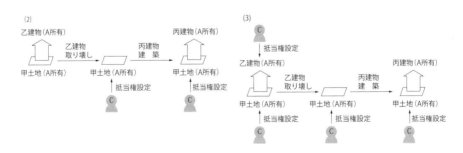

　所有者が大事。

(1)　誤。法定地上権が成立するための条件は次の2つだ。

　　　①抵当権設定時に、**土地の上に建物が存在**していたこと。

　　　②土地と建物が、抵当権設定時に、**同一人物の所有物**だったこと。

　本肢の場合、「①抵当権設定時に、甲土地の上に乙建物が存在していた」し、「②甲土地と乙建物が、抵当権設定時に、同一人物Aの所有物だった」ので、法定地上権は成立する。確かに、乙建物の名義はBであって、Aではなかったが、所有者はAであった。この場合も、②の条件は満たすのだ（登記上の名義は異なっていてもOK）。　　　　　　　147頁②

(2)　正。本肢の場合、更地にしてから、甲土地に抵当権を設定している（丙建物を建築したのは、抵当権を設定した後だ）。つまり、「抵当権設定時に、土地の上に建物が存在していない」。だから、法定地上権は成立しない。

147頁 条文①

(3)　正。土地（甲土地）と地上建物（乙建物）の両方に抵当権を設定（共同抵当権を設定した）後、地上建物（乙建物）が取り壊され、土地上（甲土地上）に新しい建物（丙建物）が建築された場合には、原則として、新しい建物（丙建物）のために、法定地上権は成立しない。

(4)　正。土地と建物が、**抵当権設定時**に、**同一人物の所有物**だった場合は、その後、建物が第三者に**譲渡**され、所有者が別々になっても、法定地上権は成立する。　　　　　　　147頁②

（**正　解**）(1)

Point!

Q　甲土地と甲土地上の乙建物の所有者が、甲土地と乙建物の両方に抵当権を設定（共同抵当権を設定）した後に、乙建物が取り壊され、新たに丙建物が建築された場合、丙建物のために法定地上権は成立するの？

A　丙建物の所有者が甲土地の所有者と同一であり、かつ、甲土地の抵当権者が丙建物について甲土地の抵当権と同順位の共同抵当権の設定を受けたなどの特段の事情のない限り、丙建物のために法定地上権は成立しない（つまり、原則として、法定地上権は成立しない）（肢(3)）。

抵 当 権　　　　　　　　　　　　　[平18-5]

　Aは、Bから借り入れた2,400万円の担保として第一順位の抵当権が設定されている甲土地を所有している。Aは、さらにCから1,600万円の金銭を借り入れ、その借入金全額の担保として甲土地に第二順位の抵当権を設定した。この場合に関する次の記述のうち、民法の規定及び判例によれば、正しいものはどれか。

(1)　抵当権の実行により甲土地が競売され3,000万円の配当がなされる場合、BがCに抵当権の順位を譲渡していたときは、Bに1,400万円、Cに1,600万円が配当され、BがCに抵当権の順位を放棄していたときは、Bに1,800万円、Cに1,200万円が配当される。

(2)　Aが抵当権によって担保されている2,400万円の借入金全額をBに返済しても、第一順位の抵当権を抹消する前であれば、Cの同意の有無にかかわらず、AはBから新たに2,400万円を借り入れて、第一順位の抵当権を設定することができる。

(3)　Bの抵当権設定後、Cの抵当権設定前に甲土地上に乙建物が建築され、Cが抵当権を実行した場合には、乙建物について法定地上権が成立する。

(4)　Bの抵当権設定後、Cの抵当権設定前にAとの間で期間を2年とする甲土地の賃貸借契約を締結した借主Dは、Bの同意の有無にかかわらず、2年間の範囲で、Bに対しても賃借権を対抗することができる。

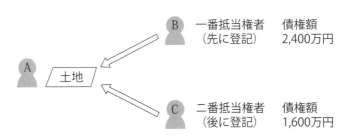

　順位を放棄するとドーなる？

⑴　正。Bが Cに抵当権の順位を譲渡すると、**抵当権の順位が入れ替わり C が一番抵当権者、B が二番抵当権者になる**。したがって、一番抵当権者となった C が 1,600 万円の配当を受け、残りの 1,400 万円を二番抵当権者となった B が受け取ることになる。また、B が C に抵当権の順位を放棄すると、B と C は同順位になり、競売代金の 3,000 万円を債権額の割合で分けることになる。B の債権は 2,400 万円で C の債権は 1,600 万円なので、競売代金の 3,000 万円を B と C とで 2,400：1,600 の割合（＝ 3：2 の割合）で分けることになり、B は 1,800 万円、C は 1,200 万円の配当を受け取ることになる。

⑵　誤。A が B に借金の全額を返すと、B の一番抵当権はもはや必要なくなるから、自動的に消滅する（付従性により消滅する）。その結果、C の二番抵当権が、自動的に、一番抵当権へと繰り上がる（順位の上昇）。そして、一番抵当権者になった C に断わりもなく勝手に AB 間で新たに第一順位の抵当権を設定することは許されない。トーゼン C の同意が必要となる。

🔖 147 頁⑸、157 頁 標語

⑶　誤。一番抵当権が設定された時点で、**土地の上に建物が存在していない場合は、その後に建物が建築されたために二番抵当権が設定された時点では土地の上に建物が存在していても、法定地上権は成立しない**。

🔖 147 頁 ①

⑷　誤。D が、①賃借権の登記をして、②D が賃借権の登記をする前に、すでに登記をしていた抵当権者 B から、「住み続けて OK ですよ」との同意をもらい、③その同意の登記をした場合は、出て行かなくて OK だ。したがって、D が B に対して賃借権を対抗するには、②の「住み続けて OK ですよ」との B の同意が必要なので、本肢は×だ。

（ 正　解 ）⑴

Point!

抵当権の順位の譲渡と抵当権の順位の放棄の違い（肢⑴）

　①　抵当権の順位の譲渡 ➡ **抵当権の順位が入れ替わる。**
　②　抵当権の順位の放棄 ➡ **同順位となる。**

 超難

抵 当 権 [平27-7]

　債務者Aが所有する甲土地には、債権者Bが一番抵当権（債権額2,000万円）、債権者Cが二番抵当権（債権額2,400万円）、債権者Dが三番抵当権（債権額4,000万円）をそれぞれ有しており、Aにはその他に担保権を有しない債権者E（債権額2,000万円）がいる。甲土地の競売に基づく売却代金5,400万円を配当する場合に関する次の記述のうち、民法の規定によれば、誤っているものはどれか。

(1)　BがEの利益のため、抵当権を譲渡した場合、Bの受ける配当は0円である。

(2)　BがDの利益のため、抵当権の順位を譲渡した場合、Bの受ける配当は800万円である。

(3)　BがEの利益のため、抵当権を放棄した場合、Bの受ける配当は1,000万円である。

(4)　BがDの利益のため、抵当権の順位を放棄した場合、Bの受ける配当は1,000万円である。

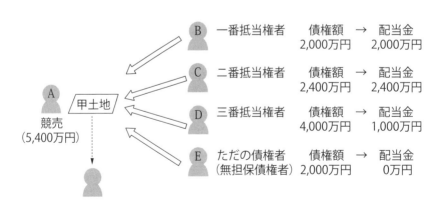

　放棄は債権額に応じて山分け。

1 　抵当権の**譲渡**の場合、抵当権者が自分の抵当権を、無担保債権者（ただの債権者）に譲渡して、自分は、その譲渡した債権額については、無担保債権者となる。そして、譲渡を受けた方が、**先に**お金（配当金）をポケットに入れることになる。そして、お金（配当金）の余り（残額）があれば、それを自分のポケットに入れることになる。

2 　抵当権の**順位の譲渡**の場合、抵当権者と後順位の抵当権者との間で、それぞれの順位の入替えを行うことになる。この場合も、1と同様に、譲渡を受けた方が、**先に**お金（配当金）をポケットに入れることになる。

3 　抵当権の**放棄**の場合、抵当権者とただの債権者が同順位となり、放棄した抵当権者の受け取れるお金（配当金）をその順位で、**山分け**することになる。ただし、単純に山分けするのではなく、債権額に応じて山分けすることになる。例えば、Xの債権額が2,000万円で、Yの債権額が1,000万円で、売却代金（山分けするお金）が、1,500万円だったとする。この場合において、XがYに対して放棄したら、受け取れるお金は、Xが1,000万円で、Yが500万円となる。Xの債権額はYの2倍だから（X：Y＝2：1）、お金についても、XはYの2倍もらえる。これが、債権額に応じてという意味だ。

4 　抵当権の**順位の放棄**の場合、抵当権者と後順位抵当権者が同順位となり、順位を放棄した抵当権者と順位の放棄を受けた抵当権者がそれぞれ、元々受け取れるお金（配当金）の合計額を、**山分け**することになる。山分けの方法は3と同じだ。

　まず、抵当権の譲渡・放棄・順位の譲渡・順位の放棄がなかったとしたら、誰がいくら受け取れるのかを押さえておく必要がある。本問の場合、売却代金は5,400万円だ。このお金を一番抵当権者から順番に受け取っていくことになる（ただの債権者は一番最後）。

	債権額	受け取るお金（配当金）
一番抵当権者B	（2,000万円）	①2,000万円
二番抵当権者C	（2,400万円）	②2,400万円
三番抵当権者D	（4,000万円）	③1,000万円
ただの債権者E	（2,000万円）	④0円

コメント ① 　売却代金は 5,400 万円だ。この中から、まず、Ｂが 2,000 万円受け取り、次にＣが 2,400 万円受け取る。この時点で、売却代金の残りは 1,000 万円となる（5,400 万円－ 2,000 万円－ 2,400 万円＝ 1,000 万円）。だから、Ｄの債権額は 4,000 万円だが、Ｄは 1,000 万円しか受け取れない。そして、この時点で、お金は空っぽになるから、Ｅは 1 円も受け取ることができない。

② 　抵当権の譲渡（順位の譲渡も）があっても、抵当権の放棄（順位の放棄も）があっても、当事者以外の抵当権者には影響しない。つまり、当事者以外の人が受け取れるお金（配当金）には変更がないということ。

(1) 　正。ＢとＥの 2 人で受け取ることのできるお金（配当金）は、合計で 2,000 万円だ。（①＋④＝ 2,000 万円）。抵当権の**譲渡**だから、Ｅが先にお金を受け取って、余ったお金をＢが受け取ることになる。Ｅの債権額は 2,000 万円だから、Ｅは 2,000 万円受け取ることになる。この時点で、お金は空っぽになる。だから、Ｂの受け取るお金は 0 円だ。

(2) 　誤。ＢとＤの 2 人で受け取ることのできるお金（配当金）は、合計で 3,000 万円だ（①＋③＝ 3,000 万円）。抵当権の順位の譲渡だから、**Ｄ**が先にお金を受け取って、余ったお金をＢが受け取ることになる。Ｄの債権額は 4,000 万円だから、Ｄは 3,000 万円受け取ることになる。この時点で、お金は空っぽになってしまう。だから、Ｂの受け取るお金は 0 円だ。

(3) 　正。ＢとＥの 2 人で受け取ることのできるお金（配当金）は、合計で 2,000 万円だ（①＋④＝ 2,000 万円）。抵当権の**放棄**だから、ＢとＥで債権額に応じて、2,000 万円を**山分け**することになる。Ｂの債権額は 2,000 万円でＥの債権額も 2,000 万円だ（債権額は同じ）。つまり、債権額は 1：1 だ。だから、Ｂが受け取るお金は **1,000 万円**で、Ｅが受け取るお金も 1,000 万円だ。

(4) 　正。ＢとＤの 2 人で受け取ることのできるお金（配当金）は、合計で 3,000 万円だ（①＋③＝ 3,000 万円）。抵当権の順位の**放棄**だから、ＢとＤで債権額に応じて、3,000 万円を**山分け**することになる。Ｂの債権額は 2,000 万円で、Ｄの債権額は 4,000 万円だ。つまり、債権額は 1：2 だ。

だから、Bが受け取るお金は **1,000万円** で、Dが受け取るお金は 2,000万円だ（Dの債権額はBの2倍だ。だから、DはBの2倍もらえる）。

以上全体につき、 145頁以下

正解 (2)

Point!

① **無担保債権者**（ただの債権者）に対して、抵当権を譲渡（放棄）することを、
➡ 抵当権の譲渡（放棄）という（肢(1)、(3)）。

② **後順位抵当権者**に対して抵当権を譲渡（放棄）することを、
➡ 抵当権の**順位**の譲渡（放棄）という（肢(2)、(4)）。

抵 当 権　　　　　　　　　　　　　　[令1-10]

　債務者Aが所有する甲土地には、債権者Bが一番抵当権（債権額2,000万円）、債権者Cが二番抵当権（債権額2,400万円）、債権者Dが三番抵当権（債権額3,000万円）をそれぞれ有しているが、BはDの利益のために抵当権の順位を譲渡した。甲土地の競売に基づく売却代金が6,000万円であった場合、Bの受ける配当額として、民法の規定によれば、正しいものはどれか。

(1)　600万円

(2)　1,000万円

(3)　1,440万円

(4)　1,600万円

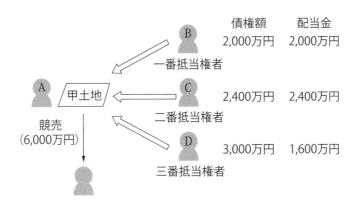

　譲渡を受けた方が先に受け取る。

講義

① 売却代金は6,000万円だ。この中から、一番抵当権者のBが2,000万円受け取り、次に二番抵当権者Cが2,400万円受け取る。この時点で、売却代金の残りは1,600万円となる（6,000万円－2,000万円－2,400万円＝1,600万円）。だから、三番抵当権者のDの債権額は3,000万円だが、Dは1,600万円しか受け取れない。

② BとDの2人で受け取ることのできるお金は、合計で3,600万円だ（Bの配当2000万円＋Dの配当1,600万円＝3,600万円）。

③ BがDに抵当権の順位を譲渡したのだから、譲渡を受けたDが**先に**お金（配当）を受け取ることになる。

④ 3,600万円の中から、Dが**先に**3,000万円受け取る。この時点で、残りは600万円となる（3,600万円－3,000万円＝600万円）。だから、Bの債権額は2,000万円だが、Bは600万円しか受け取れない。

以上により、Bの配当額は600万円なので、肢⑴が正解となる。

正 解 ⑴

以上全体につき、**図** 145頁以下

Point!

抵当権の順位の譲渡（XがYに抵当権の順位を譲渡した場合）
XとYが受け取るお金（配当）を合計する。

⬇

合計のお金の中から、Yが**先に**お金を受け取る。

⬇

残りのお金をXが受け取る。

抵 当 権 [平27-6]

抵当権に関する次の記述のうち、民法の規定及び判例によれば、誤っているものはどれか。

(1) 賃借地上の建物が抵当権の目的となっているときは、一定の場合を除き、敷地の賃借権にも抵当権の効力が及ぶ。

(2) 抵当不動産の被担保債権の主債務者は、抵当権消滅請求をすることはできないが、その債務について連帯保証をした者は、抵当権消滅請求をすることができる。

(3) 抵当不動産を買い受けた第三者が、抵当権者の請求に応じてその代価を抵当権者に弁済したときは、抵当権はその第三者のために消滅する。

(4) 土地に抵当権が設定された後に抵当地に建物が築造されたときは、一定の場合を除き、抵当権者は土地とともに建物を競売することができるが、その優先権は土地の代価についてのみ行使することができる。

 ちゃんと返すのが筋だ。

⑴　正。**建物**に抵当権を設定した場合、抵当権の効力は、原則として、**借地権**（地上権または敷地の賃借権）についても及ぶ。例えば、抵当権が実行されて建物が競売された場合、抵当権の効力は借地権にも及ぶから、競売によって建物を取得した人は、借地権も手に入れることができる、ということ。　　　　　　　　　　　　　　　　144頁　借地権にも及ぶ

⑵　誤。①債務者と②**保証人**は、抵当権消滅請求はできない。債務者や保証人が、抵当権を消滅させたかったら、ちゃんと債権者にお金を返して抵当権を消滅させるのが筋だからだ。　　　　　　　　152頁　ちなみに

⑶　正。抵当不動産を買った第三者が、抵当権者の請求に応じて**代価を弁済**すると、抵当権は、その第三者のために消滅する。　　　　153頁⑷

⑷　正。更地に抵当権が設定された後で、その更地に建物が建てられると、抵当権者は、土地と建物の両方を競売できるが、優先弁済を受けられるのは、**土地の代金**からだけだ。　　　　　　　　　　149頁　条文

(正　解)　⑵

Point!

抵当権消滅請求できるか？

① 第三取得者（抵当権の設定されている不動産を買った人）➡ ○（肢⑶）

② 債務者 ➡ ×（肢⑵）

③ **保証人** ➡ ×（肢⑵）

抵 当 権　　　　　　　　　　　　　　　　　　[平20-4]

　Aは、Bから借り入れた2,000万円の担保として抵当権が設定されている甲建物を所有しており、抵当権設定の後である令和4年4月1日に、甲建物を賃借人Cに対して賃貸した。Cは甲建物に住んでいるが、賃借権の登記はされていない。この場合に関する次の記述のうち、民法及び借地借家法の規定並びに判例によれば、正しいものはどれか。

(1)　AがBに対する借入金の返済につき債務不履行となった場合、Bは抵当権の実行を申し立てて、AのCに対する賃料債権に物上代位することも、AC間の建物賃貸借契約を解除することもできる。

(2)　抵当権が実行されて、Dが甲建物の新たな所有者となった場合であっても、Cは民法第602条に規定されている短期賃貸借期間の限度で、Dに対して甲建物を賃借する権利があると主張することができる。

(3)　AがEからさらに1,000万円を借り入れる場合、甲建物の担保価値が1,500万円だとすれば、甲建物に抵当権を設定しても、EがBに優先して甲建物から債権全額の回収を図る方法はない。

(4)　Aが借入金の返済のために甲建物をFに任意に売却してFが新たな所有者となった場合であっても、Cは、FはAC間の賃貸借契約を承継したとして、Fに対して甲建物を賃借する権利があると主張することができる。

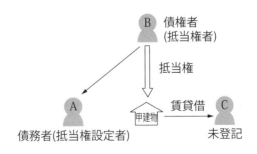

「引渡し」があれば対抗力が認められる。

講義

(1) 誤。抵当権には**物上代位性**がある。だから、抵当権者のBは、AがCから受け取る甲建物の賃料を差し押さえることができる（賃料債権に物上代位することができる）。しかし、Bは、賃貸借契約の当事者ではないから、ＡＣ間の賃貸借契約を解除することはできないので、本肢は×だ。

📖 155頁(2)

(2) 誤。抵当権が設定されている**建物**（土地はダメ）を賃借した人は、その賃借権が抵当権者に対抗できない場合において、抵当権が実行されて建物が競売されても、一定の要件を備えれば明渡しを6カ月間猶予してもらえる。しかし、出て行かなくてOKなのは**6カ月間**であり、短期賃貸借期間を限度に保護されるわけではないので、本肢は×だ。

📖 150頁(2)

(3) 誤。EはBから、**抵当権の順位を譲渡**してもらえば、Bに優先して甲建物から債権全額の回収をはかることができる。

(4) 正。建物が譲渡されたことによって賃貸人がFに交替した場合、賃貸借関係は**自動的にＦＣ間に移転**する。また、建物賃貸借権の対抗力は、建物の「**引渡し（実際に住むこと）**」があった場合にも認められる。だから、実際に甲建物に住んでいるＣは、Ｆに対して甲建物を賃借する権利があると主張することができる。

📖 212頁 上の② 、217頁 **ケース2**

正　解 (4)

用語の勉強

短期賃貸借とは？

　①**土地**の賃貸借をする場合は**5年以下**、②**建物**の賃貸借をする場合は**3年以下**の賃貸借契約を短期賃貸借という（肢(2)）。

抵当権・根抵当権 [平26-4]

　AがBとの間で、CのBに対する債務を担保するためにA所有の甲土地に抵当権を設定する場合と根抵当権を設定する場合における次の記述のうち、民法の規定によれば、正しいものはどれか。

(1)　抵当権を設定する場合には、被担保債権を特定しなければならないが、根抵当権を設定する場合には、BC間のあらゆる範囲の不特定の債権を極度額の限度で被担保債権とすることができる。

(2)　抵当権を設定した旨を第三者に対抗する場合には登記が必要であるが、根抵当権を設定した旨を第三者に対抗する場合には、登記に加えて、債務者Cの異議を留めない承諾が必要である。

(3)　Bが抵当権を実行する場合には、AはまずCに催告するように請求することができるが、Bが根抵当権を実行する場合には、AはまずCに催告するように請求することはできない。

(4)　抵当権の場合には、BはCに対する他の債権者の利益のために抵当権の順位を譲渡することができるが、元本の確定前の根抵当権の場合には、Bは根抵当権の順位を譲渡することができない。

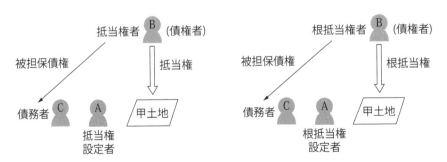

抵当権ならできるが……。

(1) 誤。「あらゆる」というのは、「すべて」という意味だ。だから、「あらゆる範囲の不特定の債権を被担保債権とする」というのは、Aが「Bさん、あなたとCとの間で将来発生するすべて（全部）の債権を根抵当権で面倒見ますよ」ということだ。このような大盤振る舞いの根抵当権のことを包括根抵当権というが、包括根抵当権は設定できないことになっている。なお、前半部分の抵当権に関する記述は正しい。 158頁 3.

(2) 誤。抵当権も根抵当権も、**登記**をすれば、第三者に対抗できる。そして、根抵当権を設定した旨を対抗するのに、債務者の（異議を留めない）承諾は不要だ。だから、本肢は×だ。 91頁 原則

(3) 誤。AはBに対して、「抵当権を実行するな。まずCに催告しろ」とつっぱねることはできない（Aに催告の抗弁権はない）。根抵当権の場合も、Aに催告の抗弁権はない。だから、本肢は×だ。 196頁 催告の抗弁権

(4) 正。順位を譲渡すると、順位が入れ替わる。たとえば、Bが1番抵当権者で、Dが2番抵当権者だとする。この場合に、BがDに順位を譲渡すると、Dが1番抵当権者で、Bが2番抵当権者となる。このように、抵当権は順位の譲渡をすることができる。しかし、元本確定前の根抵当権については順位の譲渡をすることはできないので、本肢は○だ。

（正 解） (4)

Point!

順位を譲渡することができるか？ （肢(4)）

① 抵 当 権 ➡ できる

② 根抵当権 ➡ できない 注意1

注意1 ただし、元本が確定した後は、根抵当権の順位を譲渡できる。できないのは、元本が確定する前だ。

抵 当 権 [平25-5]

抵当権に関する次の記述のうち、民法の規定及び判例によれば、正しいものはどれか。

(1) 債権者が抵当権の実行として担保不動産の競売手続をする場合には、被担保債権の弁済期が到来している必要があるが、対象不動産に関して発生した賃料債権に対して物上代位をしようとする場合には、被担保債権の弁済期が到来している必要はない。

(2) 抵当権の対象不動産が借地上の建物であった場合、特段の事情がない限り、抵当権の効力は当該建物のみならず借地権についても及ぶ。

(3) 対象不動産について第三者が不法に占有している場合、抵当権は、抵当権設定者から抵当権者に対して占有を移転させるものではないので、事情にかかわらず抵当権者が当該占有者に対して妨害排除請求をすることはできない。

(4) 抵当権について登記がされた後は、抵当権の順位を変更することはできない。

借地権は、建物のタメにある。

(1)　誤。弁済期が到来していないのに、物上代位されたのでは、債務者や物上保証人はたまったものではない。だから、物上代位をしようとする場合も、弁済期が到来している**必要がある**。

(2)　**正**。**建物に抵当権を設定した場合、抵当権の効力は、原則として、借地権についても及ぶ**（たとえば、抵当権が実行されて建物が競売された場合、抵当権の効力は借地権にも及ぶから、競売によって建物を取得した人は、借地権も手に入れることができる）。　📖144頁 借地権にも及ぶ

(3)　誤。暴力団などが、不法に占有していたら抵当権者も困ることになる（暴力団が我が物顔で占有しているような不動産は、値段が下がる。競売しても安い値段でしか売れない）。だから、一定の要件を満たした場合、**抵当権者は不法占有者に対して、「出て行け」と言うことができる**（妨害排除請求できる）。　📖143頁(4)

(4)　誤。抵当権について登記がされた後でも、抵当権の順位の変更をすることが**できる**。

📖146頁(4)

（**正　解**）(2)

👓 **肢(3)をもう一押し！**

　たとえば、抵当権者が 1,000 万円貸していたとする。そして、抵当不動産の価値が 1,500 万円だったとする。この場合、抵当権者は安心だ（競売すれば 1,500 万円で売れるのだから、確実に貸したお金を回収することができる）。しかし、抵当不動産を暴力団が不法に占有した結果、価値が半分の 750 万円になってしまった場合、抵当権者は困ったことになる。だから、このような場合（抵当不動産の交換価値の実現が妨げられ、**優先弁済請求権の行使が困難**になるような状態にある場合）は、**抵当権者は妨害排除請求**ができるのだ。

抵 当 権 [平24-7]

物上代位に関する次の記述のうち、民法の規定及び判例によれば、誤っているものはどれか。なお、物上代位を行う担保権者は、物上代位の対象とする目的物について、その払渡し又は引渡しの前に差し押さえるものとする。

(1) Aの抵当権設定登記があるB所有の建物の賃料債権について、Bの一般債権者が差押えをした場合には、Aは当該賃料債権に物上代位することができない。

(2) Aの抵当権設定登記があるB所有の建物の賃料債権について、Aが当該建物に抵当権を実行していても、当該抵当権が消滅するまでは、Aは当該賃料債権に物上代位することができる。

(3) Aの抵当権設定登記があるB所有の建物が火災によって焼失してしまった場合、Aは、当該建物に掛けられた火災保険契約に基づく損害保険金請求権に物上代位することができる。

(4) Aの抵当権設定登記があるB所有の建物について、CがBと賃貸借契約を締結した上でDに転貸していた場合、Aは、CのDに対する転貸賃料債権に当然に物上代位することはできない。

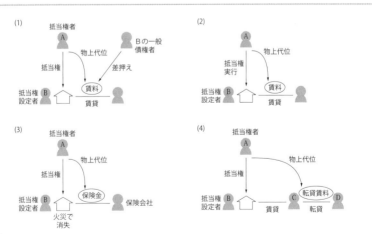

先に登記をしていれば、勝てる。

講 義

(1) 誤。一般債権者の差押えよりも**先に抵当権者が抵当権の登記**をしていたならば、抵当権者は物上代位することができる。Aは一般債権者の差押えよりも先に登記をしているから、Aの勝ちだ。Aは物上代位することができる。

(2) 正。抵当権者は、**抵当権が消滅**するまでは、物上代位することができる。だから、Aが抵当権を実行していても、抵当権が消滅するまでは、Aは物上代位することができる。

(3) 正。保険金請求権は、建物が姿を変えたものだから、抵当権は、この保険金請求権の上に生き残る。だから、Aは**保険金請求権**に物上代位することができる。　　　　　　　　　　　　　　　　　　　　　　　　🔗 154頁(1)

(4) 正。Aは、BのCに対する賃料については物上代位することができる。しかし、CのDに対する**転貸賃料**については、原則として、物上代位することはできない。　　　　　　　　　　　　　　　　　　　　　　🔗 155頁(2)

（ 正 解 ）(1)

 肢(4)のまとめ

物上代位できるか？

① **賃 料** ➡ **できる**。

② **転貸賃料** ➡ 原則として、**できない**（肢(4)）。

抵当権その他 [平17-5]

　物上代位に関する次の記述のうち、民法の規定及び判例によれば、誤っているものはどれか。

　なお、物上代位を行う担保権者は、物上代位の対象とする目的物について、その払渡し又は引渡しの前に他の債権者よりも先に差し押さえるものとする。

(1)　不動産の売買により生じた債権を有する者は先取特権を有し、当該不動産が賃借されている場合には、賃料に物上代位することができる。

(2)　抵当権者は、抵当権を設定している不動産が賃借されている場合には、賃料に物上代位することができる。

(3)　抵当権者は、抵当権を設定している建物が火災により焼失した場合、当該建物に火災保険が付されていれば、火災保険金に物上代位することができる。

(4)　不動産に留置権を有する者は、目的物が金銭債権に転じた場合には、当該金銭に物上代位することができる。

 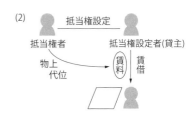

 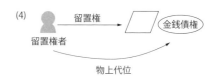

 仲間はずれは、どれだ？

240

例えば、AがBから1億円借りて、A所有の家に抵当権を設定したとする。ところがこの家が火事で消失したらBは抵当権を失うのか？　答えは×だ。Aが火災保険に入っていたら、Aは保険会社から保険金をもらえる。この保険金請求権は、家が姿を変えたものだから、抵当権は、この保険金請求権の上に生き残るのだ。Bは保険金を差し押さえて、債権の弁済に当てることができる（これを物上代位という）。

さて、このような物上代位性は、抵当権・質権・先取特権にはあるが、**留置権にはない**（担保物権には、抵当権・質権・先取特権・留置権の4つがある）。

肢(4)は、「留置権を有するものは物上代位できる」とあるが、留置権は物上代位できないので×だ。これが答えになる。肢(1)〜(3)の先取特権と抵当権には物上代位性があり、それぞれの選択肢の内容も正しい。

以上全体につき、🎯155頁(3)

（**正　解**）(4)

物上代位性があるか？
・抵当権　　○（肢(2)(3)）
・質　権　　○
・先取特権　○（肢(1)）
・留置権　　×（肢(4)）

抵当権その他 [㍻29-10]

①不動産質権と②抵当権に関する次の記述のうち、民法の規定によれば、誤っているものはどれか。

(1) ①では、被担保債権の利息のうち、満期となった最後の2年分についてのみ担保されるが、②では、設定行為に別段の定めがない限り、被担保債権の利息は担保されない。

(2) ①は、10年を超える存続期間を定めたときであっても、その期間は10年となるのに対し、②は、存続期間に関する制限はない。

(3) ①は、目的物の引渡しが効力の発生要件であるのに対し、②は、目的物の引渡しは効力の発生要件ではない。

(4) ①も②も不動産に関する物権であり、登記を備えなければ第三者に対抗することができない。

 抵当権の知識だけで正解できるぞ。

(1)　誤。不動産質権の場合は、別段の定めがない限り、利息は**担保されない**。
抵当権の場合は、利息は**最後の2年分**について担保される。

📖146頁（3）

(2)　正。不動産質権の存続期間は、**10年**を超えることができない。10年より長い期間を定めたときは、**10年**となる。抵当権の場合は、存続期間に制限はない。

(3)　正。質権という権利を設定する場合は、意思表示だけではダメで、目的物を相手方に**引き渡さなければ**、質権設定の効力は生じないことになっている（引渡しが効力の発生要件だ）。抵当権については、引渡しは効力の発生要件ではない。

📖88頁（3）

(4)　正。不動産質権も抵当権も不動産に関する物権だ。不動産の物権変動は、**登記**がないと第三者に対抗できない（登記がないと第三者に「この不動産には、俺の抵当権が設定されている」、「この不動産には、俺の質権が設定されている」と主張できない）。

📖91頁 **原則**

正　解 (1)

Point!

不動産質権と抵当権の違い	不動産質権	抵当権
① 効力が発生するのに引渡しは必要か？（肢(3)）	**必　要**	不　要
② 債権者は目的物を占有できるか？	できる	できない
③ 存続期間（肢(2)）	最長**10年** 注意！	制限なし
④ 利息は担保されるか？（肢(1)）	されない	される **（最後の2年分）**
⑤ 対抗要件（肢(4)）	登　記	登　記

注意！　10年より長い期間を定めたときは、**10年**となる。

担保物権 [平21-5]

　担保物権に関する次の記述のうち、民法の規定によれば、正しいものはどれか。

(1)　抵当権者も先取特権者も、その目的物が火災により焼失して債務者が火災保険金請求権を取得した場合には、その火災保険金請求権に物上代位することができる。

(2)　先取特権も質権も、債権者と債務者との間の契約により成立する。

(3)　留置権は動産についても不動産についても成立するのに対し、先取特権は動産については成立するが不動産については成立しない。

(4)　留置権者は、善良な管理者の注意をもって、留置物を占有する必要があるのに対し、質権者は、自己の財産に対するのと同一の注意をもって、質物を占有する必要がある。

　物上代位性は、共通する性質だ！

(1)　正。債務者がもらうはずのお金を差し押さえることができるという性質（これを**物上代位性**という）は、抵当権にもあるし、**先取特権**にもある。

155頁(3)

(2)　誤。契約により成立するのは、質権と抵当権だ。**先取特権**と留置権は、法律の規定によって成立する（「先取特権（留置権）を設定しましょう」との合意がなくても成立する）。

(3)　誤。留置権は、動産についても不動産についても成立する。また、**先取特権**も、動産についても**不動産**についても成立する。

(4)　誤。留置権者は、善良な管理者の注意（細心の注意を払えという意味）をもって留置物を占有する必要がある。また、**質権者**も、善良な**管理者の注意**をもって質物を占有する必要がある。

正　解　(1)

Point!

物上代位性があるか？
1　抵当権　　○（肢(1)）
2　質権　　　○
3　先取特権　○（肢(2)）
4　留置権　　✕

注意！　留置権だけ物上代位性がない。

担保物権 [平19-7]

担保物権に関する次の記述のうち、民法の規定及び判例によれば、正しいものはどれか。

(1) 建物の建築工事の費用について、当該工事の施工を行った者が先取特権を行使するためには、あらかじめ、債務者である建築主との間で、先取特権の行使について合意しておく必要がある。

(2) 建物の賃借人が賃貸人に対して造作買取代金債権を有している場合には、造作買取代金債権は建物に関して生じた債権であるので、賃借人はその債権の弁済を受けるまで、建物を留置することができる。

(3) 質権は、占有の継続が第三者に対する対抗要件と定められているため、動産を目的として質権を設定することはできるが、登記を対抗要件とする不動産を目的として質権を設定することはできない。

(4) 借地人が所有するガソリンスタンド用店舗建物に抵当権を設定した場合、当該建物の従物である地下のタンクや洗車機が抵当権設定当時に存在していれば、抵当権の効力はこれらの従物に及ぶ。

 動産以外にも質権を設定することはできる。

(1)　誤。**先取特権**は、「先取特権を設定しましょう」との**合意がなくても成立する**。ちなみに留置権も合意がなくても成立する。また、質権と抵当権は、「質権（抵当権）を設定しましょう」との合意がなければ成立しない。

(2)　誤。留置権とは、その物に関する債権を持っている場合に、その物の引渡しを拒むことができる権利だ。たとえば、時計を修理した人は、時計に関する修理代金債権（＝その物に関する債権）を持っているので、時計の修理代金を払ってもらうまで、時計（＝その物）を留置することができることになっているのだ。本肢の賃借人は、造作に関する債権を持ってはいるが、建物に関する債権を持っているわけではないので、「造作の代金をもらうまでは出ていかない」と建物の引渡しを拒むことはできない（建物を留置することはできない）。　　　　　🏠 251 頁(3)

(3)　誤。動産（時計や宝石など）にも**不動産**にも債権などの財産権にも質権を設定することができる。

(4)　正。抵当権の効力は、**抵当権設定時**からあった従物に及ぶ。だから、ガソリンスタンド用店舗建物に抵当権を設定した場合、抵当権設定時にあったガソリンスタンド用店舗建物の従物である地下のタンクや洗車機にも抵当権の効力は及ぶことになる。　　　　　🏠 143 頁(1)

（　正　解　）(4)

Point!

抵当権の効力は何に及ぶか？
① 付加一体物（付合物）
② **抵当権設定時からあった従物**（肢(4)）

根抵当権 [平19-8]

　Aは、自己所有の甲不動産につき、B信用金庫に対し、極度額を3,000万円、被担保債権の範囲を「信用金庫取引による債権」とする第1順位の根抵当権を設定し、その旨の登記をした。なお、担保すべき元本の確定期日は定めなかった。この場合に関する次の記述のうち、民法の規定及び判例によれば、正しいものはどれか。

(1)　元本の確定前に、被担保債権の範囲を変更するには、後順位の抵当権者がいる場合は、その者の承諾を得なければならない。

(2)　元本の確定前に、B信用金庫から、被担保債権の範囲に属する個別債権の譲渡を受けた者は、確定日付のある証書でAに対し債権譲渡通知を行っておけば、その債権について根抵当権を行使できる。

(3)　B信用金庫は、確定した元本が極度額以下であれば、その元本に係る最後の2年分の約定金利については、極度額を超えても、根抵当権を行使できる。

(4)　Aが友人CのためにB信用金庫との間で保証契約を締結し保証債務を負担した場合、B信用金庫のAに対するこの保証債権は、「信用金庫取引による債権」に含まれ、この根抵当権で担保される。

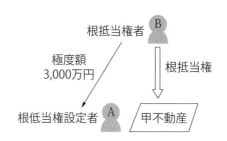

　普通の抵当権との違いに注意しながら解こう！

(1) 誤。元本の確定前に**被担保債権の範囲を変更**する場合、後順位抵当権者等の利害関係者の**承諾は不要**だ。ちなみに、元本確定後は被担保債権の範囲を変更することはできない。　　　　　　　　　　　　　　🗾 159頁①

(2) 誤。普通の抵当権には随伴性があるので被担保債権が譲渡されると、抵当権も一緒に移転する。しかし、元本確定前の根抵当権には**随伴性がない**ので、被担保債権の譲渡が行われても、根抵当権は移転しない。根抵当権が移転しないのだから、債権の譲渡を受けた者は、その債権について根抵当権を行使することはできない。　　🗾 156頁 随伴性、159頁 注意!

(3) 誤。普通の抵当権では、利息は最後の2年分だけ優先弁済を受けられる。ところが、根抵当権にはこのような制限はない。何年分ということではなく、**極度額が限度額**となるのだ（＝限度額を超えて、根抵当権を行使することはできない）。だから、B信用金庫は、極度額を超えて、根抵当権を行使することはできない。　　　　　　　　　🗾 159頁 利息は？

(4) 正。CがB信用金庫からお金を借り、Aがその保証人となっている場合において、CがB信用金庫にお金を返さないときは、B信用金庫は保証人のAに対して「保証人のAさん、あなたがCの借金を肩代わりして払ってください」と請求できる保証債権を持っている。そして、このB信用金庫のAに対する**保証債権**も「信用取引における債権」に**含まれ**、**根抵当権で担保される**ことになる。

（正　解）(4)

肢(2)をもう一押し！

随伴性はあるか？

① 抵当権 ➡ ある

② 元本確定前の根抵当権 ➡ ない（肢(2)）

③ 元本確定後の根抵当権 ➡ ある

根抵当権 [平23-4]

根抵当権に関する次の記述のうち、民法の規定によれば、正しいものはどれか。

(1) 根抵当権者は、総額が極度額の範囲内であっても、被担保債権の範囲に属する利息の請求権については、その満期となった最後の2年分についてのみ、その根抵当権を行使することができる。

(2) 元本の確定前に根抵当権者から被担保債権の範囲に属する債権を取得した者は、その債権について根抵当権を行使することはできない。

(3) 根抵当権設定者は、担保すべき元本の確定すべき期日の定めがないときは、一定期間が経過した後であっても、担保すべき元本の確定を請求することはできない。

(4) 根抵当権設定者は、元本の確定後であっても、その根抵当権の極度額を、減額することを請求することはできない。

 根抵当権には随伴性がない。

(1) 誤。根抵当権は、**極度額**の範囲内なら、何年分の利息でも優先弁済を受けることができる。利息が最後の２年分しか優先弁済を受けることができないのは、抵当権だ。

📖 159 頁 利息は？

(2) 正。「被担保債権が譲渡されると、担保物権も一緒に移転する」という性質のことを随伴性という。元本の確定前の根抵当権には**随伴性がない**（＝被担保債権が譲渡されても、根抵当権は移転しない）から、債権の譲渡を受けた者は、根抵当権を行使することはできない。

📖 159 頁 注意!

(3) 誤。元本が確定する期日を定めなかった場合でも、根抵当権を設定した時から**３年**が経過すれば、根抵当権設定者は、元本の確定を請求することができる。

(4) 誤。根抵当権設定者は、元本の確定後に、「**極度額**を一定の額（残っている債務の額に２年分の利息等を合わせた額）まで**減額**してくれ」と請求することができる。

（**正 解**） (2)

肢(3)をもう一押し！

元本の確定期日を定めなかった場合

① 根抵当権者 ➡ いつでも、元本の確定を請求できる。

② 根抵当権設定者 ➡ **３年**を経過すれば、元本の確定を請求できる（肢(3)）。

債務不履行 [平24-8]

　債務不履行に基づく損害賠償請求権に関する次の記述のうち、民法の規定及び判例によれば、誤っているものはどれか。

(1)　AがBと契約を締結する前に、信義則上の説明義務に違反して契約締結の判断に重要な影響を与える情報をBに提供しなかった場合、Bが契約を締結したことにより被った損害につき、Aは、不法行為による賠償責任を負うことはあっても、債務不履行による賠償責任を負うことはない。

(2)　ＡＢ間の利息付金銭消費貸借契約において、利率に関する定めがない場合、借主Bが債務不履行に陥ったことによりAがBに対して請求することができる遅延損害金は、年3パーセントの利率により算出する。

(3)　ＡＢ間でB所有の甲不動産の売買契約を締結した後、Bが甲不動産をCに二重譲渡してCが登記を具備した場合、AはBに対して債務不履行に基づく損害賠償請求をすることができる。

(4)　ＡＢ間の金銭消費貸借契約において、借主Bは当該契約に基づく金銭の返済をCからBに支払われる売掛代金で予定していたが、その入金がなかった（Bの責めに帰すべき事由はない。）ため、返済期限が経過してしまった場合、Bは債務不履行には陥らず、Aに対して遅延損害金の支払義務を負わない。

　金銭債務は特別扱い。

(1)　正。契約成立前に、大事な情報を伝えなかった場合（信義則上の説明義務に違反して契約締結の判断に重要な影響を与える情報を提供しなかった場合）、**不法行為**による賠償責任を負うことはあっても、債務不履行による賠償責任を負うことはない。

(2)　正。金銭債務の履行遅滞の場合において、利率を定めていなかったときは、債権者は、年3%の利率で損害賠償（遅延損害金）を請求できる。

166頁⑶

(3)　正。二重譲渡だから、登記を得たCの勝ちとなる（Aの負け）。この場合、AはBに対して、「甲土地を手に入れることができなくなった。元はといえば、二重譲渡をしたあなたが悪い。だから、**損害賠償をしてくれ**」と**請求できる**。

91頁⑴、164頁 条文①

(4)　誤。金銭債務の債務者が、支払いに遅れたら、たとえ債務者に**責任がなくても**（故意も過失もなくても）、履行遅滞になる。だから、Bは債務不履行（履行遅滞）になり、Aに対して遅延損害金を支払う義務を負う。

167頁⑷

（正　解）　(4)

　　契約締結**前**の説明義務に違反した場合、
　①　債務不履行による賠償責任を負うことはないが、
　②　不法行為による賠償責任を負うことはある（肢(1)）。

債務不履行 [平28-6]

　Ａを売主、Ｂを買主とする甲土地の売買契約（以下この問において「本件契約」という。）が締結された場合に関する次の記述のうち、民法の規定及び判例によれば、誤っているものはいくつあるか。

ア　Ｂが、甲土地がＣの所有物であることを知りながら本件契約を締結した場合、Ａが甲土地の所有権を取得してＢに移転することができないときは、ＢはＡに対して、損害賠償を請求することができない。

イ　Ｂが、甲土地がＣの所有物であることを知りながら本件契約を締結した場合、Ａが甲土地の所有権を取得してＢに移転することができないときは、Ｂは、本件契約を解除することができる。

ウ　Ｂが、Ａ所有の甲土地が抵当権の目的となっていることを知りながら本件契約を締結した場合、当該抵当権の実行によってＢが甲土地の所有権を失い損害を受けたとしても、ＢはＡに対して、損害賠償を請求することができない。

エ　Ｂが、Ａ所有の甲土地が抵当権の目的となっていることを知りながら本件契約を締結した場合、当該抵当権の実行によってＢが甲土地の所有権を失ったときは、Ｂは、本件契約を解除することができる。

(1)　一つ　　(2)　二つ　　(3)　三つ　　(4)　四つ

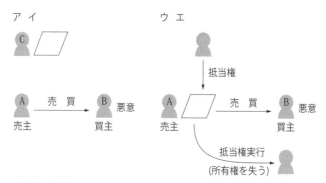

Ｂの善意・悪意についてはムシして OK。

ア　誤。他人の物でも**有効に**売買することができる（他人の物を売る契約は有効）。だから、ＡＢ間の売買契約は有効だ。ただし、ＡはＣの甲土地を取得してＢに移転する義務を負う。Ａがこの義務を履行できなかったら、債務不履行だから、Ｂは①**損害賠償を請求**することができるし（Ａに帰責事由があることは必要）、②**契約を解除**することもできる。なお、Ｂの善意・悪意は関係ない（Ｂが悪意であっても、Ｂは①②ができる）。

89頁⑸、164頁2.

イ　正。Ｂは**契約を解除**することができるので、本肢は○だ（アの解説参照）。

89頁⑸、167頁3.

ウ　誤。抵当権の実行によってＢが甲土地の所有権を失った場合、Ｂは①**損害賠償を請求**することができるし（Ａに帰責事由があることは必要）、②**契約を解除**することもできる。なお、Ｂの善意・悪意は関係ない（Ｂが悪意であっても、Ｂは①②ができる）。　　164頁2.

エ　正。Ｂは**契約を解除**することができるので、本肢は○だ（ウの解説参照）。

167頁3.

　以上により、誤っているものはアとウなので、正解は肢⑵となる。

[**正　解**]　⑵

Point!

　他人の物を売る契約（肢アイ）
① 他人の物を売る契約は**有効**。
② 売主は、他人の物を取得して、買主に移転する義務を負う。
③ 売主が②の義務を履行できなかったら**債務不履行**になる。

 難しい

債務不履行（判決文問題） [令2-3]

　次の(1)から(4)までの契約に関する記述のうち、民法の規定及び下記判決文によれば、誤っているものはどれか。なお、これらの契約は令和4年4月1日以降に締結されたものとする。

（判決文）

　法律が債務の不履行による契約の解除を認める趣意は、契約の要素をなす債務の履行がないために、該契約をなした目的を達することができない場合を救済するためであり、当事者が契約をなした主たる目的の達成に必須的でない附随的義務の履行を怠ったに過ぎないような場合には、特段の事情の存しない限り、相手方は当該契約を解除することができないものと解するのが相当である。

(1) 土地の売買契約において、売主が負担した当該土地の税金相当額を買主が償還する付随的義務が定められ、買主が売買代金を支払っただけで税金相当額を償還しなかった場合、特段の事情がない限り、売主は当該売買契約の解除をすることができない。

(2) 債務者が債務を履行しない場合であっても、債務不履行について債務者の責めに帰すべき事由がないときは付随的義務の不履行となり、特段の事情がない限り、債権者は契約の解除をすることができない。

(3) 債務不履行に対して債権者が相当の期間を定めて履行を催告してその期間内に履行がなされない場合であっても、催告期間が経過した時における債務不履行がその契約及び取引上の社会通念に照らして軽微であるときは、債権者は契約の解除をすることができない。

(4) 債務者が債務を履行しない場合であって、債務者がその債務の全部の履行を拒絶する意思を明確に表示したときは、債権者は、相当の期間を定めてその履行を催告することなく、直ちに契約の解除をすることができる。

(1)

税金の支払い
（立替え）

代金の支払い○

売主　税金相当額の償還×　買主

償還請求

Hint!　「債務者の帰責事由がない＝付随的義務の不履行」ではない。

(1)　正。重大な債務（契約の要素をなす債務）の不履行の場合は、解除できる。しかし、**付随的義務**の不履行の場合は、解除できない（判決文の内容）。売主が売買代金を買主に支払わなかったら、それは重大な債務（契約の要素をなす債務）の不履行だから、解除できる。しかし、売主が買主に税金相当額を償還しなかったとしても、それは**付随的義務**の不履行だから、解除できない（売主が土地の固定資産税を立て替えていた。しかし、買主は立て替えてもらった固定資産税を売主に支払わなかった。この不履行は、**付随的義務**の不履行なので解除できないという話）。

(2)　誤。付随的義務かどうかは、**内容**で決まる。債務者の帰責事由（責めに帰すべき事由）のあるなしで決まるのではない（「債務者の帰責事由がない＝付随的義務の不履行」ではない）。だから、「債務者の帰責事由がないときは付随的義務の不履行となり」とある本肢は×だ。たとえば、肢(1)にある立て替えてもらった固定資産税の未払いは、債務者（売主）に帰責事由があろうがなかろうが、付随的義務の不履行だ。

(3)　正。債務不履行があったら、債権者は、相当の期間を定めて履行をするよう催告をし、それでも、その期間内に履行がないときは、解除できる。ただし、例外として、その期間を経過した時における債務の不履行が**軽微**であるときは、解除できない。　　　　　　　　　　　　　　　　168 頁 (2) 注意!

(4)　正。催告をしても無意味な場合（（例）債務者が債務の全部の**履行**を**拒絶**する意思を**明確に表示**した場合）は、催告せずに、直ちに解除できる。

168 頁 (3) 2

正　解　(2)

Point!

次の場合は、催告せずに直ちに解除できる。

1　**全部**の**履行**が**不能**

2　債務者が債務の全部の履行を拒絶する意思を**明確**に表示したとき（肢(4)）

3　一部の履行が不能である場合または債務者が一部の履行を拒絶する意思を**明確**に表示した場合において、残存する部分のみでは契約の**目的を達成できないとき**

4　契約の性質または当事者の意思表示により、**特定の日時**または一定の期間内に履行をしなければ契約の目的を達成できない場合において、債務者が履行をしないでその時期を経過したとき

5　債権者が催告をしても契約の目的を達成するのに足りる履行がされる見込みがないことが明らかであるとき

損害賠償額の予定　　　　　　　　　　　　[平14-7]

　ＡＢ間の土地売買契約中の履行遅滞の賠償額の予定の条項によって、Ａ
がＢに対して、損害賠償請求をする場合に関する次の記述のうち、民法の
規定及び判例によれば、誤っているものはどれか。

(1) 賠償請求を受けたＢは、自己の履行遅滞について、帰責事由のないこ
とを主張・立証すれば、免責される。

(2) Ｂが、Ａの過失を立証して、過失相殺の主張をしたとき、裁判所は損
害額の算定にその過失を考慮することができる。

(3) 裁判所は、賠償額の予定の合意が、暴利行為として公序良俗違反とな
る場合でも、賠償額の減額をすることができない。

(4) Ａは、賠償請求に際して、Ｂの履行遅滞があったことを主張・立証す
れば足り、損害の発生や損害額の主張・立証をする必要はない。

 損害賠償額の予定も万能ではない。

(1)　正。損害賠償額の予定は、債務不履行があったときに賠償の金額でもめるのを避けるために行うものだ。前提として、債務不履行が成立していなければならない。債務不履行が成立するためには、**債務者の帰責事由**が必要なので、帰責事由がないことを証明できれば、賠償責任が免責される。

(2)　正。損害賠償額の予定をした場合でも、債権者に過失があれば、**過失相殺**できることになっている。

(3)　誤。賠償額の予定が暴利行為として公序良俗違反になると、その合意は**無効**となる。したがって、裁判所は、現実の損害額に応じて賠償額を減額できる。

(4)　正。損害賠償額の予定は、現実の損害額に関係なく、賠償を認める制度だ。債務不履行があったことさえ証明すれば、**損害の発生や損害額の主張・立証は不要**。

以上全体につき、🗾165頁

（　正　解　）　(3)

👓　**次はここが出る**

　損害賠償額の予定は、契約と同時にする必要はなく、実際に債務不履行を生ずる**前**にしておけばよい。

損害賠償額の予定 [平16-4]

　共に宅地建物取引業者であるＡＢ間でＡ所有の土地について、令和4年4月1日に売買代金3,000万円（うち、手付金200万円は同年4月1日に、残代金は同年5月31日に支払う。）とする売買契約を締結した場合に関する次の記述のうち、民法の規定及び判例によれば、正しいものはどれか。

(1)　本件売買契約の代金を弁済するについて正当な利益を有する者でないＣは、同年5月31日を経過すれば、Ｂの意思に反しても残代金をＡに対して支払うことができる。

(2)　同年5月31日までにＡが契約の履行に着手した場合には、手付が解約手付の性格を有していても、Ｂが履行に着手したかどうかにかかわらず、Ａは、売買契約を解除できなくなる。

(3)　Ｂの債務不履行によりＡが売買契約を解除する場合、手付金相当額を損害賠償の予定とする旨を売買契約で定めていた場合には、特約がない限り、Ａの損害が200万円を超えていても、Ａは手付金相当額以上に損害賠償請求はできない。

(4)　Ａが残代金の受領を拒絶することを明確にしている場合であっても、Ｂは同年5月31日には2,800万円をＡに対して現実に提供しなければ、Ｂも履行遅滞の責任を負わなければならない。

 損害賠償額を予定したのだから……。

(1)　誤。正当な利益を**有する**第三者は、債務者の意思に反しても弁済できるが、正当な利益を**有しない**第三者は、原則として、債務者の意思に反して弁済できない。　　　　　　　　　　　　　　　　255頁 Q 2

(2)　誤。手付が交付された場合、**相手方**が契約の**履行に着手した後**は、手付による解除はできなくなる。だから、相手方Ｂが契約の履行に着手したかどうかにかかわらず、Ａは、売買契約を解除できなくなるという本肢は×だ。　　　　　　　　　　　　　　　　　　　　175頁 (2)

(3)　正。損害賠償額を予定した場合、予定した**損害賠償額を超える損害**が発生しても、債権者は**予定した額**しかもらえない。本肢の場合、予定した額は手付金相当額の 200 万円なのだから、Ａの損害が 200 万円を超えていても、手付金相当額の 200 万円しか、Ａはもらうことができない。　　　　　　　　　　　　　　　　　　165頁 条文 ①、②

(4)　誤。Ａが残代金の受領を**拒絶**することを明確にしている場合、Ｂが残代金をＡのもとへ持参（これを現実の提供という）しても無駄なので、このようなときは、支払いの準備をし、「支払いの準備はしましたから、受け取ってください」と通知（これを口頭の提供という）すればOK、ということになっている。

正　解　(3)

Point!

損害賠償額を予定すると
①　実害が**ゼロでも**予定額をもらえるし、逆に、
②　実害が**もっと大きくても**予定額しかもらえない。

第3編　抵当権／債務不履行・損害賠償・解除／契約不適合の場合の売主の担保責任／連帯債務・保証債務

解　　除　　　　　　　　　　　　　　　　　[平21-8]

　売主Aは、買主Bとの間で甲土地の売買契約を締結し、代金の3分の2の支払と引換えに所有権移転登記手続と引渡しを行った。その後、Bが残代金を支払わないので、Aは適法に甲土地の売買契約を解除した。この場合に関する次の記述のうち、民法の規定及び判例によれば、正しいものはどれか。

(1)　Aの解除前に、BがCに甲土地を売却し、BからCに対する所有権移転登記がなされているときは、BのAに対する代金債務につき不履行があることをCが知っていた場合においても、Aは解除に基づく甲土地の所有権をCに対して主張できない。

(2)　Bは、甲土地を現状有姿の状態でAに返還し、かつ、移転登記を抹消すれば、引渡しを受けていた間に甲土地を貸駐車場として収益を上げていたときでも、Aに対してその利益を償還すべき義務はない。

(3)　Bは、自らの債務不履行で解除されたので、Bの原状回復義務を先に履行しなければならず、Aの受領済み代金返還義務との同時履行の抗弁権を主張することはできない。

(4)　Aは、Bが契約解除後遅滞なく原状回復義務を履行すれば、契約締結後原状回復義務履行時までの間に甲土地の価格が下落して損害を被った場合でも、Bに対して損害賠償を請求することはできない。

　登記の有無で決まる。

(1) 正。解除の結果、返還してもらえるはずの不動産が既に第三者に転売されている場合、返還してもらえるか否かは、**登記の有無で決まる**。本肢の場合、Cは移転登記を得ているので、Cの勝ちだ（悪意であっても、登記があるからCの勝ち）。だから、Aは甲土地の所有権をCに対して主張できない。　　　　　　　　　　　　　　　　　　　　📖 173頁(3)

(2) 誤。解除の結果、契約ははじめから**なかったことになる**。はじめからなかったことになるのだから、甲土地はずっとAの物だったことになる。だから、甲土地を貸駐車場として収益を上げていたBは、Aに対してその利益を償還しなければならない。　　　　　　　　　　　📖 172頁(2)

(3) 誤。原状回復義務（移転登記を抹消すること）と代金返還義務は、**同時履行の関係にある**。だから、BはAに対して「私が支払った代金を返してくれなければ、移転登記を抹消しません。」と同時履行の抗弁権を主張することができる。　　　　　　　　　　　　　　　　　　　📖 172頁(2)

(4) 誤。解除権を行使しても、**損害賠償の請求はできる**。だから、損害を被ったAは、Bに対して損害賠償を請求することができる。

（正　解）(1)

Point!

　解除の結果、返還してもらえるはずの不動産が既に第三者に転売されている場合、返還してもらえるかは ➡ **登記**の有無で決まる。

注意 たとえ、悪意であったとしても、登記があれば勝ちになる（肢(1)）。

解除（判決文問題） [平22-9]

契約の解除に関する次の(1)から(4)までの記述のうち、民法の規定及び下記判決文によれば、誤っているものはどれか。

（判決文）

同一当事者間の債権債務関係がその形式は甲契約及び乙契約といった2個以上の契約から成る場合であっても、それらの目的とするところが相互に密接に関連付けられていて、社会通念上、甲契約又は乙契約のいずれかが履行されるだけでは契約を締結した目的が全体としては達成されないと認められる場合には、甲契約上の債務の不履行を理由に、その債権者が法定解除権の行使として甲契約と併せて乙契約をも解除することができる。

(1) 同一当事者間で甲契約と乙契約がなされても、それらの契約の目的が相互に密接に関連付けられていないのであれば、甲契約上の債務の不履行を理由に甲契約と併せて乙契約をも解除できるわけではない。

(2) 同一当事者間で甲契約と乙契約がなされた場合、甲契約の債務が履行されることが乙契約の目的の達成に必須であると乙契約の契約書に表示されていたときに限り、甲契約上の債務の不履行を理由に甲契約と併せて乙契約をも解除することができる。

(3) 同一当事者間で甲契約と乙契約がなされ、それらの契約の目的が相互に密接に関連付けられていても、そもそも甲契約を解除することができないような付随的義務の不履行があるだけでは、乙契約も解除することはできない。

(4) 同一当事者間で甲契約（スポーツクラブ会員権契約）と同時に乙契約（リゾートマンションの区分所有権の売買契約）が締結された場合に、甲契約の内容たる屋内プールの完成及び供用に遅延があると、この履行遅延を理由として乙契約を民法第541条により解除できる場合がある。

 答えは判決文の中にある。

講義

判決文の具体例

　都会に住むＡさんが、Ｂ会社から、地方のリゾートマンションと、屋内プール付きスポーツ施設利用会員権を購入した。ところが、１年たってもプールが完成しなかった。この場合、屋内プール付きスポーツ施設利用会員権売買契約（甲契約）はトーゼン解除できるが、リゾートマンション売買契約（乙契約）も解除できるか？　という話だ（判決文にあるように、乙契約も解除できる）。

⑴　正。相互に密接に**関連付けられていれば**、一定の場合、乙契約をも解除できる（判決文より）。だから、相互に密接に関連付けられていないのであれば、乙契約は解除することはできない。

⑵　誤。「……契約書に表示されていたときに限って……解除できる」とは、判決文に書かれていない。一定の要件を満たせば、**契約書に表示されていなくても**、乙契約をも解除できる。したがって、本肢は×だ。

⑶　正。一定の場合に**甲契約と合わせて乙契約をも解除できる**（判決文より）。だから、甲契約すら解除することができないちょっとした不履行（付随的義務の不履行）があるだけでは、乙契約も解除することはできない。

⑷　正。判決文にあるように、① 相互に密接に**関連付けられていて**、②いずれかが履行されるだけでは契約を締結した目的が**全体として達成されない**と認められる場合には、乙契約をも解除できる。

[正　解] ⑵

この手の問題は、一見難問に思えるが、そんなことはない。
なぜなら、判決文の中に答えがあるからだ。

売買・贈与 [令2-9]

　Aがその所有する甲建物について、Bとの間で、①Aを売主、Bを買主とする売買契約を締結した場合と、②Aを贈与者、Bを受贈者とする負担付贈与契約を締結した場合に関する次の記述のうち、民法の規定及び判例によれば、正しいものはどれか。なお、これらの契約は、令和4年7月1日に締結され、担保責任に関する特約はないものとする。

(1)　①の契約において、Bが手付を交付し、履行期の到来後に代金支払の準備をしてAに履行の催告をした場合、Aは、手付の倍額を現実に提供して契約の解除をすることができる。

(2)　②の契約が書面によらずになされた場合、Aは、甲建物の引渡し及び所有権移転登記の両方が終わるまでは、書面によらないことを理由に契約の解除をすることができる。

(3)　②の契約については、Aは、その負担の限度において、売主と同じく担保責任を負う。

(4)　①の契約については、Bの債務不履行を理由としてAに解除権が発生する場合があるが、②の契約については、Bの負担の不履行を理由としてAに解除権が発生することはない。

①

甲建物

A
売主
→　売買契約　→
B
買主

②

甲建物

A
贈与者
→　負担付贈与契約　→
B
受贈者

Hint!　負担があるのだから……。

講 義

(1) 誤。**相手方が履行に着手した後は、手付による解除はできない。** Bは履行期の到来後に代金支払の準備をしてAに履行の催告をしているから、履行に着手している。相手方Bが履行に着手した後だから、Aは手付の倍額を現実に提供しても契約の解除はできない。 175頁(2)

(2) 誤。書面によらない贈与は、原則として各当事者は解除ができる。ただし、例外として履行の終わった部分については、解除はできない。不動産の場合は、引渡しか登記のどちらか一方が終われば、履行が終わったと言える。だから、「引渡しと登記の両方が終わるまでは～」とある本肢は×だ。

(3) 正。たとえば、「家をあげる代わりに介護をしてもらう」という約束をするのが、負担付贈与だ（受贈者には、贈与者を介護するという負担が付いているから負担付贈与という）。負担付贈与の場合、贈与者はその**負担の限度**において、売主と同じく担保責任を負う。

(4) 誤。①の場合（売買の場合）、Bに債務不履行（代金を払わない）があれば、Aは解除ができる（Aに解除権が発生する）。だから、前半は○。②の場合（負担付贈与の場合）、Bに**負担の不履行**があれば、Aは解除ができる（Aに解除権が発生する）。だから、後半が×。 167頁(1)

（**正 解**） (3)

Point!

贈与者は担保責任を負うか？

1 通常の贈与（家をあげる） ➡ 負わない。

2 負担付贈与（家をあげる代わりに介護をしてもらう） ➡ **負担の限度**において、売主と同じ担保責任を負う（肢(3)）。

同時履行の抗弁権 [平27-8]

同時履行の抗弁権に関する次の記述のうち、民法の規定及び判例によれば、正しいものはいくつあるか。

ア　マンションの賃貸借契約終了に伴う賃貸人の敷金返還債務と、賃借人の明渡債務は、特別の約定のない限り、同時履行の関係に立つ。

イ　マンションの売買契約がマンション引渡し後に債務不履行を理由に解除された場合、契約は遡及的に消滅するため、売主の代金返還債務と、買主の目的物返還債務は、同時履行の関係に立たない。

ウ　マンションの売買契約に基づく買主の売買代金支払債務と、売主の所有権移転登記に協力する債務は、特別の事情のない限り、同時履行の関係に立つ。

(1)　一つ

(2)　二つ

(3)　三つ

(4)　なし

Hint!　物権変動の対抗要件を思い出せ！

ア 誤。賃貸借が終了しても、賃借人がマンションを明け渡さない場合には、賃借人は敷金を返してくれとはいえない。つまり、マンションの明渡しが先であり、敷金返還債務と、明渡債務は、同時履行の関係に立たない。

213頁(3)

イ 誤。売買契約が解除された場合の、売主の代金返還債務と、買主の目的物返還債務は、同時履行の関係に立つ（売主は買主に対して「あなたがマンションを返してくれるまで、私は代金を返しません」と主張できるし、買主は売主に対して「あなたが代金を返してくれるまで、私はマンションを返しません」と主張できる）。

ウ 正。売買契約に基づく買主の売買代金支払債務と、売主の所有権移転登記に協力する債務は、同時履行の関係に立つ（買主は売主に対して「あなたが所有権移転登記に協力してくれるまで、私は代金を払いません」と主張できるし、売主は買主に対して「あなたが代金を払ってくれるまで、私は所有権移転登記に協力しません」と主張できる）。

以上により、正しいものはウだけなので、正解は肢(1)となる。

正　解　(1)

Point!

同時履行の関係に立つもの

① 受取証書（領収書のこと）の交付と弁済

② 請負人の完成品の引渡しと注文者の報酬の支払い

③ 契約が解除された場合の双方の原状回復義務（肢イ）

④ 不動産売買契約における所有権移転登記に協力する義務と代金の支払い（肢ウ）

契約不適合の場合の売主の担保責任 [令1-3]

　事業者ではないＡが所有し居住している建物につきＡＢ間で売買契約を締結するに当たり、Ａは建物引渡しから３か月に限り、建物の品質に関して契約不適合責任を負う旨の特約を付けたが、売買契約締結時点において、当該建物の構造耐力上主要な部分の品質に関して契約不適合が存在しており、Ａはそのことを知っていたがＢに告げず、Ｂはそのことを知らなかった。この場合に関する次の記述のうち、民法の規定によれば、正しいものはどれか。

(1)　Ｂが当該契約不適合の存在を建物引渡しから１年が経過した時に知ったとしても、ＢはＡに対して契約不適合責任を追及することができる。

(2)　建物の構造耐力上主要な部分の品質に関して契約不適合が存在していても、契約の目的を達成できる場合は、Ｂは契約不適合を理由に売買契約を解除することができない。

(3)　Ｂが契約不適合を理由にＡに対して損害賠償請求をすることができるのは、契約不適合を理由に売買契約を解除することができない場合に限られる。

(4)　ＡＢ間の売買をＢと媒介契約を締結した宅地建物取引業者Ｃが媒介していた場合には、ＢはＣに対して契約不適合責任を追及することができる。

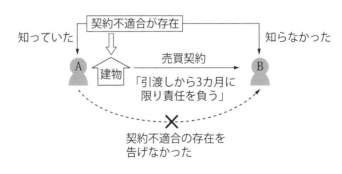

特約は有効だが……。

(1)　正。「契約不適合があっても、一切担保責任を負いません」という特約ですら有効なのだから、「引渡しから３か月に限り契約不適合責任を負う（３か月過ぎたら責任を負わない）」という特約は、もちろん有効だ。ただし、特約をしていても、売主が**知りながら告げなかった**事実については、売主は責任を免れることができない（買主は責任を追及できる）。Aは知りながら告げなかったのだから、Bは責任を追及できる。　　📙186頁(1)

(2)　誤。契約不適合がある場合は、買主は、債務不履行の規定に従って**契約解除**できる（本肢のように目的を達成できる場合でも、要件を満たせば解除できる）。　　📙183頁 条文

(3)　誤。Bは契約不適合を理由に解除できる場合でも、要件を満たせば、**損害賠償**を請求できる（それどころか、契約解除と損害賠償の請求の両方をすることもできる）。　　📙183頁 条文

(4)　誤。契約不適合責任を負うのは、**売主**だ。Cは媒介しているだけであり、売主ではない。だから、BはCに対して契約不適合責任を追及できない。
　　📙178頁 1.

（**正 解**）(1)

担保責任を負わない特約
① 売主と買主間で、担保責任を負わない旨の特約ができる（この特約は**有効**）。
② ただし、この特約をしていても、売主が**知りながら告げなかった**事実については、売主は責任を免れることができない（肢(1)）。

契約不適合の場合の売主の担保責任その他 [令3-7]

　Aを売主、Bを買主として、A所有の甲自動車を50万円で売却する契約（以下この問において「本件契約」という。）が令和4年7月1日に締結された場合に関する次の記述のうち、民法の規定によれば、誤っているものはどれか。

(1)　Bが甲自動車の引渡しを受けたが、甲自動車のエンジンに契約の内容に適合しない欠陥があることが判明した場合、BはAに対して、甲自動車の修理を請求することができる。

(2)　Bが甲自動車の引渡しを受けたが、甲自動車に契約の内容に適合しない修理不能な損傷があることが判明した場合、BはAに対して、売買代金の減額を請求することができる。

(3)　Bが引渡しを受けた甲自動車が故障を起こしたときは、修理が可能か否かにかかわらず、BはAに対して、修理を請求することなく、本件契約の解除をすることができる。

(4)　甲自動車について、第三者CがA所有ではなくC所有の自動車であると主張しており、Bが所有権を取得できないおそれがある場合、Aが相当の担保を供したときを除き、BはAに対して、売買代金の支払を拒絶することができる。

甲自動車
売買契約
代金50万円

A
売主

B
買主

Hint!　履行が不能であれば、催告せずに解除できる。

(1)　正。引き渡された目的物が種類・品質・数量に関して契約の内容に適合しないものであるときは、買主は、売主に対し、**目的物の修補**（修理）、代替物の引渡しまたは不足分の引渡しによる履行の追完を請求できる。本肢の甲自動車には、エンジン（つまり、品質）に関して契約の内容に適合しない欠陥があるので、ＢはＡに対して、甲自動車の修理を請求できる。　　　　　　　　　　　　　　　　　　　　　　　180頁 条文 [1]①

(2)　正。引き渡された目的物が種類・品質・数量に関して契約の内容に適合しないものであるときは、買主は、売主に対し、相当の期間を定めて履行の追完の**催告**をし、その期間内に履行の追完がないときは、その不適合の程度に応じて代金の減額を請求できる。ただし、催告をしても無意味な場合（例 追完**不能**）は、催告せずに、**直ちに代金の減額を請求**できる。　　　　　　　　　　　　　　　　　　　　　　　　　　182頁 (2)

(3)　誤。契約を解除するには、相当の期間を定めて履行の**催告**をし、その期間内に履行がないときは、解除できる。ただし、催告しても無意味な場合（例 履行**不能**）は、催告せずに、**直ちに解除**できる。だから、「修理（履行）が可能か否かにかかわらず〜修理を請求することなく（つまり、催告せずに）、解除できる」とある本肢は×だ。　　　　　167頁 条文 [1][2]、183頁 条文

(4)　正。売買の目的について権利を主張する者がいて、買主が買い受けた権利を取得できないおそれがある場合は、売主が相当の担保を供したときを除いて、買主は、その危険の程度に応じて、代金の全部または一部の支払を拒むことができる。

（正　解）(3)

買主による代金の支払の拒絶（肢(4)）

　売買の目的について権利を主張する者がいること等により、買主がその買い受けた権利の全部もしくは一部を取得できず、または失うおそれがあるときは

➡　買主は、その危険の程度に応じて、代金の全部または一部の支払を**拒む**ことができる。 注意!

注意!　ただし、売主が相当の**担保**を供したときは、支払を拒むことができない。

契約不適合の場合の売主の担保責任 [平21-10]

　Aを売主、Bを買主として甲土地の売買契約を締結した場合における次の記述のうち、民法の規定及び判例によれば、正しいものはどれか。

(1)　A所有の甲土地が契約の内容に適合しないものであることを、AがAB間の契約締結時に知らなかった場合、その不適合がBの責めに帰すべき事由によるものでないときでも、Aは契約不適合責任を負う必要はない。

(2)　BがAに解約手付を交付している場合、Aが契約の履行に着手していない場合であっても、Bが自ら履行に着手していれば、Bは手付を放棄して売買契約を解除することができない。

(3)　甲土地がAの所有地ではなく、他人の所有地であった場合には、AB間の売買契約は無効である。

(4)　A所有の甲土地に契約の内容に適合しない抵当権の登記があり、Bが当該土地の抵当権消滅請求をした場合には、Bは当該請求の手続が終わるまで、Aに対して売買代金の支払を拒むことができる。

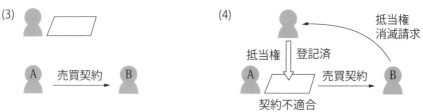

契約の内容に適合しない抵当権の登記があったら、拒絶できる。

講 義

(1)　誤。売った物が欠陥品だった場合（契約の内容に適合しないものだった場合）は、売主は、売った物が欠陥品だったということを**知らなかった**としても、契約不適合責任を負う必要が**ある**。　　　　📖178頁1.

(2)　誤。**相手方が履行に着手した後は、手付による解除はできない。**しかし、自分の側だけが履行に着手した後は、履行の着手がむだになるのは自分で被ればすむことだから、解除できる。　　　　📖175頁(2)

(3)　誤。**他人の物でも有効に売買**することができる。たとえば、Cの所有地をまったく赤の他人のAがBに売ることが有効にできる。

　　　　📖89頁(5)

(4)　正。買い受けた不動産に契約の内容に適合しない**抵当権の登記がある**ときは、買主は、抵当権消滅請求の手続が終わるまで、代金の**支払を拒む**ことができる。　　　　📖152頁(3)

（正 解）(4)

肢(4)のポイント

　買い受けた不動産に契約の内容に適合しない抵当権の登記があるとき
➡　買主は、抵当権消滅請求の手続が終わるまで、代金の**支払を拒むこと**ができる。

注意！　この場合、売主は、買主に対し、遅滞なく抵当権消滅請求をすべき旨を請求することができる。

契約不適合の場合の売主の担保責任その他　　[平29-5]

　Aは、中古自動車を売却するため、Bに売買の媒介を依頼し、報酬として売買代金の3％を支払うことを約した。Bの媒介によりAは当該自動車をCに100万円で売却した。この場合に関する次の記述のうち、民法の規定及び判例によれば、正しいものはどれか。

(1)　Bが報酬を得て売買の媒介を行っているので、CはAから当該自動車の引渡しを受ける前に、100万円をAに支払わなければならない。

(2)　当該自動車の種類又は品質が契約の内容に適合しないものである場合には、CはAに対しても、Bに対しても、契約不適合責任を追及することができる。

(3)　売買契約が締結された際に、Cが解約手付として手付金10万円をAに支払っている場合には、Aはいつでも20万円を現実に提供して売買契約を解除することができる。

(4)　売買契約締結時には当該自動車がAの所有物ではなく、Aの父親の所有物であったとしても、AC間の売買契約は有効に成立する。

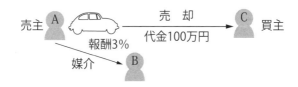

 他人の物でもOK。

講　義

(1)　誤。売主Ａの自動車の引渡債務と買主Ｃの代金の支払債務は、**同時履行の関係に立つ**。だから、ＣはＡに対して「あなたが自動車を引渡してくれるまで、私は代金を払いません」と主張できる。したがって、Ｃは自動車の引渡しを受ける前に100万円をＡに支払う必要はない。

(2)　誤。引き渡された目的物が契約の内容に適合しないものである場合（契約不適合の場合）、買主は**売主**に対して、契約不適合責任を追及できる。だから、買主Ｃは売主Ａに対しては責任を追及できるが、媒介業者（つまり、売主ではない）Ｂに対しては責任を追及できない。　　　　📖178頁 1.

(3)　誤。**相手方が履行に着手した後は、手付による解除はできない**。だから、ＡはＣが履行に着手した後は、手付による解除ができないので、「いつでも解除できる」とある本肢は×だ。　　　　📖175頁 キーポイント、(2)

(4)　正。**他人の物**でも**有効に売買**できる。だから、自動車がＡの父親の所有物（他人の物）であったとしても、ＡＣ間の売買契約は有効に成立する。　　　　📖89頁(5)

（　正　解　）　(4)

Point!

相手方が履行に着手した**後**は、手付による解除は**できない**（肢(3)）。

注意！　自分の側だけが履行に着手しているなら解除できる。

連帯債務 [平29-8]

　A、B、Cの3人がDに対して900万円の連帯債務を負っている場合に関する次の記述のうち、民法の規定及び判例によれば、正しいものはどれか。なお、A、B、Cの負担部分は等しいものとする。

(1)　DがAに対して履行の請求をした場合、B及びCがそのことを知らなくても、B及びCについて、その効力が生じる。

(2)　Aが、Dに対する債務と、Dに対して有する200万円の債権を対当額で相殺する旨の意思表示をDにした場合、B及びCのDに対する連帯債務も200万円が消滅する。

(3)　Bのために時効が完成した場合、A及びCのDに対する連帯債務も時効によって全部消滅する。

(4)　CがDに対して100万円を弁済した場合は、Cの負担部分の範囲内であるから、Cは、A及びBに対して求償することはできない。

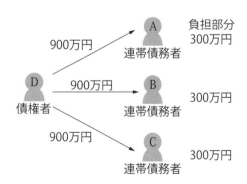

　相殺すればチャラになる。

講義

(1)　誤。債権者が連帯債務者のうちの1人Aに対して履行の請求をしても、請求の効力は、他の連帯債務者B・Cには**及ばない**（他の連帯債務者B・Cにも請求したことにはならない）。　📖191頁[1]

(2)　正。連帯債務者のうちの1人Aが、債権者Dに対して債権を持っていて、その債権と連帯債務とを相殺したら、その額（本肢の場合は200万円）について連帯債務は消滅する。だから、B・Cの連帯債務も200万円について消滅する。　📖188頁(1)

(3)　誤。連帯債務者のうちの1人Bについて時効が完成しても、時効の効力は、他の連帯債務者A・Cには**及ばない**（Bは1円も支払う必要はないが、A・Cは900万円を支払う必要がある）。　📖192頁[4]

(4)　誤。連帯債務者のうちの1人Cが自己の負担部分（本肢の場合は300万円）を**超えない**弁済をした場合であっても、他の連帯債務者A・Bに、**負担部分の割合**（本肢の場合は1/3）を掛けた額を求償できる。だから、100万円弁済したCは、A・Bそれぞれに対して「100万円×1/3の額を支払ってくれ」と求償できる。　📖187頁[3]

（**正　解**）(2)

Point!

連帯債務者の1人に、次のことが起こると→他の連帯債務者にも効力が及ぶ。
[1]　相続
[2]　更改

連 帯 債 務 [令3-2]

　債務者A、B、Cの3名が、令和4年7月1日に、内部的な負担部分の割合は等しいものとして合意した上で、債権者Dに対して300万円の連帯債務を負った場合に関する次の記述のうち、民法の規定によれば、誤っているものはどれか。

(1)　DがAに対して裁判上の請求を行ったとしても、特段の合意がなければ、BとCがDに対して負う債務の消滅時効の完成には影響しない。

(2)　BがDに対して300万円の債権を有している場合、Bが相殺を援用しない間に300万円の支払の請求を受けたCは、BのDに対する債権で相殺する旨の意思表示をすることができる。

(3)　DがCに対して債務を免除した場合でも、特段の合意がなければ、DはAに対してもBに対しても、弁済期が到来した300万円全額の支払を請求することができる。

(4)　AとDとの間に更改があったときは、300万円の債権は、全ての連帯債務者の利益のために消滅する。

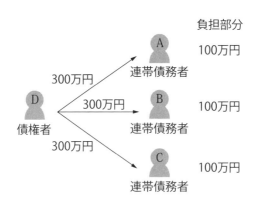

 他の連帯債務者は、履行を拒むことができる。

(1) 正。債権者Dが連帯債務者のうちの1人Aに対して請求しても、**請求の効力は他の連帯債務者B・Cには及ばない**。だから、DがAに請求しても、B・Cの消滅時効の完成には影響しない。　　　　　📖191頁 ①

(2) 誤。連帯債務者のうちの1人Bが、債権者Dに対して債権を有する場合に、Bが相殺しないなら、Bの負担部分（100万円）の限度において、他の連帯債務者A・Cは、履行を**拒むことができる**。A・Cができるのは「履行を**拒むこと**」だ。「相殺はできない」ので、本肢は×だ。

📖188頁 条文

(3) 正。債権者Dが連帯債務者のうちの1人Cに対して債務を免除しても、**免除の効力は他の連帯債務者A・Bには及ばない**。だから、DがCに対して免除しても、DはAに対してもBに対しても、300万円全額の支払を請求することができる。　　　　　📖192頁 ③

(4) 正。債権者Dと連帯債務者のうちの1人Aとの間で更改をすると、**更改の効力は他の連帯債務者B・Cにも及ぶ**。だから、AD間で更改をすると、300万円の債権は、全ての連帯債務者の利益のために消滅する。

📖190頁 ②

(正 解) (2)

Point!

　債権者がDで、連帯債務者がA・B・C。そして、AがDに対して債権を有している場合。

① Aは相殺できる。そして、相殺の効力は他の連帯債務者B・Cに**及ぶ**。

② B・Cは、Aの負担部分の限度において、履行を**拒むことができる**。

注意！ B・Cは、相殺は**できない**（肢(2)）。

保証債務 [平22-8]

　保証に関する次の記述のうち、民法の規定及び判例によれば、誤っているものはどれか。

(1)　保証人となるべき者が、主たる債務者と連絡を取らず、同人からの委託を受けないまま債権者に対して保証したとしても、その保証契約は有効に成立する。

(2)　保証人となるべき者が、口頭で明確に特定の債務につき保証する旨の意思表示を債権者に対してすれば、その保証契約は有効に成立する。

(3)　連帯保証ではない場合の保証人は、債権者から債務の履行を請求されても、まず主たる債務者に催告すべき旨を債権者に請求できる。ただし、主たる債務者が破産手続開始の決定を受けたとき、又は行方不明であるときは、この限りでない。

(4)　連帯保証人が2人いる場合、連帯保証人間に連帯の特約がなくとも、連帯保証人は各自全額につき保証責任を負う。

　口頭ではダメ。

(1) 正。保証契約は、保証人と**債権者**との間で締結される（保証人と「債務者」との間で締結されるのではない）。だから、保証人が債務者から委託を受けないまま債権者に対して保証したとしても、その保証契約は有効に成立する。　　　　　　　　　　　　　　　　　　　　🔖 200頁(2)

(2) 誤。保証契約は、**書面**または**電磁的記録**でやらないと効力を生じないことになっている（口頭で契約しても無効！）。　　　　　　🔖 194頁(1)

(3) 正。原則として、通常の保証人には、催告の抗弁権がある。しかし、債務者が ① **破産手続開始**の決定を受けたり、② **行方不明**の場合は、催告の抗弁権を行使することはできない。　　　　　　　　　　　🔖 196頁 上の条文

(4) 正。連帯保証人には、分別の利益がない。だから、連帯保証人は各自**全額**につき保証責任を負う（例えば、主たる債務が100万円で、AとBの2人が連帯保証人になった場合、債権者はAにもBにも100万円全額を請求できる）。　　　　　　　　　　　　　　　　　　　🔖 205頁(2)

　　　　　　　　　　　　　　　　　　　　　　　（正 解）(2)

Point!

保証契約の締結（肢(2)）

① 書　　　面 ➡ ○（有効）

② 電磁的記録 ➡ ○（有効）

③ 口　　　頭 ➡ ×（無効）

注意　電磁的記録によって保証契約がされたときは、その保証契約は書面によってされたものとみなされる。

保証債務 [令2-7]

　保証に関する次の記述のうち、民法の規定及び判例によれば、誤っているものはどれか。なお、保証契約は令和4年4月1日以降に締結されたものとする。

(1)　特定物売買における売主の保証人は、特に反対の意思表示がない限り、売主の債務不履行により契約が解除された場合には、原状回復義務である既払代金の返還義務についても保証する責任がある。

(2)　主たる債務の目的が保証契約の締結後に加重されたときは、保証人の負担も加重され、主たる債務者が時効の利益を放棄すれば、その効力は連帯保証人に及ぶ。

(3)　委託を受けた保証人が主たる債務の弁済期前に債務の弁済をしたが、主たる債務者が当該保証人からの求償に対して、当該弁済日以前に相殺の原因を有していたことを主張するときは、保証人は、債権者に対し、その相殺によって消滅すべきであった債務の履行を請求することができる。

(4)　委託を受けた保証人は、履行の請求を受けた場合だけでなく、履行の請求を受けずに自発的に債務の消滅行為をする場合であっても、あらかじめ主たる債務者に通知をしなければ、同人に対する求償が制限されることがある。

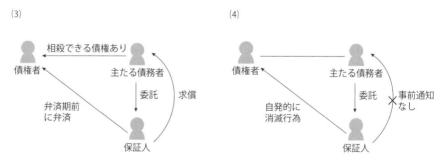

(3)

(4)

Hint!　一方的に加重されることはない。

(1)　正。原状回復義務は、保証債務に**含まれる**（保証人は、主たる債務だけでなく、原状回復義務についても保証しなければならない）。だから、売主の保証人は、特に反対の意思表示がない限り、売主の債務不履行により契約が解除された場合には、原状回復義務である既払代金の返還義務についても保証する責任がある（買主をA、売主をB、売主の保証人をCとする。契約が解除されたのにBが代金をAに返さないときは、CがBに代わって代金を返さなければならないということ）。　　　　　　　　　　　　　　　　　　　　　🔖194頁 条文①

(2)　誤。主たる債務が保証契約の締結後に加重されても、保証人の負担は加重されない（主たる債務が100万円から150万円に増額されても、保証債務は100万円のままということ）。だから、前半部分は×だ。また、主たる債務者が時効の利益を放棄しても、その効力は（連帯）保証人には**及ばない**。だから、後半部分も×だ。　　　　　　　　　　　　　　　　　　　　　　　🔖195頁 もっとも

(3)　正。たとえば、債権者をA、主たる債務者をB、Bから委託を受けた保証人をC、主たる債務を1,000万円とする。Cが弁済期前に1,000万円をAに支払った（債務の消滅行為をした）。ところが、BはAに対し、1,000万円の債権を有していた（つまり、Bは相殺によって主たる債務を消滅させることができる）。この場合、BはCから「立て替えた1,000万円を支払ってくれ」と請求（求償）されても、「私は、相殺をして主たる債務をチャラにするつもりだった。だから、求償には応じない」と言い返せる。したがって、CはBから1,000万円を支払ってもらえない。しかし、その代わり、Aに対し、1,000万円を請求できる（これが、保証人は、債権者に対し、その**相殺**によって消滅すべきであった債務の履行を請求できるということ）。

(4)　正。保証人が主たる債務者の委託を受けて保証をした場合において、保証人が債務の消滅行為をするときは、主たる債務者に対して、あらかじめ通知（**事前通知**）をすることが必要だ。この事前通知をしなかったら、求償が制限されることがある。

　　　　　　　　　　　　　　　　　　　　　　　　　　　　[正　解] (2)

Point!

保証人を守れ！
[1]　主たる債務が保証契約の締結後に加重されても　➡　保証人の負担は加重**されない**（肢(2)）。
[2]　主たる債務者が時効の利益を放棄しても　➡　その効力は保証人には**及ばない**（つまり、保証人は時効を援用できる）（肢(2)）。

保　証 [令2-2]

　令和4年7月1日に下記ケース①及びケース②の保証契約を締結した場合に関する次の(1)から(4)までの記述のうち、民法の規定によれば、正しいものはどれか。

（ケース①）　個人Aが金融機関Bから事業資金として1,000万円を借り入れ、CがBとの間で当該債務に係る保証契約を締結した場合

（ケース②）　個人Aが建物所有者Dと居住目的の建物賃貸借契約を締結し、EがDとの間で当該賃貸借契約に基づくAの一切の債務に係る保証契約を締結した場合

(1)　ケース①の保証契約は、口頭による合意でも有効であるが、ケース②の保証契約は、書面でしなければ効力を生じない。

(2)　ケース①の保証契約は、Cが個人でも法人でも極度額を定める必要はないが、ケース②の保証契約は、Eが個人でも法人でも極度額を定めなければ効力を生じない。

(3)　ケース①及びケース②の保証契約がいずれも連帯保証契約である場合、BがCに債務の履行を請求したときはCは催告の抗弁を主張することができるが、DがEに債務の履行を請求したときはEは催告の抗弁を主張することができない。

(4)　保証人が保証契約締結の日前1箇月以内に公正証書で保証債務を履行する意思を表示していない場合、ケース①のCがAの事業に関与しない個人であるときはケース①の保証契約は効力を生じないが、ケース②の保証契約は有効である。

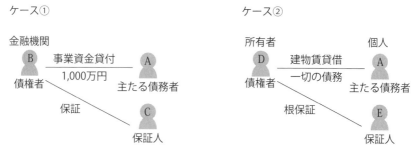

ケース①

金融機関　　　　　　　　　　　　　　　　　　　　A
B　　　　　　事業資金貸付
　　　　　　　1,000万円
債権者　　　　　　　　　　　　　主たる債務者

　　　　　　　保証　　　　　　　　　　C
　　　　　　　　　　　　　　　　　　保証人

ケース②

所有者　　　　　　　　　　　　　　　個人
D　　　　　　建物賃貸借　　　　　　　A
　　　　　　　一切の債務
債権者　　　　　　　　　　　　　主たる債務者

　　　　　　　根保証　　　　　　　　　E
　　　　　　　　　　　　　　　　　　保証人

Hint!　単なる個人が事業用の貸金等を保証する場合は、公正証書で意思を表示することが必要だ。

　一定の範囲に属する不特定の債務を保証するものを、根保証という。ケース②は根保証だ。なお、ケース①は単なる保証だ（根保証ではない保証だ）。

(1)　誤。ケース①（単なる保証）でも、ケース②（根保証）でも、保証契約は、**書面**（または電磁的記録）でやらないと効力を生じない（口頭で契約しても無効だ）。　　　　　　　　　　　　　　　　　　　　　　　　　🔖194頁(1)

(2)　誤。根保証契約は、保証人が個人の場合は、極度額を定めなければ効力を生じない（極度額を定めなかったら無効だ）。① 単なる保証で保証人が個人、② 単なる保証で保証人が法人、③ **根保証で保証人が個人**、④ 根保証で保証人が法人の４パターンがあるが、極度額を定めなければ効力を生じないのは、③の**根保証で保証人が個人**のパターンだけだ。① ② ④ の場合は、極度額を定める必要はない。

(3)　誤。ケース①（単なる保証）でも、ケース②（根保証）でも、**連帯保証の場合**は、保証人に催告の抗弁権はない。　　　　　　　　　　　　🔖204頁(1)

(4)　正。「経営者、経営者に準ずる者」以外の個人（要するに単なる個人）が、① 事業用の貸金等債務を保証しようとする場合や ② 事業用の貸金等債務が含まれる根保証をしようとする場合は、その保証契約の締結に先立ち、その締結の日前１箇月以内に作成された**公正証書**で保証債務を履行する意思を表示していなければ、効力を生じない。ケース①のCは、事業に関与しない個人（つまり、「経営者、経営者に準ずる者」以外の単なる個人）なので、**公正証書**で保証債務を履行する意思を表示していなければ、効力を生じない（前半は◯）。そして、ケース②は、そもそも事業用の貸金等ではない。だから、公正証書で保証債務を履行する意思を表示していなくても有効だ。

正　解 (4)

Point!

極度額を定める必要があるか？

① 単なる保証で保証人が個人　➡　ない（肢(2)のケース①）。

② 単なる保証で保証人が法人　➡　ない（肢(2)のケース①）。

③ 根保証で保証人が個人　➡　**ある**（肢(2)のケース②）。

④ 根保証で保証人が法人　➡　ない（肢(2)のケース②）。

保証債務（判決文問題） [平25-7]

次の(1)から(4)までの記述のうち、民法の規定及び下記判決文によれば、誤っているものはどれか。

（判決文）

期間の定めのある建物の賃貸借において、賃借人のために保証人が賃貸人との間で保証契約を締結した場合には、反対の趣旨をうかがわせるような特段の事情のない限り、保証人が更新後の賃貸借から生ずる賃借人の債務についても保証の責めを負う趣旨で合意がされたものと解するのが相当であり、保証人は、賃貸人において保証債務の履行を請求することが信義則に反すると認められる場合を除き、更新後の賃貸借から生ずる賃借人の債務についても保証の責めを免れないというべきである。

(1) 保証人が期間の定めのある建物の賃貸借の賃借人のために保証契約を締結した場合は、賃貸借契約の更新の際に賃貸人から保証意思の確認がなされていなくても、反対の趣旨をうかがわせるような特段の事情がない限り、更新後の賃借人の債務について保証する旨を合意したものと解される。

(2) 期間の定めのある建物の賃貸借の賃借人のための保証人が更新後の賃借人の債務についても保証の責任を負う趣旨で合意した場合には、賃借人の未払賃料が1年分に及んだとしても、賃貸人が保証債務の履行を請求することが信義則に反すると認められる事情がなければ、保証人は当該金額の支払義務を負う。

(3) 期間の定めのある建物の賃貸借の賃借人のための保証人が更新後の賃借人の債務についても保証の責任を負う場合、更新後の未払賃料について保証人の責任は及ぶものの、更新後に賃借人が賃借している建物を故意又は過失によって損傷させた場合の損害賠償債務には保証人の責任は及ばない。

(4) 期間の定めのある建物の賃貸借の賃借人のための保証人が更新後の賃借人の債務についても保証の責任を負う旨の合意をしたものと解される場合であって、賃貸人において保証債務の履行を請求することが信義則に反すると認められるときには、保証人は更新後の賃借人の債務について保証の責任を負わない。

判決文の中に答えあり。

講義

(1)　正。反対の趣旨をうかがわせるような**特段の事情がない**限り、更新後の賃借人の債務について保証する旨を合意したものと解される。難しい話だが、判決文の中に答えがあるので（2～5行目の「反対の趣旨……解するのが相当であり」）、間違えてはダメだ。

(2)　正。賃借人の未払賃料が1年分に及んだとしても、賃貸人が保証債務の履行を請求することが**信義則に反すると認められる事情**がなければ、保証人は支払義務を負う。難しい話だが、これも、判決文の中に答えがあるので（5～7行目の「保証人は……免れないというべきである」）、間違えてはダメだ。

(3)　誤。保証人は、**更新後の賃貸借から生じる債務**についても保証の責めを免れないのだから（5～7行目）、**更新後**に賃借人が故意または過失によって損傷させた場合の損害賠償債務にも保証人の責任は及ぶことになる。

(4)　正。判決文の6～7行目に、「信義則に反すると認められる場合を除き……保証の責めを免れない（つまり、**信義則に反する**場合は、責任を負わなくてOK）」とある。だから、本肢の場合は、保証人は責任を負わない。

以上全体につき、 194頁以下

正　解　(3)

肢(1)～肢(4)まで全部難しい話であるぞ。しかし、全ての選択肢について、**判決文の中**に答えがあるので、正解しておきたい問題であるぞ。

連帯保証 [平18-7]

　A銀行のB社に対する貸付債権につき、Cは、B社の委託を受けその全額につき連帯保証するとともに、物上保証人として自己の所有する土地に担保設定している。DもB社の委託を受け全額につき連帯保証している。保証人各自の負担部分は平等である。A銀行とB、C及びDとの間にその他特段の約定はない。この場合に関する次の記述のうち、民法の規定及び判例によれば、誤っているものはどれか。

(1)　Cが、A銀行に対して債権全額につき保証債務を履行した場合、その全額につきB社に対する求償権を取得する。

(2)　Cが、A銀行に対して債権全額につき保証債務を履行した場合、その半額につきDに対する求償権を取得する。

(3)　Cが、担保物の処分代金により、A銀行に対して債権の3分の2につき物上保証に基づく弁済をした場合、Cが取得するB社に対する求償権は、A銀行のB社に対する貸付債権に劣後する。

(4)　Dが、Aに対して債権全額につき保証債務を履行した場合、Cの物上保証の担保物件の価額相当額につきCに対する求償権を取得する。

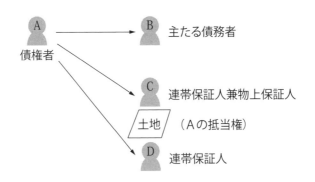

A　債権者　→　B　主たる債務者

C　連帯保証人兼物上保証人
土地　（Aの抵当権）

D　連帯保証人

 負担部分はどのくらい？

(1)　正。主たる債務者から委託を受けて保証人になった者は、保証債務として履行した分の**全額**について「支払ってくれ」と主たる債務者に求償できる。　　　　　　　　　　　　　　　　　　　　　　　　　　図 205 頁(2)

(2)　正。連帯保証人のCは全額弁済したのだから、Dに対してその**負担部分**である半額について「支払ってくれ」と求償できる。　図 205 頁(2)

(3)　正。Cは、B社の借金の3分の2について物上保証に基づく弁済をしている。だから、①CはB社に対して物上保証した分を「支払ってくれ」と求償できる。その一方で②A銀行もB社に対して貸金の残り3分の1について、「返してくれ」と請求できる。つまり、CもA銀行もB社に対して請求できる立場にあるわけだが、本肢のように借金の一部しか弁済されてない場合には、②の貸付債権の方が優先されることになっている（＝①の**求償権**の方が**劣後**することになっている）。

(4)　誤。連帯保証人のDは全額弁済したのだから、Cに対してその**負担部分**である半額について「支払ってくれ」と求償できる。つまり、Dが求償できるのはCの負担部分である半額についてであり、担保物権の価額相当額について求償できるのではない。　　　　図 205 頁(2)

（**正　解**）(4)

👤 **本問の考え方**

　　肢(2)と肢(4)は、どちらも「債権全額につき保証債務を履行した人が求償できる」という同じような場面の話だ ➡ しかし、同じような場面の話であるにもかかわらず、結論は「半額につき求償権を有する（肢(2)）」「担保物権の価額相当額につき求償権を有する（肢(4)）」と異なっている ➡ 同じような場面の話なのに結論が違うのならどちらかが誤っているのではないかと考えることができ ➡ その結果、どちらかが正解肢だと予測できる！

保証債務・連帯保証 [平15-7]

　Aは、Aの所有する土地をBに売却し、Bの売買代金の支払債務について CがAとの間で保証契約を締結した。この場合、民法の規定によれば、次の記述のうち誤っているものはどれか。

(1)　Cの保証債務がBとの連帯保証債務である場合、AがCに対して保証債務の履行を請求してきても、CはAに対して、まずBに請求するよう主張できる。

(2)　Cの保証債務にBと連帯して債務を負担する特約がない場合、AがCに対して保証債務の履行を請求してきても、Cは、Bに弁済の資力があり、かつ、執行が容易であることを証明することによって、Aの請求を拒むことができる。

(3)　Cの保証債務がBとの連帯保証債務である場合、Cに対する履行の請求による時効の更新は、Bに対してはその効力を生じない。

(4)　Cの保証債務にBと連帯して債務を負担する特約がない場合、Bに対する履行の請求その他時効の更新は、Cに対してもその効力を生ずる。

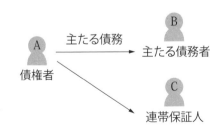

　連帯保証人の責任は重い！

(1)　誤。連帯保証人には、**催告の抗弁権**がない。つまり、連帯保証人Ｃは、「まずＢに請求してくれ。」と主張することはできないのだ。

204頁(1)

(2)　正。連帯して債務を負担する特約のない保証とは、要するに通常の保証のことだ。そして、通常の保証人には、検索の抗弁権があるから、通常の保証人Ｃは、Ｂに弁済をする資力があり、かつ執行の容易な財産（簡単に強制執行して差押さえができる財産）があることを証明すれば、債権者Ａの請求を拒むことができる。

196頁 上の条文

(3)　正。債権者Ａが連帯保証人Ｃに請求しても、その効力は債務者Ｂには**及ばない**。だから、時効の更新の効力はＣについてだけ生じ、Ｂには生じない。

197頁 下の条文、205頁(3)

(4)　正。債権者Ａが主たる債務者Ｂに請求すると、その効力は保証人のＣにも**及ぶ**。だから、時効の更新の効力はＢだけでなく、Ｃにも生じる。

197頁 下の条文、205頁(3)

（正　解）(1)

Point!

	催告の抗弁権	検索の抗弁権	分別の利益
通常の保証人	○	○	○
連帯保証人	×（肢(1)）	×（肢(2)）	×

連帯債務・連帯保証 [平16-6]

　AとBが1,000万円の連帯債務をCに対して負っている（負担部分は1/2ずつ）場合と、Dが主債務者として、Eに1,000万円の債務を負い、FはDから委託を受けてその債務の連帯保証人となっている場合の次の記述のうち、民法の規定によれば、正しいものはどれか。

(1)　1,000万円の返済期限が到来した場合、CはA又はBにそれぞれ500万円までしか請求できないが、EはDにもFにも1,000万円を請求することができる。

(2)　CがBに対して債務の全額を免除しても、AはCに対してなお500万円の債務を負担しているが、EがFに対して連帯保証債務の全額を免除すれば、Dも債務の全額を免れる。

(3)　Aが1,000万円を弁済した場合には、Aは500万円についてのみBに対して求償することができ、Fが1,000万円を弁済した場合にも、Fは500万円についてのみDに対して求償することができる。

(4)　Aが債務を承認して時効が更新してもBの連帯債務の時効の進行には影響しないが、Dが債務を承認して時効が更新した場合にはFの連帯保証債務に対しても時効更新の効力を生ずる。

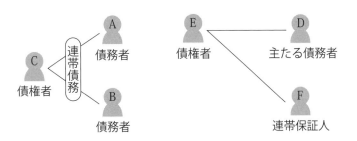

　水は上から下に流れる！

⑴　誤。債権者Cは、連帯債務者AにもBにも**全額請求できる**（前半は×）。債権者Eは、主債務者Dにも連帯保証人Fにも**全額請求できる**（後半は○）。

 188頁 ①、205頁 ⑵

⑵　誤。債権者Cが、連帯債務者のBに対して免除しても、その効力は他の連帯債務者Aには**及ばない**。だから、AはCに対してなお1,000万円の債務を負担している（前半は×）。債権者Eが、連帯保証人Fに対して免除しても、その効力は主たる債務者Dには**及ばない**。だから、DはEに対してなお1,000万円の債務を負担している（後半も×）。

192頁 ③

⑶　誤。弁済をした連帯債務者Aは、他の連帯債務者Bに対して**負担部分**の割合で求償できる（負担部分の割合は１／２だから500万円求償できる）（前半は○）。弁済をした連帯保証人のFは、主たる債務者Dに対して1,000万円求償できる（後半は×）。　　　188頁 ③、205頁 Cが弁済すると？

⑷　正。連帯債務者のAが債務の承認をしても、その効力は他の連帯債務者Bには**及ばない**。だから、Aが債務を承認して時効が更新しても、Bの時効の進行には影響しない（前半は○）。主たる債務者Dが債務を承認すると、その効力は連帯保証人Fにも及ぶ。だから、Dが債務を承認して時効が更新した場合にはFに対しても時効更新の効力を生ずる（後半も○）。

191頁 ②、205頁 ⑶

（正　解） ⑷

Point!

他の連帯債務者には効力が及ばない場合

① **請　求**（肢⑴）
② **承　認**（肢⑷）
③ **免　除**（肢⑵）
④ 時　効
⑤ 無効・取消し
⑥ 期限の猶予

連帯債務・連帯保証 [平20-6]

　AからBとCとが負担部分2分の1として連帯して1,000万円を借り入れる場合と、DからEが1,000万円を借り入れ、Fがその借入金返済債務についてEと連帯して保証する場合とに関する次の記述のうち、民法の規定によれば、正しいものはどれか。

(1)　Aが、Bに対して債務を免除した場合にはCが、Cに対して債務を免除した場合にはBが、それぞれ500万円分の債務を免れる。Dが、Eに対して債務を免除した場合にはFが、Fに対して債務を免除した場合にはEが、それぞれ全額の債務を免れる。

(2)　Aが、Bに対して履行を請求した効果はCに及ばず、Cに対して履行を請求した効果はBに及ばない。Dが、Eに対して履行を請求した効果はFに及び、Fに対して履行を請求した効果はEに及ばない。

(3)　Bについて時効が完成した場合にはCが、Cについて時効が完成した場合にはBが、それぞれ500万円分の債務を免れる。Eについて時効が完成した場合にはFが、Fについて時効が完成した場合にはEが、それぞれ全額の債務を免れる。

(4)　AB間の契約が無効であった場合にはCが、AC間の契約が無効であった場合にはBが、それぞれ1,000万円の債務を負う。DE間の契約が無効であった場合はFが、DF間の契約が無効であった場合はEが、それぞれ1,000万円の債務を負う。

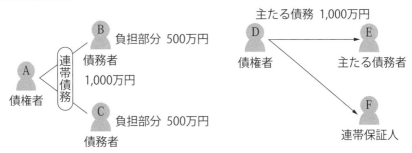

　水は上から下へ流れる。

⑴　誤。連帯債務の場合、免除の効力は他の連帯債務者に**及ばない**（Ｃ→債務を免れない。Ｂ→債務を免れない）。連帯保証の場合、主たる債務者に対して免除したら、連帯保証人も債務を**免れる**。しかし、連帯保証人に対して免除しても、主たる債務者は債務を**免れない**（Ｆ→債務を免れる。Ｅ→債務を免れない）。　　　　　　　　　　　　　　　　　　📖 192頁③

⑵　正。連帯債務の場合、請求の効力は他の連帯債務者に**及ばない**（Ｃ→効果は及ばない。Ｂ→効果は及ばない）。連帯保証の場合、主たる債務者に請求すると、連帯保証人に対しても効力が**及ぶ**。しかし、連帯保証人に請求しても主たる債務者に対して効力は**及ばない**（Ｆ→効果は及ぶ。Ｅ→効果は及ばない）。　　　　　　　📖 191頁②、205頁③

⑶　誤。連帯債務の場合、時効の効力は他の連帯債務者に**及ばない**（Ｃ→債務を免れない。Ｂ→債務を免れない）。連帯保証の場合、主たる債務者について時効が完成すると、連帯保証人も債務を**免れる**。しかし、連帯保証人について時効が完成しても、主たる債務者は債務を**免れない**（Ｆ→債務を免れる。Ｅ→債務を免れない）。　　　　　　　　　　📖 192頁④

⑷　誤。連帯債務の場合、連帯債務者のうちの１人の契約が無効でも、他の連帯債務者には**無影響**だ（Ｃ→1,000万円の債務を負う。Ｂ→1,000万円の債務を負う）。連帯保証の場合、主たる債務者の契約が無効なら、連帯保証人の契約も**無効**だ。しかし、連帯保証人の契約が無効でも、主たる債務者の契約には**無影響**だ。　　　　　　　📖 192頁⑤

（正　解）⑵

Point!

他の連帯債務者には効力が及ばない場合
① 請　求（肢⑵）
② 承　認
③ 免　除（肢⑴）
④ 時　効（肢⑶）
⑤ 無効・取消し（肢⑷）
⑥ 期限の猶予

第 3 編　弱点表

項　目	番　号	難　度	正　解	自己採点
抵当権	平 22-5	カンターン	(4)	
抵当権	平 28-4	普通	(2)	
抵当権（判決文問題）	平 21-7	難しい	(3)	
抵当権	平 30-6	難しい	(1)	
抵当権	平 18-5	難しい	(1)	
抵当権	平 27-7	超難	(2)	
抵当権	令 1-10	普通	(1)	
抵当権	平 27-6	普通	(2)	
抵当権	平 20-4	普通	(4)	
抵当権・根抵当権	平 26-4	難しい	(4)	
抵当権	平 25-5	普通	(2)	
抵当権	平 24-7	難しい	(1)	
抵当権その他	平 17-5	難しい	(4)	
抵当権その他	平 29-10	普通	(1)	
担保物権	平 21-5	カンターン	(1)	
担保物権	平 19-7	難しい	(4)	
根抵当権	平 19-8	難しい	(4)	
根抵当権	平 23-4	難しい	(2)	
債務不履行	平 24-8	普通	(4)	
債務不履行	平 28-6	カンターン	(2)	
債務不履行（判決文問題）	令 2-3	難しい	(2)	

損害賠償額の予定	平 14-7	普通	(3)	
損害賠償額の予定	平 16-4	カンターン	(3)	
解　除	平 21-8	普通	(1)	
解　除（判決文問題）	平 22-9	普通	(2)	
売買・贈与	令 2 - 9	難しい	(3)	
同時履行の抗弁権	平 27-8	難しい	(1)	
契約不適合の場合の売主の担保責任	令 1 - 3	普通	(1)	
契約不適合の場合の売主の担保責任その他	令 3 - 7	カンターン	(3)	
契約不適合の場合の売主の担保責任	平 21-10	普通	(4)	
契約不適合の場合の売主の担保責任その他	平 29-5	カンターン	(4)	
連帯債務	平 29-8	普通	(2)	
連帯債務	令 3 - 2	難しい	(2)	
保証債務	平 22-8	難しい	(2)	
保証債務	令 2 - 7	普通	(2)	
保　証	令 2 - 2	難しい	(4)	
保証債務（判決文問題）	平 25-7	普通	(3)	
連帯保証	平 18-7	普通	(4)	
保証債務・連帯保証	平 15-7	普通	(1)	
連帯債務・連帯保証	平 16-6	普通	(4)	
連帯債務・連帯保証	平 20-6	普通	(2)	

第3編　抵当権／債務不履行・損害賠償・解除／契約不適合の場合の売主の担保責任／連帯債務・保証債務

4

第4編

賃　貸　借
借地借家法

賃 貸 借 [平28-8]

　AがBに甲建物を月額10万円で賃貸し、BがAの承諾を得て甲建物をC に適法に月額15万円で転貸している場合における次の記述のうち、民法の 規定及び判例によれば、誤っているものはどれか。

(1)　Aは、Bの賃料の不払いを理由に甲建物の賃貸借契約を解除するには、 Cに対して、賃料支払の催告をして甲建物の賃料を支払う機会を与えな ければならない。

(2)　BがAに対して甲建物の賃料を支払期日になっても支払わない場合、A はCに対して、賃料10万円をAに直接支払うよう請求することができる。

(3)　AがBの債務不履行を理由に甲建物の賃貸借契約を解除した場合、C のBに対する賃料の不払いがなくても、AはCに対して、甲建物の明渡 しを求めることができる。

(4)　AがBとの間で甲建物の賃貸借契約を合意解除した場合、AはCに対 して、Bとの合意解除に基づいて、当然には甲建物の明渡しを求めるこ とができない。

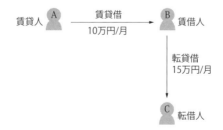

賃貸人 A ──賃貸借── B 賃借人
　　　　　10万円/月

　　　　　　転貸借
　　　　　　15万円/月

C 転借人

Hint!

賃借人に対して催告すればOK。

(1) 誤。Bの賃料の不払いを理由として賃貸借契約を解除するには、Bに対して、催告すれば十分だ。Cに対して、催告して支払の機会を与える必要はない。　　　　　　　　　　　　　　　　　　　　　　🔖 246頁(3)

(2) 正。適法な転貸が行われると、Aは、Bに対する賃料の限度で、**Cにも直接賃料を請求**できることになる。AのBに対する賃料は10万円だから、AはCに対して、10万円をAに直接支払うよう請求できる。　　🔖 216頁(2)

(3) 正。ABの賃貸借がBの**債務不履行**によって解除されると、**BCの転貸借も自動的に終了する**（＝AはCに明渡しを求めることができる）。

🔖 246頁(3)

(4) 正。ABの賃貸借が**合意解除**されても、BCの転貸借は終了し**ない**（＝AはCに明渡しを求めることができない）。なお、合意解除の当時、AがBの債務不履行による解除権を有していたときは、終了する（＝AはCに明け渡しを求めることができる）。　　　　　　　　　　🔖 246頁(1)

（ **正 解** ）(1)

Point!

　適法な転貸借がある場合において、賃貸人が、賃借人の賃料の不払いを理由として賃貸借契約を解除するには、
➡ 賃借人に対して、催告すれば足りる（転借人に対して、催告して支払の機会を与える必要は**ない**）（肢(1)）。

賃 貸 借 [平26-7]

　賃貸人Aから賃借人Bが借りたA所有の甲土地の上に、Bが乙建物を所有する場合における次の記述のうち、民法の規定及び判例によれば、正しいものはどれか。なお、Bは、自己名義で乙建物の保存登記をしているものとする。

(1)　BがAに無断で乙建物をCに月額10万円の賃料で貸した場合、Aは、借地の無断転貸を理由に、甲土地の賃貸借契約を解除することができる。

(2)　Cが甲土地を不法占拠してBの土地利用を妨害している場合、Bは、Aの有する甲土地の所有権に基づく妨害排除請求権を代位行使してCの妨害の排除を求めることができるほか、自己の有する甲土地の賃借権に基づいてCの妨害の排除を求めることができる。

(3)　BがAの承諾を得て甲土地を月額15万円の賃料でCに転貸した場合、AB間の賃貸借契約がBの債務不履行で解除されても、AはCに解除を対抗することができない。

(4)　AB間で賃料の支払時期について特約がない場合、Bは、当月末日までに、翌月分の賃料を支払わなければならない。

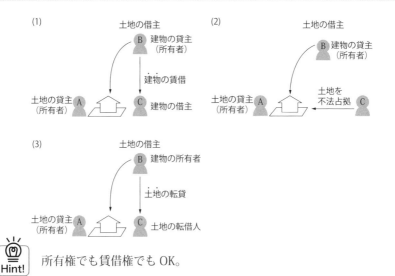

(1)　誤。Bは自分の所有物である乙建物をCに賃貸するのであり、Aからの賃借物である甲土地をCに**転貸するのではない**（乙建物を賃貸しても、甲土地の賃借権を転貸したことにはならない）。つまり、Bは無断転貸をしていないので（正確には、転貸自体をしていないので）、Aは賃貸借契約を解除することはできない。　　　　　　　🔏215頁 転貸ではないケース

(2)　正。BはCに対して、「Aの所有権を妨害するな。明け渡せ！」と主張できる（＝Aの有する甲土地の**所有権**に基づく妨害排除請求権を**代位行使**してCの妨害の排除を求めることができる）。また、BはCに対して、「俺の賃借権を妨害するな。明け渡せ！」と主張できる（＝**賃借権**に基づいてCの妨害の排除を求めることができる）。　　　　🔏267頁 Q4

(3)　誤。ＡＢの賃貸借がBの**債務不履行**によって解除されると、ＢＣの転貸借も自動的に**終了する**。だから、AはCに解除を対抗することができる（＝AはCを追い出せる）。　　　　　　　　　　　　🔏246頁 (3)

(4)　誤。賃料は、**後払い**が原則で、土地や建物については、**月末払い**が原則だ。だから、Bは、当月末日までに、翌月分の賃料を支払う必要はない。当月末日までに、当月分の賃料を支払えばOKだ。　　🔏209頁 上の コメント

〔正　解〕(2)

Point!

賃料 ➡ **後払い**が原則で、宅地や建物については、**月末払い**が原則（肢(4)）。
コメント 日常生活では、賃料は、前払いすることが多い。たとえば、映画のＤＶＤやブルーレイを借りるとき、レンタル料金（賃料）は前払いしているだろう。だから、勘違いして、肢(4)を間違ってしまった人も多かったかもしれない。しかし、民法上、賃料は、**後払い**が原則なのだ。

借地借家法（借地） [平17-13]

　借地人Aが、令和4年4月1日に甲地所有者Bと締結した建物所有を目的とする甲地賃貸借契約に基づいてAが甲地上に所有している建物と甲地の借地権とを第三者Cに譲渡した場合に関する次の記述のうち、民法及び借地借家法の規定によれば、正しいものはどれか。

⑴　甲地上のA所有の建物が登記されている場合には、AがCと当該建物を譲渡する旨の合意をすれば、Bの承諾の有無にかかわらず、CはBに対して甲地の借地権を主張できる。

⑵　Aが借地権をCに対して譲渡するに当たり、Bに不利になるおそれがないにもかかわらず、Bが借地権の譲渡を承諾しない場合には、AはBの承諾に代わる許可を与えるように裁判所に申し立てることができる。

⑶　Aが借地上の建物をDに賃貸している場合には、AはあらかじめﾞDの同意を得ておかなければ、借地権を譲渡することはできない。

⑷　AB間の借地契約が専ら事業の用に供する建物（居住の用に供するものを除く。）の所有を目的とし、かつ、存続期間を20年とする借地契約である場合には、AはBの承諾の有無にかかわらず、借地権をCに対して譲渡することができ、CはBに対して甲地の借地権を主張できる。

　裁判所に泣きつけ！

⑴　誤。賃借人が①賃借物を転貸したり、②賃借権を譲渡するには、➡賃貸人の「承諾」が必要だ。Aは借地権を譲渡するのだから、賃貸人Bの承諾が必要だ。　　　　　　　　　　　　　　　　　　　214頁①

⑵　正。　借地人Aが借地権を譲渡するには、賃貸人Bの「承諾」が必要だが、Bが承諾してくれないときは、Aは、裁判所に申し立ててBの「承諾に代わる許可」をもらうことができる。弱い立場にある借地人は裁判所に泣きつくことができるのだ。　　　　　　　　　　　　　　235頁⑶

⑶　誤。借地人Aが借地権を譲渡するには、土地の賃貸人Bの「承諾」は必要だが、借地上の建物の賃借人Dの承諾や同意を得る必要はない。

　　　　　　　　　　　　　　　　　　　　　　　　　　　　214頁①

⑷　誤。事業用定期借地権の場合でも、借地人Aが借地権を譲渡するには、賃貸人Bの「承諾」が必要だ。

（正　解）⑵

Advice

　賃借人が賃借権を第三者に譲渡・転貸しようと思ったが、賃貸人が承諾してくれない場合、賃借人が裁判所に泣きついて、賃貸人の承諾に代わる許可をもらうことができるか？
　・借地の場合 ➡ できる（肢⑵）。
　・借家の場合 ➡ できない。

賃 貸 借 [令2-4]

　建物の賃貸借契約が期間満了により終了した場合における次の記述のうち、民法の規定によれば、正しいものはどれか。なお、賃貸借契約は、令和4年7月1日付けで締結され、原状回復義務について特段の合意はないものとする。

(1)　賃借人は、賃借物を受け取った後にこれに生じた損傷がある場合、通常の使用及び収益によって生じた損耗も含めてその損傷を原状に復する義務を負う。

(2)　賃借人は、賃借物を受け取った後にこれに生じた損傷がある場合、賃借人の帰責事由の有無にかかわらず、その損傷を原状に復する義務を負う。

(3)　賃借人から敷金の返還請求を受けた賃貸人は、賃貸物の返還を受けるまでは、これを拒むことができる。

(4)　賃借人は、未払賃料債務がある場合、賃貸人に対し、敷金をその債務の弁済に充てるよう請求することができる。

賃貸物の返還の方が先だ。

(1) 誤。賃借人は、賃借物を元の状態に戻して返還しなければならない（これを原状回復義務という）。ただし、通常の使用収益によって生じた損耗（**通常損耗**）については、原状回復義務を負わない（たとえば、家具の設置によって床がへこんでも、それは**通常損耗**なので原状回復義務を負わない）。

(2) 誤。賃借人は、賃借物を元の状態に戻して返還しなければならない。ただし、賃借人に**帰責事由がない**損傷については、原状回復義務を負わない。だから、「賃借人の帰責事由の有無にかかわらず、原状回復義務を負う」とある本肢は×だ。

(3) 正。敷金の返還と賃貸物の返還は同時履行の関係に立たない。賃貸物の返還の方が**先**だ。だから、賃貸人は、賃貸物の返還を受けるまでは、敷金の返還を拒むことができる。　　　　　　　　　　　　 213頁(3)

(4) 誤。未払賃料に敷金を充当するかどうかを決めるのは賃貸人だ（賃借人ではない）。だから、賃借人は、賃貸人に対し、敷金をその債務（未払賃料）の弁済に充てることを請求することはできない。　　　　 213頁(2)

（正　解）(3)

Point!

賃借人の原状回復義務
　　賃借人は、賃借物を元の状態に戻して返還しなければならない。これを原状回復義務という。
　原則　賃借人は、賃借物を受け取った後に賃借物に生じた損傷がある場合、賃貸借が終了したら、損傷を原状に復する義務を負う。
　例外　次の①②については、原状に復する義務を負わない。
　①　通常の使用収益によって生じた損耗（**通常損耗**）・賃借物の経年変化によるもの（肢(1)）。
　②　賃借人の責めに帰することができない事由によるもの（賃借人に**帰責事由がない**損傷）（肢(2)）。

敷　金（判決文問題）　　　　　　　　　　[令3-1]

　次の(1)から(4)までの記述のうち、民法の規定、判例及び下記判決文によれば、正しいものはどれか。

（判決文）

　賃貸人は、特別の約定のないかぎり、賃借人から家屋明渡を受けた後に前記の敷金残額を返還すれば足りるものと解すべく、したがつて、家屋明渡債務と敷金返還債務とは同時履行の関係にたつものではないと解するのが相当であり、このことは、賃貸借の終了原因が解除（解約）による場合であつても異なるところはないと解すべきである。

(1)　賃借人の家屋明渡債務が賃貸人の敷金返還債務に対し先履行の関係に立つと解すべき場合、賃借人は賃貸人に対し敷金返還請求権をもつて家屋につき留置権を取得する余地はない。

(2)　賃貸借の終了に伴う賃借人の家屋明渡債務と賃貸人の敷金返還債務とは、１個の双務契約によつて生じた対価的債務の関係にあるものといえる。

(3)　賃貸借における敷金は、賃貸借の終了時点までに生じた債権を担保するものであつて、賃貸人は、賃貸借終了後賃借人の家屋の明渡しまでに生じた債権を敷金から控除することはできない。

(4)　賃貸借の終了に伴う賃借人の家屋明渡債務と賃貸人の敷金返還債務の間に同時履行の関係を肯定することは、家屋の明渡しまでに賃貸人が取得する一切の債権を担保することを目的とする敷金の性質にも適合する。

Hint!　家屋の明渡しの方が先。

講義

(1)　正。留置権とは、**引渡しを拒むことができる権利**のことだ（たとえば、賃貸人をＡ、賃借人をＢとする。ＢがＡに対して「あなたが敷金を返してくれるまで、私は建物を留置します（引き渡しません）」といえる権利のことだ）。ところで、家屋明渡債務は敷金返還債務より**先履行**の関係に立つ（つまり、家屋の明渡しの方が**先**だ）。だから、「あなたが敷金を返してくれるまで、私は建物を留置します（引き渡しません）」といえる権利（留置権）を取得する余地はない（敷金の返還と家屋の明渡しが同時履行であるなら、留置権を取得する余地はあるが、家屋の明渡しが**先**履行なのだから、留置権を取得する余地はない）。　🔲213頁(3)

(2)　誤。敷金契約は、賃貸借契約に付随するものではあるが、賃貸借契約**そのものではない**（敷金契約と賃貸借契約は別の契約だ）。だから、賃貸借の終了に伴う賃借人の家屋明渡債務と賃貸人の敷金返還債務とは、１個の双務契約によって生じた対価的債務の関係にあるものとはいえない。

🔲213頁(3)

(3)　誤。賃貸人は、実際に明渡しが完了するまでの間に生じた一切の債務（例いすわっていた間の賃料）を差し引いた残額だけ返還すればOKだ。だから、賃貸人は、賃貸借終了後賃借人の家屋の明渡しまでに生じた債権を敷金から控除する（差し引く）ことができる。　🔲213頁(3)　それどころか

(4)　誤。「同時履行の関係を肯定すること」➡「賃貸借終了時までに生じた債権だけを担保する」ということになってしまう。だから、「同時履行の関係を肯定すること」は➡「家屋の明渡しまでに賃貸人が取得する一切の債権を担保すること」を目的とする敷金の性質には適合しないことになる。本肢は「肯定すること」➡「適合する」となっているから×（「肯定すること」➡「適合しない」が○）。　🔲213頁(3)

（正　解）　(1)

Point!

敷金の返還と賃借物の返還
➡　賃借物の返還が**先**（同時履行の関係に**立たない**）（肢(1)(3)）。

敷　　金 ［平15-11］

　借主Aは、B所有の建物について貸主Bとの間で賃貸借契約を締結し、敷金として賃料2カ月分に相当する金額をBに対して支払ったが、当該敷金についてBによる賃料債権への充当はされていない。この場合、民法の規定及び判例によれば、次の記述のうち正しいものはどれか。

(1)　賃貸借契約が終了した場合、建物明渡しと敷金返還とは同時履行の関係に立たず、Aの建物明渡しはBから敷金の返還された後に行えばよい。

(2)　賃貸借契約期間中にBが建物をCに譲渡した場合で、Cが賃貸人の地位を承継したとき、敷金に関する権利義務は当然にCに承継される。

(3)　賃貸借契約期間中にAがDに対して賃借権を譲渡した場合で、Bがこの賃借権譲渡を承諾したとき、敷金に関する権利義務は当然にDに承継される。

(4)　賃貸借契約が終了した後、Aが建物を明け渡す前に、Bが建物をEに譲渡した場合で、BE間でEに敷金を承継させる旨を合意したとき、敷金に関する権利義務は当然にEに承継される。

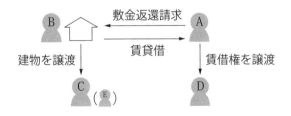

敷金は、賃貸人の債権を担保するためにあるものだ！

312

講義

(1)　誤。借主は、建物を明け渡してから「敷金を返してくれ」と貸主に請求することができる。つまり、**建物の明渡し**の方が敷金の返還よりも先なのだ。だから、Aの建物明渡しはBから敷金が返還された後に行えばよい、という本肢は×だ。ちなみに、建物明渡しと敷金返還とは同時履行の関係に立たない、という点は正しい。念のため。　📖213頁(3)

(2)　正。賃貸人の地位が譲受人Cに移転した場合は、敷金に関する権利義務は当然にCに**承継される**（賃貸人の地位が譲受人Cに移転すると、これからはCが賃料債権者になる。だから、賃料債権を担保する敷金に関する権利義務もおまけのように随伴してCに承継されるということ）。

📖218頁 ♥

(3)　誤。賃借人が交替した場合は、肢(2)と違って敷金関係は、**移転しない**。なぜなら、敷金はもともとAのお金だったのに、BD間に敷金関係が移転し、Dが敷金の返還を受けることになったら、Aがかわいそうだからだ。

📖217頁 ケース1

(4)　誤。**賃貸借契約終了後**、明渡し前に建物が譲渡された場合は、たとえBE間で合意があったとしても敷金関係は承継されない（合意のみでは承継されない）。本肢は、賃貸借契約が終了しているという点に注目だ。ちなみに賃貸借契約が継続中の場合は、肢(2)の解説にあるように敷金関係は承継されることになる。念のため。

正　解　(2)

Point!

敷金関係は移転するか？
　　賃借人の交替（肢(3)）　➡　×
　　賃貸人の交替（肢(2)）　➡　○　注意！
注意！　ただし、賃貸借契約が終了している場合は×（肢(4)）

賃 貸 借 [平20-10]

Aは、自己所有の甲建物（居住用）をBに賃貸し、引渡しも終わり、敷金50万円を受領した。この場合に関する次の記述のうち、民法の規定及び判例によれば、誤っているものはどれか。

(1) 賃貸借が終了した場合、AがBに対し、社会通念上通常の使用をした場合に生じる通常損耗について原状回復義務を負わせることは、補修費用を負担することになる通常損耗の範囲が賃貸借契約書の条項自体に具体的に明記されているなど、その旨の特約が明確に合意されたときでもすることができない。

(2) Aが甲建物をCに譲渡し、所有権移転登記を経た場合、Bの承諾がなくとも、敷金が存在する限度において、敷金返還債務はAからCに承継される。

(3) BがAの承諾を得て賃借権をDに移転する場合、賃借権の移転合意だけでは、敷金返還請求権（敷金が存在する限度に限る。）はBからDに承継されない。

(4) 甲建物の抵当権者がAのBに対する賃料債権につき物上代位権を行使してこれを差し押さえた場合においても、その賃料が支払われないまま賃貸借契約が終了し、甲建物がBからAに明け渡されたときは、その未払賃料債権は敷金の充当により、その限度で消滅する。

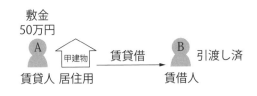

 消去法で解くのがいいかも。

(1) 誤。補修費用を負担することになる通常損耗の範囲が賃貸借契約書の条項自体に**具体的**に明記されているなど、その旨の特約が**明確に合意**されている場合は、借主であるBは通常損耗について原状回復義務（元に戻す義務のこと）を負うことになる。

(2) 正。建物の譲渡があった場合（賃貸人が交替した場合）は、賃料債権を担保する敷金もグリコのおまけのように随伴するので、敷金関係は**移転する**ことになる。だから、敷金返還債務は、Bの承諾がなくても、AからCに承継されることになる。　　　　　　218頁 表 **ケース2**

(3) 正。賃借権の譲渡があった場合（賃借人が交替した場合）は、敷金関係は**移転しない**。だから、敷金返還請求権はBからDに承継されない。　　　　　　　　　　　　　　　　　218頁 表 **ケース1**

(4) 正。賃料が支払われていないわけだから、賃料債権はトーゼン残っていることになる。そして、敷金は**賃料債権を担保**するものだから、未払いの賃料債権は敷金の充当により、その限度で消滅することになる。　　　　　　　　　　　　　　　　　　　　212頁 (1)

正 解 (1)

Point!

敷金関係は移転するか？

① 建物の譲渡があった場合（賃貸人が交替した場合）

➡ **移転する**（肢(2)）。

② 賃借権の譲渡があった場合（賃借人が交替した場合）

➡ **移転しない**（肢(3)）。

第4編 賃貸借／借地借家法

賃貸借 (判決文問題) [平30-8]

次の1から4までの記述のうち、民法の規定及び下記判決文によれば、誤っているものはどれか。

(判決文)

賃借人は、賃貸借契約が終了した場合には、賃借物件を原状に回復して賃貸人に返還する義務があるところ、賃貸借契約は、賃借人による賃借物件の使用とその対価としての賃料の支払を内容とするものであり、賃借物件の損耗の発生は、賃貸借という契約の本質上当然に予定されているものである。それゆえ、建物の賃貸借においては、賃借人が社会通念上通常の使用をした場合に生ずる賃借物件の劣化又は価値の減少を意味する通常損耗に係る投下資本の減価の回収は、通常、減価償却費や修繕費等の必要経費分を賃料の中に含ませてその支払を受けることにより行われている。そうすると、建物の賃借人にその賃貸借において生ずる通常損耗についての原状回復義務を負わせるのは、賃借人に予期しない特別の負担を課すことになるから、賃借人に同義務が認められるためには、（中略）その旨の特約（以下「通常損耗補修特約」という。）が明確に合意されていることが必要であると解するのが相当である。

(1) 賃借物件を賃借人がどのように使用しても、賃借物件に発生する損耗による減価の回収は、賃貸人が全て賃料に含ませてその支払を受けることにより行っている。

(2) 通常損耗とは、賃借人が社会通念上通常の使用をした場合に生ずる賃借物件の劣化又は価値の減少を意味する。

(3) 賃借人が負担する通常損耗の範囲が賃貸借契約書に明記されておらず口頭での説明等もない場合に賃借人に通常損耗についての原状回復義務を負わせるのは、賃借人に予期しない特別の負担を課すことになる。

(4) 賃貸借契約に賃借人が原状回復義務を負う旨が定められていても、それをもって、賃借人が賃料とは別に通常損耗の補修費を支払う義務があるとはいえない。

 貸主に酷なのはどれか？

　たとえば、Aの家をBが借りたとする。Bは借りた家を普通に使用していたが、退去するときに、Aから「畳が変色しているぞ。フローリングも色落ちしている。原状回復に（ピカピカの状態に戻すのに）30万円かかるから、このお金を払ってくれ」と言われたとする。

　この場合、BはAに30万円を払わなければならないのか？ というのが、判決文の内容だ。

① 畳の変色やフローリングの色落ち（普通の使い方をしていても発生する劣化・価値の減少）のことを**通常損耗**という（判決文の5〜6行目）。

② ①の通常損耗の補修費は、原則として、**貸主**が負担することになる（通常損耗に関する補修費は賃料に含まれるから）。だから、原則として、BはAにお金を払わなくてOKだ（判決文の4〜8行目）。

③ ただし、例外として、「畳の変色・フローリングの色落ちに関する費用はBが負担する」という特約（通常損耗補修特約）が**明確に合意**されていれば、BはAにお金を払う必要がある（明確な合意が必要とされているのは、これがないと、Bに予期しない特別の負担を課すことになるから）（判決文の8〜12行目）。

(1)　誤。賃料に含まれるのは、普通に使用していて発生する劣化（**通常損耗**）だ。だから、「どのように使用しても」とある本肢は×だ（乱暴な使用をして発生した劣化については、賃料に含まれない。この場合は賃借人の負担となる）。②を参照。

(2)　正。①を参照。

(3)　正。③を参照。

(4)　正。賃借人に通常損耗についての原状回復義務を負わせるためには、賃借人が補修費用を負担することになる通常損耗の範囲につき、賃貸借契約書自体に具体的に明記されているなど、その旨の特約が**明確に合意**されていることが必要だ。たとえ、賃借人が原状回復義務を負う旨が定められていても、明確な合意がない場合は、賃借人は通常損耗の補修費を払わなくてOKなので、本肢は○だ。③を参照。

正　解 (1)

判決文をキチンと読めば、正解できる問題であるぞ。

借地借家法（借地） [平19-13]

　Aが所有者として登記されている甲土地上に、Bが所有者として登記されている乙建物があり、CがAから甲土地を購入した場合に関する次の記述のうち、民法及び借地借家法の規定並びに判例によれば、誤っているものはどれか。

(1)　Bが甲土地を自分の土地であると判断して乙建物を建築していた場合であっても、Cは、Bに対して建物を収去して土地を明け渡すよう請求できない場合がある。

(2)　BがAとの間で甲土地の使用貸借契約を締結していた場合には、Cは、Bに対して建物を収去して土地を明け渡すよう請求できる。

(3)　BがAとの間で甲土地の借地契約を締結しており、甲土地購入後に借地権の存続期間が満了した場合であっても、Cは、Bに対して建物を収去して土地を明け渡すよう請求できない場合がある。

(4)　BがAとの間で期間を定めずに甲土地の借地契約を締結している場合には、Cは、いつでも正当事由とともに解約を申し入れて、Bに対して建物を収去して土地を明け渡すよう請求できる。

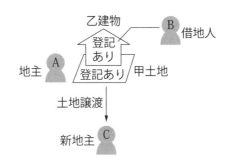

 借地権の存続期間は何年か？

(1) 正。たとえば、Bの時効が完成しBが甲土地を取得した後に、CがAから甲土地を購入した場合は、BCのうち**先に登記を得た方**が勝つことになっている。この場合において、Bが先に登記をしたときは、Bの勝ちだから、CはBに対して土地を明け渡せと請求することはできない。このように、「Cは、Bに対して土地を明け渡すよう請求できない場合がある」ので、本肢は正しい。　　　　　　　　　　　　　　　🔖 60頁

(2) 正。AB間の契約が賃貸借契約であった場合、甲土地上の乙建物がBの名義で「登記」されていれば、Bは甲土地をCに明け渡す必要はない。しかし、本肢のAB間の契約は、**使用貸借契約**なので、甲土地上の乙建物がBの名義で「登記」されていても、Bは甲土地をCに明け渡さなければならない。　　　　🔖 206頁 賃貸借と使用貸借の区別、211頁[2]、268頁[8]

(3) 正。たとえば、Bが更新を請求した場合、Cが更新を阻止するには、**正当事由**に基づいて、**遅滞なく異議を述べる**ことが必要だ。だから、Cに正当事由がなかったり、正当事由があっても遅滞なく異議を述べなかったときは、賃貸借契約は更新してしまい、CはBに対して土地を明け渡せと請求することはできない。このように「Cは、Bに対して土地を明け渡すよう請求できない場合がある」ので、本肢は正しい。　　　　　🔖 228頁(2)

(4) 誤。借地権の存続期間を定めなかった場合には、存続期間は自動的に**30年**になる。だから、最低でもその30年の間は、Cは解約を申し入れて土地を明け渡すように請求することはできない。だから、「Cは、いつでも……Bに対して……土地を明け渡すよう請求できる」とある本肢は×だ。　　　　　　　　　　　　　　　　　　🔖 224頁(1)

(正　解) (4)

Point!

借地権の存続期間は最低でも**30年**

① 存続期間を**定めなかった**場合 ➡ 存続期間は**30年**となる（肢(4)）。

② 存続期間を**20年**と定めた場合 ➡ 存続期間は**30年**となる。

③ 存続期間を**40年**と定めた場合 ➡ 存続期間は**40年**となる。

借地借家法 （借地）　　　　　　　　　　　　　　　　［平20-13］

　Aが所有している甲土地を平置きの駐車場用地として利用しようとする
Bに貸す場合と、一時使用目的ではなく建物所有目的を有するCに貸す場
合とに関する次の記述のうち、民法及び借地借家法の規定によれば、正し
いものはどれか。

(1)　AB間の土地賃貸借契約の期間は、AB間で60年と合意すればそのと
　　おり有効であるのに対して、AC間の土地賃貸借契約の期間は、50年が
　　上限である。

(2)　土地賃貸借契約の期間満了後に、Bが甲土地の使用を継続していても
　　AB間の賃貸借契約が更新したものと推定されることはないのに対し、期
　　間満了後にCが甲土地の使用を継続した場合には、AC間の賃貸借契約
　　が更新されたものとみなされることがある。

(3)　土地賃貸借契約の期間を定めなかった場合、Aは、Bに対しては、賃
　　貸借契約開始から1年が経過すればいつでも解約の申入れをすることが
　　できるのに対し、Cに対しては、賃貸借契約開始から30年が経過しなけ
　　れば解約の申入れをすることができない。

(4)　AB間の土地賃貸借契約を書面で行っても、Bが賃借権の登記をしな
　　いままAが甲土地をDに売却してしまえばBはDに対して賃借権を対抗
　　できないのに対し、AC間の土地賃貸借契約を口頭で行っても、Cが甲
　　土地上にC所有の登記を行った建物を有していれば、Aが甲土地をDに
　　売却してもCはDに対して賃借権を対抗できる。

　AB間の契約には借地借家法は適用されないぞ。

本問のＡＢ間の土地賃貸借契約は、建物所有を目的とした賃貸借ではないので、借地借家法の適用はない（＝民法の世界）。しかし、ＡＣ間の土地賃貸借契約は、建物所有を目的とする賃貸借なので借地借家法の適用がある（借地借家法の世界）。本問は、民法の世界と借地借家法の世界の違いを問うているわけである。その点を意識して解いていこう！

(1)　誤。ＡＢ間の賃貸借契約は、民法の世界の話なので、存続期間は50年が限度だ。だから、AB間で存続期間を60年と定めても、自動的に**50年**に短縮される。また、ＡＣ間の賃貸借契約は、借地借家法の世界の話なので、存続期間は30年以上であればOKであり、存続期間の**上限はない**（**30年**以上であれば何年でもOK）。　　　219頁(1)、224頁(1)

(2)　誤。民法の世界（ＡＢ間の賃貸借契約）では、一定の場合、契約の更新が**推定される**。また、借地借家法の世界（ＡＣ間の賃貸借契約）では、存続期間が満了したが、まだ建物がある場合に、借地権者が借地の使用を継続したときは契約が更新されたものと**みなされる**。

227頁(1)、229頁 民法上のいすわり更新

(3)　誤。民法の世界（ＡＢ間の賃貸借契約）では、期間を定めなかった場合は、**いつでも**解約の申し入れをすることができ、土地賃貸借ならそれから**1年後**に賃貸借は終了する。また、借地借家法の世界（ＡＣ間の賃貸借契約）では、存続期間を定めなかった場合は、存続期間は**30年**となる。そして、この場合、ΛはCに対して、期間満了後に遅滞なく異議を述べれば、更新を拒絶することができる。　　　219頁(2)、224頁(1)、228頁(2)

(4)　正。民法の世界（ＡＢ間の賃貸借契約）では、「**賃借権**」が登記されていないと、賃借権を新地主に対抗することはできない。しかし、借地借家法の世界（ＡＣ間の賃貸借契約）では、「**賃借権**」が登記されていなくても賃借している土地の上の**建物**が「**登記**」されていれば、賃借権を新地主に対抗することができる。　　　210頁 それは次の3つ1、2

正　解　(4)

肢(2)の詳しい話　（民法上のいすわり更新）

民法の世界において、賃貸借契約の更新が推定される場合
➡ 期間が満了した後、賃借人が賃貸物の使用を継続し、賃貸人がこれを知りながら**異議を述べない**とき ➡ 賃貸借契約の更新が**推定**される

借地借家法（借地） [令2-11]

　A所有の甲土地につき、令和4年7月1日にBとの間で居住の用に供する建物の所有を目的として存続期間30年の約定で賃貸借契約（以下この問において「本件契約」という。）が締結された場合に関する次の記述のうち、民法及び借地借家法の規定並びに判例によれば、正しいものはどれか。

(1)　Bは、借地権の登記をしていなくても、甲土地の引渡しを受けていれば、甲土地を令和4年7月2日に購入したCに対して借地権を主張することができる。

(2)　本件契約で「一定期間は借賃の額の増減を行わない」旨を定めた場合には、甲土地の借賃が近傍類似の土地の借賃と比較して不相当となったときであっても、当該期間中は、AもBも借賃の増減を請求することができない。

(3)　本件契約で「Bの債務不履行により賃貸借契約が解除された場合には、BはAに対して建物買取請求権を行使することができない」旨を定めても、この合意は無効となる。

(4)　AとBとが期間満了に当たり本件契約を最初に更新する場合、更新後の存続期間を15年と定めても、20年となる。

(1)

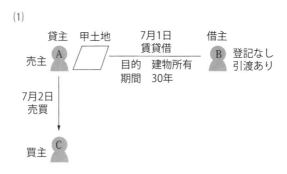

 最低限がある。

322

(1)　誤。借家の場合は、引渡しを受ければ対抗できる（借家の場合は、引渡しは対抗要件になる）。しかし、本肢は借地だ。借地の場合は、引渡しを受けても対抗できない（借地の場合は、引渡しは対抗要件にならない）。だから、BはCに対して借地権を主張できない。

📖 210頁 それは次の3つ、212頁それは次の2つ ②

(2)　誤。「一定期間は借賃の増額を行わない」という特約は、借主に有利だから有効だ。しかし、「一定期間は借賃の減額を行わない」という特約は、借主に**不利**だから**無効**だ。だから、Aは借賃の増額を請求できないが、Bは借賃の減額を請求できる。

📖 222頁 上の① ②

(3)　誤。借地人の**債務不履行**により借地契約（土地賃貸借契約）が解除された場合は、借地人は保護に値しないから、建物買取請求権を行使できない。本肢の合意は借地人にとって不利ではない（有利でも不利でもない）から有効だ。

📖 239頁 (3)

(4)　正。借地契約を更新する場合、更新後の存続期間は、最初の更新（第1回目の更新）にあっては、最低**20年**だ。だから、20年より短い期間を定めたときは、20年となる。

📖 226頁 (2) ①

（正　解）　(4)

Point!

引渡しは対抗要件になるか？

①　借地　➡　**ならない**（肢(1)）。

②　借家　➡　なる。

借地借家法（借地） [平29-11]

　A所有の甲土地につき、令和4年4月1日にBとの間で賃貸借契約（以下「本件契約」という。）が締結された場合に関する次の記述のうち、民法及び借地借家法の規定並びに判例によれば、正しいものはどれか。

(1)　Aが甲土地につき、本件契約とは別に、令和4年3月1日にCとの間で建物所有を目的として賃貸借契約を締結していた場合、本件契約が資材置場として更地で利用することを目的とするものであるときは、本件契約よりもCとの契約が優先する。

(2)　賃借権の存続期間を10年と定めた場合、本件契約が居住の用に供する建物を所有することを目的とするものであるときは存続期間が30年となるのに対し、本件契約が資材置場として更地で利用することを目的とするものであるときは存続期間は10年である。

(3)　本件契約が建物所有を目的として存続期間60年とし、賃料につき3年ごとに1％ずつ増額する旨を公正証書で定めたものである場合、社会情勢の変化により賃料が不相当となったときであっても、AもBも期間満了まで賃料の増減額請求をすることができない。

(4)　本件契約が建物所有を目的としている場合、契約の更新がなく、建物の買取りの請求をしないこととする旨を定めるには、AはあらかじめBに対してその旨を記載した書面を交付して説明しなければならない。

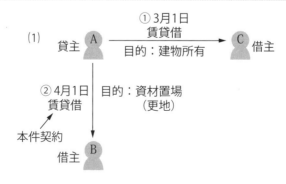

 更地として利用→借地権ではない。

(1) 誤。Aが甲土地をBとCの2人に賃貸しているから、二重賃貸だ。二重賃貸の場合も、二重譲渡と同じように考えればOK。つまり、BとCでは先に**対抗要件**を備えた方が勝ちとなる（優先する）。Cは対抗要件を備えていない。だから、Cが優先するわけではない。　　　　　📖91頁(1)

(2) 正。**建物の所有を目的**とする土地の賃借権は**借地権**だ。だから、借地借家法が適用される。したがって、存続期間を10年と定めた場合、存続期間は**30年**となる。資材置き場として更地で使用することを目的とする（要するに、建物の所有を目的としていない）土地の賃貸借は借地権ではないから、借地借家法が適用されない（つまり、民法が適用される）。だから、存続期間を10年と定めた場合、存続期間は10年となる。

📖219頁(1)、224頁(1)　**例2**

(3) 誤。今までの地代が社会情勢の変化等により、**不相当**になったら、増額（地主から）や減額（借地人から）を請求できることになっている。

📖233頁コメント

(4) 誤。定期借地権の場合は、「賃貸人は、あらかじめ、賃借人に対し、書面を交付して説明しなければならない」という規定は**ない**。ちなみに、定期建物賃貸借の場合は、「賃貸人は、**あらかじめ**、賃借人に対し、契約の更新がなく、期間の満了により賃貸借は終了することについて、その旨を記載した**書面**を交付して、説明しなければならない」という規定がある。ヒッカケ注意！　　　　　📖254頁(2)

　　　　　　　　　　　　　　　　　　　　　（**正 解**）(2)

Point!

建物の所有を目的としない土地の賃貸借の存続期間
➡ **50年**が限度（肢(2)）。
注意！ 50年を超える期間を約定したら、**自動的に50年に短縮**される。

借地借家法（借地） [平30-11]

　AとBとの間で、A所有の甲土地につき建物所有目的で賃貸借契約（以下この問において「本件契約」という。）を締結する場合に関する次の記述のうち、民法及び借地借家法の規定並びに判例によれば、正しいものはどれか。

(1)　本件契約が専ら事業の用に供する建物の所有を目的とする場合には、公正証書によらなければ無効となる。

(2)　本件契約が居住用の建物の所有を目的とする場合には、借地権の存続期間を20年とし、かつ、契約の更新請求をしない旨を定めても、これらの規定は無効となる。

(3)　本件契約において借地権の存続期間を60年と定めても、公正証書によらなければ、その期間は30年となる。

(4)　Bは、甲土地につき借地権登記を備えなくても、Bと同姓でかつ同居している未成年の長男名義で保存登記をした建物を甲土地上に所有していれば、甲土地の所有者が替わっても、甲土地の新所有者に対し借地権を対抗することができる。

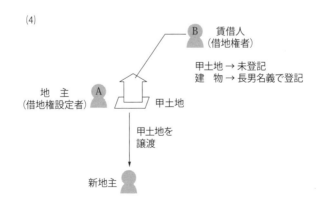

(4)

B　賃借人
（借地権者）

甲土地 → 未登記
建　物 → 長男名義で登記

地　主
（借地権設定者）　A　甲土地

甲土地を
譲渡

新地主

Hint!　目的が違う。

(1) 誤。**事業用定期借地権**を設定するのであれば、公正証書によらなければならない。しかし、専ら事業の用に供する建物の所有を目的とする場合でも、一般の借地権を締結することができる。この場合は、公正証書による必要はない（一般の借地権だから口頭でOK）。　　　　253頁 表

(2) 正。存続期間を20年とし、かつ、契約の更新請求をしない旨を定めても、これらの規定は**無効**だ（ちなみに、存続期間は30年となる）。ところで、事業用定期借地権を設定するのであれば、存続期間を20年とし、かつ、契約の更新請求をしない旨を定めることができるが、本肢は、**居住用**の建物の所有を目的としているので、この手（事業用定期借地権を設定するという手）は使えない。　　　　224頁 **例2**

(3) 誤。借地権の存続期間は、**30年**以上であれば、何年でもOKだ。だから、存続期間を60年と定めたら、存続期間が**60年**の借地権となる（モチロン、公正証書による必要はない）。　　　　224頁 **例3**

(4) 誤。Bは、甲土地の借地権の登記をしていなくても、**自己名義**（Bの名義）で登記をした建物を甲土地上に所有していれば、甲土地の新所有者に対し借地権を対抗することができる。長男名義ではダメなので、本肢は×だ。　　　　211頁 注意!

（**正 解**）(2)

Point!

借地権の存続期間
借地権の存続期間は ➡ **30年**
（契約で、もっと長い期間を定めた場合は別）

具体例

例1　存続期間を定めなかった場合 ➡ 存続期間は**30年**となる。
例2　存続期間を20年と定めた場合 ➡ 存続期間は**30年**となる。
例3　存続期間を60年と定めた場合 ➡ 存続期間は**60年**となる（肢(3)）。

借地借家法（借地） [平26-11]

　甲土地の所有者が甲土地につき、建物の所有を目的として賃貸する場合（以下「ケース①」という。）と、建物の所有を目的とせずに資材置場として賃貸する場合（以下「ケース②」という。）に関する次の記述のうち、民法及び借地借家法の規定によれば、正しいものはどれか。

(1)　賃貸借の存続期間を 40 年と定めた場合には、ケース①では書面で契約を締結しなければ期間が 30 年となってしまうのに対し、ケース②では口頭による合意であっても期間は 40 年となる。

(2)　ケース①では、賃借人は、甲土地の上に登記されている建物を所有している場合には、甲土地が第三者に売却されても賃借人であることを当該第三者に対抗できるが、ケース②では、甲土地が第三者に売却された場合に賃借人であることを当該第三者に対抗する方法はない。

(3)　期間を定めない契約を締結した後に賃貸人が甲土地を使用する事情が生じた場合において、ケース①では賃貸人が解約の申入れをしても合意がなければ契約は終了しないのに対し、ケース②では賃貸人が解約の申入れをすれば契約は申入れの日から 1 年を経過することによって終了する。

(4)　賃貸借の期間を定めた場合であって当事者が期間内に解約する権利を留保していないとき、ケース①では賃借人側は期間内であっても 1 年前に予告することによって中途解約することができるのに対し、ケース②では賃貸人も賃借人もいつでも一方的に中途解約することができる。

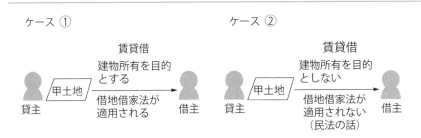

　ケース①は借地借家法の話。ケース②は民法の話。

ケース①は、建物の所有を目的としているので、借地権だ。だから、借地借家法が適用される。これに対して、ケース②は、建物の所有を目的としていないから、借地権ではない。だから、借地借家法は適用されない。つまり、ケース①は借地借家法の話で、ケース②は民法の話となる。

(1) 誤。①の存続期間は、最低 30 年だ。そして、契約（口頭でも OK）で、もっと長い期間を定めた場合は、その期間が存続期間となる。だから、契約で 40 年と定めた場合は、存続期間は 40 年となる（①は誤り）。②の存続期間は、最高 50 年だ。だから、存続期間を 40 年と定めた場合は、存続期間は 40 年となる（②は正しい）。　　　　　　📖 219頁(1)、224頁(1)

(2) 誤。①の場合、借地上の**建物が登記**されている場合は、借地権を第三者に対抗できる（①は正しい）。②の場合、甲土地の**賃借権が登記**されている場合は、賃借権を第三者に対抗できる。だから、賃借人であることを第三者に対抗する方法はある（②は誤り）。　　📖 104頁(1)(2)、211頁(2)

(3) 正。①の場合、賃貸人が解約の申入れをしても、合意がなければ契約は終了しない。なお、①の場合、存続期間を定めなかったときは、存続期間は 30 年となる。②の場合、賃貸人が解約の申入れをすれば、解約の申入れ後、**1 年**を経過すると終了する（①も②も正しい）。　　　📖 219頁(2)

(4) 誤。①の場合も②の場合も、中途解約をすることは**できない**（①も②も誤り）。なお、②の場合、「期間の定めがない」契約であるなら、賃貸人も賃借人も解約の申入れをすることができる。しかし、本肢は「期間の定めがある」場合の話だ。ヒッカカるな！　　　📖 219頁(2)

正 解 (3)

Point!

借地権＝
- ① 建物所有の目的＋**地上権**
- ② 建物所有の目的＋**土地賃借権**（ケース①）

借地借家法（借地） [平24-11]

　賃貸借契約に関する次の記述のうち、民法及び借地借家法の規定並びに判例によれば、誤っているものはどれか。

(1)　建物の所有を目的とする土地の賃貸借契約において、借地権の登記がなくても、その土地上の建物に借地人が自己を所有者と記載した表示の登記をしていれば、借地権を第三者に対抗することができる。

(2)　建物の所有を目的とする土地の賃貸借契約において、建物が全焼した場合でも、借地権者は、その土地上に滅失建物を特定するために必要な事項等を掲示すれば、借地権を第三者に対抗することができる場合がある。

(3)　建物の所有を目的とする土地の適法な転借人は、自ら対抗力を備えていなくても、賃借人が対抗力のある建物を所有しているときは、転貸人たる賃借人の賃借権を援用して転借権を第三者に対抗することができる。

(4)　仮設建物を建築するために土地を一時使用として1年間賃借し、借地権の存続期間が満了した場合には、借地権者は、借地権設定者に対し、建物を時価で買い取るように請求することができる。

Hint!　仲間ハズレが1つある。

(1) 正。借地権の登記がなくても、**借地上の建物**が借地権者名義で「登記」されていれば、借地権者は借地権を第三者に対抗できる（この登記は権利登記でも**表示**登記でも OK）。　　　　　　　　🔖 211 頁 注意!

(2) 正。借地権者が借地上に**登記**した建物を所有していたが、その建物が火災で全焼するなどして、滅失してしまったら、借地権者は、立札を立てるなどの方法で、土地の見やすい場所に「**掲示**」すれば、依然として、借地権の対抗力を保持することができる。　　　　　　🔖 211 頁 ③

(3) 正。転借人は、賃借人の対抗力を援用することができる。だから、転借人は、転借人自身が対抗力を備えていなくても、賃借人が対抗力のある建物を所有している場合は、転借権を第三者に**対抗できる**（転借人が地主から「俺の土地だ、明け渡せ」と言われても、転借人は明け渡さなくて OK）。　　　　　　　　　　　　　　　🔖 210 頁 (1)

(4) 誤。**一時使用**の目的で借りたことが明らかなケースの場合は、借地権者は、借地権設定者に対し、建物を買い取るよう請求することはできない。
🔖 222 頁 下の条文 ①

正 解 (4)

😊 **肢(4)の解き方**

　一時使用の目的で借りたことが明らかなケースの場合、
➡ 借地借家法の多くの規定は適用されない。
➡ そして、建物買取請求権は、適用されない規定の一つだ。
➡ だから、**一時使用**の目的で借りたことが明らかなケースでは、借地権者は、借地権設定者に対し、建物を買い取らせることは**できない**（肢(4)）。

借地借家法 (借地) 　　　　　　　　　　　　　　 [平25-12]

　賃貸借契約に関する次の記述のうち、民法及び借地借家法の規定並びに判例によれば、正しいものはどれか。

(1)　ゴルフ場経営を目的とする土地賃貸借契約については、対象となる全ての土地について地代等の増減額請求に関する借地借家法第11条の規定が適用される。

(2)　借地権の存続期間が満了する際、借地権者の契約の更新請求に対し、借地権設定者が遅滞なく異議を述べた場合には、借地契約は当然に終了する。

(3)　二筆以上ある土地の借地権者が、そのうちの一筆の土地上に登記ある建物を所有し、登記ある建物がない他方の土地は庭として使用するために賃借しているにすぎない場合、登記ある建物がない土地には、借地借家法第10条第1項による対抗力は及ばない。

(4)　借地権の存続期間が満了する前に建物が滅失し、借地権者が残存期間を超えて存続すべき建物を建築した場合、借地権設定者が異議を述べない限り、借地権は建物が築造された日から当然に20年間存続する。

　借地上に建物がないのだから……。

(1) 誤。借地権とは、「建物の所有を目的とする地上権または土地賃借権」のことだ。「ゴルフ場経営を目的とする土地賃貸借契約」は、建物の所有を目的とするものではない。だから、ゴルフ場経営を目的とする土地賃貸借契約については、借地借家法は適用**されない**。　　　 223頁 条文

(2) 誤。借地権設定者が更新を阻止するには（借地契約を終了させるには）、① **正当事由**に基づいて、② 遅滞なく異議を述べることが必要だ。遅滞なく異議を述べるだけではダメなので、本肢は×だ。　　　 228頁 ②

(3) 正。登記された建物がない方の土地については、借地権を対抗できない。借地権を対抗できるのは、**登記された建物がある方**の土地だけだ。

　　　 211頁 ②

(4) 誤。借地権の存続期間満了**前**に、借地権者が、借地権設定者の**承諾**を得て残存期間を超えて存続するような建物を再築すると、借地権は承諾日か再築日のどちらか早い方から 20 年間存続することになる（借地権設定者の承諾が必要なので、本肢は×だ）。　　　 230頁 条文

（**正 解**）(3)

Point!

肢(3)の具体例

　Aは隣り合わせになっている甲地と乙地をBから借りた。そして、甲地に建物（**建物の登記アリ**）を建てて住み、乙地は庭として利用している（要するに、乙地にはそもそも、**建物がない**）。その後、Bが甲土地と乙土地をCに売却した（Cが新地主となった）。この場合、Aは、

➡ **甲地の借地権をCに対抗できる**が、**乙地の借地権をCに対抗できない**（肢(3)）。

第4編　賃貸借／借地借家法

　自らが所有している甲土地を有効利用したいＡと、同土地上で事業を行いたいＢとの間の契約に関する次の記述のうち、民法及び借地借家法の規定によれば、誤っているものはどれか。

(1)　甲土地につき、Ｂが建物を所有して小売業を行う目的で公正証書によらずに存続期間を35年とする土地の賃貸借契約を締結する場合、約定の期間、当該契約は存続する。しかし、Ｂが建物を建築せず駐車場用地として利用する目的で存続期間を35年として土地の賃貸借契約を締結する場合には、期間は定めなかったものとみなされる。

(2)　甲土地につき、Ｂが1年間の期間限定の催し物会場としての建物を建築して一時使用する目的で土地の賃貸借契約を締結する場合には、当該契約の更新をしない特約は有効である。しかし、Ｂが居住用賃貸マンションを所有して全室を賃貸事業に供する目的で土地の賃貸借契約を締結する場合には、公正証書により存続期間を15年としても、更新しない特約は無効である。

(3)　甲土地につき、小売業を行うというＢの計画に対し、借地借家法が定める要件に従えば、甲土地の賃貸借契約締結によっても、又は、甲土地上にＡが建物を建築しその建物についてＡＢ間で賃貸借契約を締結することによっても、Ａは20年後に賃貸借契約を更新させずに終了させることができる。

(4)　甲土地につき、Ｂが建物を所有して小売業を行う目的で存続期間を30年とする土地の賃貸借契約を締結している期間の途中で、Ａが甲土地をＣに売却してＣが所有権移転登記を備えた場合、当該契約が公正証書でなされていても、ＢはＣに対して賃借権を対抗することができない場合がある。

借地権（賃借権）者

Ａ 借地権設定者

Hint!　借地借家法が適用されない場合はドーなる？

(1)　誤。建物所有を目的とする借地権の場合、その存続期間は最低30年で
あるが、契約で、もっと長い期間を定めた場合は、その**定めた期間が存
続期間**となる。したがって、前半部分は正しい。ちなみに、公正証書で
契約をしていないのだから、事業用定期借地権は成立していない。そして、
建物所有を目的としない（建物を建築しない）土地の賃貸借契約の場合は、
借地借家法は適用されず、民法が適用される。民法の賃借権の期間は**50
年**が限度だから、35 年と定めたときは 35 年となる。したがって、後半
部分が誤っている。　　　　　　　　　　🐾219頁(1)、223頁条文、224頁(1)

(2)　正。一時使用の目的で借りたことが明らかなケースの場合には、契約
を更新しない旨の特約は有効だ。したがって、前半部分は正しい。また、
居住用マンションについては、**事業用定期借地権を設定することはでき
ず**、契約を更新しない旨の特約は無効となる。したがって、後半部分も
正しい。　　　　　　　　　　　　　　🐾222頁 下の条文 1、241頁 ①

(3)　正。AB 間で、**事業用定期借地権**を設定すれば、A は 20 年後に甲土地
の賃貸借契約を更新させずに終了させることができる。また、AB 間で、
甲土地上の A の建物について**定期建物賃貸借契約**を締結すれば、A は 20
年後に建物の賃貸借契約を更新させずに終了させることができる。

　　　　　　　　　　　　　　　　　　🐾241頁 ①、253頁 ①

(4)　正。B の名義で①借地権が「登記」されているか、②借地上の**建物**が「登
記」されていれば、B は C に借地権を対抗することができる。したがって、
B が①か②を備えていないと、B は C に借地権を対抗することができない
ので、「当該契約が公正証書でなされていても、B は C に対して賃借権を
対抗することができない場合がある」という本肢は、正しい。

　　　　　　　　　　　　　　　　🐾210頁 それは次の３つ①、②

　　　　　　　　　　　　　　　　　　　　（　正　解　）　(1)

Point!

借地権の存続期間は何年か？（肢(1)）
- 建物所有を目的とする土地の賃貸借（借地借家法が適用される）
  - ➡ ①　最長期間なし（どんなに長くても OK）
  - ②　**最短期間 30 年**
- 建物所有を目的としない土地の賃貸借（借地借家法は適用されない）
  - ➡ ①　**最長期間 50 年**
  - ②　最短期間なし（どんなに短くても OK）

借地借家法（借地） ［平21-11］

　現行の借地借家法の施行後に設定された借地権に関する次の記述のうち、借地借家法の規定によれば、正しいものはどれか。

(1)　借地権の当初の存続期間中に借地上の建物の滅失があった場合で、借地権者が借地権設定者の承諾を得ないで残存期間を超えて存続すべき建物を築造したときは、借地権設定者は地上権の消滅の請求又は土地の賃貸借の解約の申入れをすることができる。

(2)　借地権の当初の存続期間が満了する場合において、借地権者が借地契約の更新を請求したときに、建物がある場合は、借地権設定者が遅滞なく異議を述べたときでも、その異議の理由にかかわりなく、従前の借地契約と同一の条件で借地契約を更新したものとみなされる。

(3)　借地権の当初の存続期間中に借地上の建物の滅失があった場合、借地権者は地上権の放棄又は土地の賃貸借の解約の申入れをすることができる。

(4)　借地権の当初の存続期間が満了し借地契約を更新する場合において、当事者間でその期間を更新の日から 10 年と定めたときは、その定めは効力を生じず、更新後の存続期間は更新の日から 20 年となる。

Hint!　1 回目は 20 年、2 回目以降は 10 年。

(1)　誤。借地権の存続期間満了前に、借地権者が、借地権設定者の**承諾を得て残存期間を超えて存続する建物を再築**すると、借地権は、承諾日か再築日のどちらか早い方から 20 年間存続する。本肢の場合は、借地権設定者の**承諾を得ていない**ので、「再築後 20 年間存続する」ということにはならないが、承諾を得ていない場合でも、当初（最初）の契約期間は存続する。だから、本肢は×だ。　　　　　　　　　　　　🔖 230 頁 条文

(2)　誤。建物がある場合でも、遅滞なく異議を述べた借地権設定者に**正当な事由**（言い分がもっともだと認められる事情）があれば、契約は終了する。　　　　　　　　　　　　　　　　　　　　　　　🔖 228 頁 (2)

(3)　誤。借地契約の**更新後**に建物が滅失したら、借地権者は借地権の消滅を一方的に申し入れることができる。しかし、当初の契約期間内に建物が滅失した場合は、借地権者は借地権の消滅を一方的に申し入れることはできない。　　　　　　　　　　　　　　　　　🔖 232 頁 (1)

(4)　正。更新後の存続期間は、1 回目は 20 年以上、2 回目以降は 10 年以上であることが必要だ。そして、当初の存続期間が満了して契約を更新する場合（つまり、1 回目の更新の場合）、当事者間でその期間を 20 年より短い期間で定めた場合、存続期間は 20 年となる。　　　🔖 231 頁 表

（**正　解**）(4)

Point!

合意更新

① 　1 回目は　➡ **20 年以上**

② 　2 回目以降は ➡ **10 年以上**

　上記より短い期間を定めた場合は、存続期間は、1 回目は ➡ **20 年**、2 回目以降は ➡ **10 年**となる（肢(4)）。

借地借家法（借地）　　　　　　　　　　　[平23-11]

借地借家法に関する次の記述のうち、誤っているものはどれか。

(1)　建物の用途を制限する旨の借地条件がある場合において、法令による土地利用の規制の変更その他の事情の変更により、現に借地権を設定するにおいてはその借地条件と異なる建物の所有を目的とすることが相当であるにもかかわらず、借地条件の変更につき当事者間に協議が調わないときは、裁判所は、当事者の申立てにより、その借地条件を変更することができる。

(2)　賃貸借契約の更新の後において、借地権者が残存期間を超えて残存すべき建物を新たに築造することにつきやむを得ない事情があるにもかかわらず、借地権設定者がその建物の築造を承諾しないときは、借地権設定者が土地の賃貸借の解約の申入れをすることができない旨を定めた場合を除き、裁判所は、借地権者の申立てにより、借地権設定者の承諾に代わる許可を与えることができる。

(3)　借地権者が賃借権の目的である土地の上の建物を第三者に譲渡しようとする場合において、その第三者が賃借権を取得しても借地権設定者に不利となるおそれがないにもかかわらず、借地権設定者がその賃借権の譲渡を承諾しないときは、裁判所は、その第三者の申立てにより、借地権設定者の承諾に代わる許可を与えることができる。

(4)　第三者が賃借権の目的である土地の上の建物を競売により取得した場合において、その第三者が賃借権を取得しても借地権設定者に不利となるおそれがないにもかかわらず、借地権設定者がその賃借権の譲渡を承諾しないときは、裁判所は、その第三者の申立てにより、借地権設定者の承諾に代わる許可を与えることができる。

 許可の申立権者に注目せよ！

(1)　正。建物の用途等を制限する借地条件がある場合（たとえば、建物は住居用に限る）において、借地条件と異なる建物の所有を目的とすることが**相当**（たとえば、事業用の建物を建てることが相当）であるにもかかわらず、借地条件の変更について、当事者間で話し合いが付かない場合、裁判所は、借地条件を変更することができる。

(2)　正。**やむを得ない事情がある場合**は、借地権者は、裁判所に泣きついて、借地権設定者の承諾に代わる許可をもらうことができる。

(3)　誤。借地権者が建物を第三者に**譲渡**しようとする場合において、裁判所に泣きつくことができるのは、**借地権者**だ。第三者ではない（借地権設定者の承諾に代わる裁判所の許可を申し立てることができるのは、**借地権者**）。236頁 誰が申し立てるのか？

(4)　正。**競売**の場合において、裁判所に泣きつくことができるのは、**第三者**だ。借地権者ではない（借地権設定者の承諾に代わる裁判所の許可を申し立てることができるのは、**第三者**）。肢(3)との違いに注意！

236頁 誰が申し立てるのか？

（正　解）　(3)

Point!

Aを借地権設定者、Bを借地権者、Cを建物の譲受人（競落人）とする。

B→Cの建物の移転が	**売買**なら	**競売**なら
Aの承諾に代わる裁判所の**許可を申し立てる**ことができるのは誰か？	B （肢(3)）	C （肢(4)）

借地借家法 (借地) [平14-13]

　Aが、Bに土地を賃貸し、Bがその土地上に建物を所有している場合の契約終了に伴う建物買取請求権に関する次の記述のうち、借地借家法の規定及び判例によれば、誤っているものはどれか。

(1)　AB間の借地契約が、公正証書により10年の事業専用の目的で締結された場合には、Bは建物買取請求権を有しない。

(2)　建物買取請求権は、契約終了の理由を問わず、Bの債務不履行を原因とする契約終了の場合にも、BはAに対して建物の買取りを請求することができる。

(3)　BがAの承諾を得て土地をCに転貸し、建物を譲渡した場合、AB間、BC間の契約が、ともに期間満了し更新がなければ、CはAに対し直接建物買取請求権を有する。

(4)　Bが適法にAに建物買取請求権を行使すると、その所有権は直ちにBからAに移転するが、BはAが代金を支払うまで、建物の引渡しを拒むことができる。

 借主の保護にも限度あり。

(1) 正。事業用定期借地権は、更新や建物買取請求権がない借地契約だ。つまり、期間が満了したら、**更地にして返す**ことになる。 📖 241頁 表

(2) 誤。借主はか弱い羊だが、その保護にも限度がある。借地権者の**債務不履行**によって借地契約が解除された場合は、借地権者は保護に値しないから、建物買取請求権を行使できない。 📖 239頁(3)

(3) 正。借地の転貸の場合、ＡＢ間とＢＣ間の両方の契約が終了すると、転借人Ｃは直接Ａに土地を返さなければならない。そして、**転借人もか弱い羊だから**、Ａに対して直接、建物買取請求権を行使できる。 📖 239頁(4)

(4) 正。建物買取請求権が行使されると、**自動的に当事者間に売買契約が成立した**という効果が生じる。よって、所有権の移転や同時履行関係などは、普通に売買契約が成立した場合と同じに考えればよい。

📖 238頁(1)

（正 解） (2)

 次はここが出る

　建物買取請求権は、建物を時価で買い取ることを請求できるだけで、借地権の買取までは**請求できない**。

借地借家法（借地） ［㍻28-11］

　Aが居住用の甲建物を所有する目的で、期間30年と定めてBから乙土地を賃借した場合に関する次の記述のうち、借地借家法の規定及び判例によれば、正しいものはどれか。なお、Aは借地権登記を備えていないものとする。

(1)　Aが甲建物を所有していても、建物保存登記をAの子C名義で備えている場合には、Bから乙土地を購入して所有権移転登記を備えたDに対して、Aは借地権を対抗することができない。

(2)　Aが甲建物を所有していても、登記上の建物の所在地番、床面積等が少しでも実際のものと相違している場合には、建物の同一性が否定されるようなものでなくても、Bから乙土地を購入して所有権移転登記を備えたEに対して、Aは借地権を対抗することができない。

(3)　AB間の賃貸借契約を公正証書で行えば、当該契約の更新がなく期間満了により終了し、終了時にはAが甲建物を収去すべき旨を有効に規定することができる。

(4)　Aが地代を支払わなかったことを理由としてBが乙土地の賃貸借契約を解除した場合、契約に特段の定めがないときは、Bは甲建物を時価で買い取らなければならない。

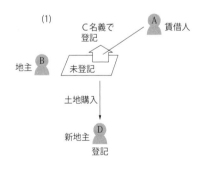

(1)

C名義で登記　　A　賃借人

地主 B　　未登記

土地購入

新地主 D　登記

Hint!　自己名義。

(1)　正。借地権の登記がなくとも、**借地上の甲建物が借地権者のA名義で「登記」**されていれば、Aは借地権を第三者Dに対抗できる。ただし、この登記は、**自己名義**（A名義）に限る。だから、Aの子C名義で登記してあっても対抗力は認められないので、AはDに対抗できない。🗺211頁 注意！

(2)　誤。実際と多少相違していても、登記の表示全体において建物の同一性を認識できる場合は、借地権は対抗力を有する。本肢の場合、建物の同一性が否定されるようなものではない（つまり、同一性を認識できる）ので、AはEに対抗できる。

(3)　誤。存続期間を**50年以上**として借地権を設定するのであれば（**定期借地権**を設定するのであれば）、「契約の更新がなく期間の満了により終了し、終了時にはAが甲建物を収去すること」と規定できる。しかし、AB間の借地権は存続期間が30年の普通の借地権なので（定期借地権ではないので）、規定できない。🗺241頁 ②

(4)　誤。借地権者Aは、か弱い羊だが、その保護にも限度がある。Aの**債務不履行**によって借地契約（土地の賃貸借契約）が解除された場合は、Aは保護に値しないから、建物買取請求権を行使できない（Bは甲建物を買い取る必要はない）。🗺239頁 ⑶

（　正　解　） ⑴

Point!

　借地権の登記がなくとも、**借地上の建物**が借地権者の名義で「**登記**」されていれば、借地権者は借地権を第三者に対抗できる。
　注意！ この登記は、権利登記でも表示登記でも OK。ただし、
　自己名義（借地権者名義）に限る（肢⑴）。

借地借家法（借地）　　　　　　　　　　　　　　　【平22-11】

　借地借家法第23条の借地権（以下この問において「事業用定期借地権」という。）に関する次の記述のうち、借地借家法の規定によれば、正しいものはどれか。

(1)　事業の用に供する建物の所有を目的とする場合であれば、従業員の社宅として従業員の居住の用に供するときであっても、事業用定期借地権を設定することができる。

(2)　存続期間を10年以上20年未満とする短期の事業用定期借地権の設定を目的とする契約は、公正証書によらなくとも、書面又は電磁的記録によって適法に締結することができる。

(3)　事業用定期借地権が設定された借地上にある建物につき賃貸借契約を締結する場合、建物を取り壊すこととなるときに建物賃貸借契約が終了する旨を定めることができるが、その特約は公正証書によってしなければならない。

(4)　事業用定期借地権の存続期間の満了によって、その借地上の建物の賃借人が土地を明け渡さなければならないときでも、建物の賃借人がその満了をその1年前までに知らなかったときは、建物の賃借人は土地の明渡しにつき相当の期限を裁判所から許与される場合がある。

　借地上の建物の賃借人を守れ。

(1)　誤。事業用定期借地権は、**非居住用**に限る。だから、従業員の居住の用に供するために事業用定期借地権を設定することはできない。

241頁 ① Ⓐ

(2)　誤。事業用定期借地権は、**公正証書で契約**をしなければならない。公正証書以外の書面ではダメだ。 241頁 ① Ⓑ

(3)　誤。取り壊す予定の建物を、取り壊しまでの間だけ賃貸する場合は、**書面によって契約**をしなければならないが、その書面は公正証書である必要はない（公正証書以外の書面でも OK）。 253頁 ②

(4)　正。借地上の建物の賃借人が、借地権の存続期間の満了を知らなかった場合、最高で **1年間**まで、土地建物の明渡しを裁判所から猶予してもらえる。 248頁 下の条文

（**正　解**）(4)

第4編　賃貸借／借地借家法

Point!

借地上の建物の賃借人を守れ！
　借地上の建物の賃借人が、借地権の存続期間の満了を知らなかった場合 ➡ 最高で **1年間**まで、土地建物の明渡しを裁判所から猶予してもらえる（肢(4)）。

借地借家法（借地） [令1-11]

　甲土地につき、期間を50年と定めて賃貸借契約を締結しようとする場合（以下「ケース①」という。）と、期間を15年と定めて賃貸借契約を締結しようとする場合（以下「ケース②」という。）に関する次の記述のうち、民法及び借地借家法の規定によれば、正しいものはどれか。

(1) 賃貸借契約が建物を所有する目的ではなく、資材置場とする目的である場合、ケース①は期間の定めのない契約になり、ケース②では期間は15年となる。

(2) 賃貸借契約が建物の所有を目的とする場合、公正証書で契約を締結しなければ、ケース①の期間は30年となり、ケース②の期間は15年となる。

(3) 賃貸借契約が居住の用に供する建物の所有を目的とする場合、ケース①では契約の更新がないことを書面で定めればその特約は有効であるが、ケース②では契約の更新がないことを書面で定めても無効であり、期間は30年となる。

(4) 賃貸借契約が専ら工場の用に供する建物の所有を目的とする場合、ケース①では契約の更新がないことを公正証書で定めた場合に限りその特約は有効であるが、ケース②では契約の更新がないことを公正証書で定めても無効である。

ケース①

 ／甲土地／ 賃貸借 期間50年 →

賃貸人　　　　　　　　　　　賃借人

ケース②

／甲土地／ 賃貸借 期間15年 →

賃貸人　　　　　　　　　　　賃借人

Hint!

民法の賃貸借・普通の借地権・一般の定期借地権・事業用定期借地権の混合問題だ。

(1)　誤。建物の所有を目的にしていない̇の̇だ̇か̇ら̇、借地権ではない。だから、借地借家法は適用されない（民法の規定だけが適用される）。民法の世界では、賃貸借の存続期間は **50年** が限度だ（50年を超える期間を定めても、50年に短縮される）。だから、ケース①の期間は「50年」となり、ケース②の期間は「15年」となる（ケース①は誤りだが、ケース②は正しい）。　　　　　　🔖 219頁(1)、223頁条文

(2)　誤。借地権の存続期間は30年以上であれば何年でもOKだ。そして、30年未満の期間を定めた場合と期間を定めなかった場合は、存続期間は自動的に **30年** となる。だから、ケース①の期間は「50年」となり、ケース②の期間は「30年」となる（ケース①もケース②も誤り）。なお、普通の借地権を設定する契約は、口頭でOKだ。　　　　　　🔖 224頁(1)、253頁 表

(3)　正。契約の更新がない一般の定期借地権の場合は、存続期間は **50年以上** であれば何年でもOKだ。そして、公正証書等の **書面** で契約する必要がある。だから、ケース①では契約の更新がないことを書面で定めればその特約は有効だ（ケース①の一般の定期借地権設定契約は有効だ）。ケース②では存続期間が15年なので、一般の定期借地権は設定できない。そして、目的が居住用なのだから、事業用定期借地権の設定もできない。だから、ケース②は普通の借地権となる。そして、普通の借地権の場合は、30年未満の存続期間を定めたときは、存続期間は「30年」となる（ケース①もケース②も正しい）。　　　　🔖 224頁(1)、241頁表②

(4)　誤。ケース①の存続期間は50年だ。だから、一般の定期借地権を設定できる（一般の定期借地権の目的は事業用でも居住用でもOK）。そして、一般の定期借地権設定契約は、**書面** であることは必要だが、公正証書である必要はない。だから、「公正証書で定めた場合に限̇り̇有効」というのは誤りだ。ケース②の存続期間は15年だ。15年だから、一般の定期借地権は設定できないが、事業用定期借地権は設定できる（なお、事業用定期借地権は **公正証書** で契約する必要がある）。だから、「公正証書で定めても無効」というのは誤りだ（ケース①もケース②も誤り）。

🔖 241頁 表①、②

（正　解） (3)

肢(1)	➡	民法の賃貸借の問題
肢(2)	➡	普通の借地権の問題
肢(3)	➡	一般の定期借地権の問題
肢(4)	➡	一般の定期借地権＋事業用定期借地権の問題

コメント　ぱっと見では難しそうだ。しかし、何について問うているのかさえ分かれば、正解できる問題だ。

借地借家法（借家） [令3-11]

Aは、所有している甲土地につき、Bとの間で建物所有を目的とする賃貸借契約（以下この問において「借地契約」という。）を締結する予定であるが、期間が満了した時点で、確実に借地契約が終了するようにしたい。この場合に関する次の記述のうち、借地借家法の規定によれば、誤っているものはどれか。

(1) 事業の用に供する建物を所有する目的とし、期間を60年と定める場合には、契約の更新や建物の築造による存続期間の延長がない旨を書面で合意すれば、公正証書で合意しなくても、その旨を借地契約に定めることができる。

(2) 居住の用に供する建物を所有することを目的とする場合には、公正証書によって借地契約を締結するときであっても、期間を20年とし契約の更新や建物の築造による存続期間の延長がない旨を借地契約に定めることはできない。

(3) 居住の用に供する建物を所有することを目的とする場合には、借地契約を書面で行えば、借地権を消滅させるため、借地権の設定から20年が経過した日に甲土地上の建物の所有権を相当の対価でBからAに移転する旨の特約を有効に定めることができる。

(4) 借地契約がBの臨時設備の設置その他一時使用のためになされることが明らかである場合には、期間を5年と定め、契約の更新や建物の築造による存続期間の延長がない旨を借地契約に定めることができる。

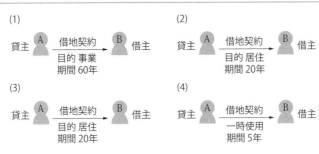

30年以上。

講義

(1) 正。存続期間が **50年以上**だから、一般定期借地権を設定することができる（一般定期借地権は目的が限定されていない。だから、目的が事業用でもモチロン OK だ）。そして、一般定期借地権は公正証書等の**書面**によってしなければならない。だから、公正証書以外の書面で合意しても OK なので、本肢は○だ。　　　　　　　　　　　241頁 ② Ⓐ Ⓑ

(2) 正。存続期間が 20 年だから、設定するのであれば、**事業用**定期借地権しかない（ちなみに、事業用定期借地権は公正証書によってしなければならない）。しかし、事業用定期借地権は、文字どおり、事業用（非居住用）の建物（事務所や店舗等）しか建てられないタイプだ。本肢のように居住用の建物の所有を目的とする場合は、設定することはできない。だから、本肢の契約は公正証書で締結してもダメだ。　　241頁 ① Ⓐ Ⓑ

(3) 誤。「建物の所有権を相当の対価で移転する」とあるから、本肢は建物譲渡特約付借地権だ。建物譲渡特約付借地権は、存続期間が **30年以上**であることが必要だ。だから、本肢のような借地権（存続期間が 20 年の建物譲渡特約付借地権）は定めることができない。　　　　　　241頁 ③

(4) 正。臨時設備の設置等**一時使用**のために借地権を設定したことが明らかな場合は、借地借家法の規定（存続期間・契約の更新・建物の再築による期間の延長等）は適用**されない**。だから、期間を 5 年と定め、契約の更新や建物の築造による存続期間の延長がない旨を定めることができる。

222頁 下の条文 ①

（ **正　解** ） (3)

Point!

存続期間
① 事業用定期借地権　➡　**10年以上50年未満**（肢(2)）
② 一般定期借地権　　➡　**50年以上**（肢(1)）
③ 建物譲渡特約付借地権　➡　**30年以上**（肢(3)）

注意！　肢(1)は、問題中に「事業の用」とあるが、存続期間が 60 年（50年以上）だから、②の話だ。①の話ではない。だまされてはダメ。事業用定期借地権の存続期間は **10年以上50年未満**だから、存続期間が 60 年の事業用定期借地権というのはないのだ。

借地借家法（借家） [平18-14]

　AはBとの間で、令和2年4月に、BがCから借りている土地上のB所有の建物について賃貸借契約（期間2年）を締結し引渡しを受け、債務不履行をすることなく占有使用を継続している。この場合に関する次の記述のうち、民法及び借地借家法の規定並びに判例によれば、誤っているものはどれか。

(1)　Bが、Cの承諾を得ることなくAに対して借地上の建物を賃貸し、それに伴い敷地であるその借地の利用を許容している場合でも、Cとの関係において、借地の無断転貸借とはならない。

(2)　借地権の期間満了に伴い、Bが建物買取請求権を適法に行使した場合、Aは、建物の賃貸借契約を建物の新たな所有者Cに対抗できる。

(3)　令和4年3月に、借地権がBの債務不履行により解除され、Aが建物を退去し土地を明け渡さなければならなくなったときは、Aが解除されることをその1年前までに知らなかった場合に限り、裁判所は、Aの請求により、Aがそれを知った日から1年を超えない範囲内において、土地の明渡しにつき相当の期限を許与することができる。

(4)　令和4年3月に、借地権が存続期間の満了により終了し、Aが建物を退去し土地を明け渡さなければならなくなったときは、Aが借地権の存続期間が満了することをその1年前までに知らなかった場合に限り、裁判所は、Aの請求により、Aがそれを知った日から1年を超えない範囲内において、土地の明渡しにつき相当の期限を許与することができる。

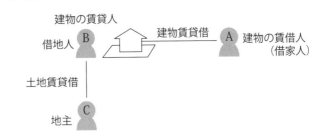

建物の賃貸人
借地人　B　　建物賃貸借　　A　建物の賃借人
（借家人）

土地賃貸借

地主　C

Hint!　羊（借家人）であっても常に保護してもらえるわけではない。

講義

(1)　正。借地上の建物を賃貸しても、借地権を転貸したことにはならない。ちなみに、借地上の建物を譲渡する場合は、借地権も譲渡・転貸することになるので、土地の賃貸人の承諾が必要になる。　　　　🔀 233頁(1)

(2)　正。Bが建物買取請求権を行使したのだから、建物所有権はCに移転し、Cが建物の新賃貸人となる。そして、賃借人Aは建物の引渡しを受けているので、新賃貸人Cに建物賃貸借を対抗することができる。

🔀 212頁 それは次の２つ ②

(3)　誤。借地上の建物の賃借人は、「借地権の存続期間が満了」することを存続期間満了の１年前までに知らなかった場合には、借地上の建物の賃借人がそれを知った時から最高で１年間、土地の明渡しを、裁判所から猶予してもらうことができる、という制度がある。しかし、建物の賃借人が土地の明渡しを、裁判所から猶予してもらえるのは、あくまでも「借地権の存続期間の満了」による場合であり、本肢のように「借地権が債務不履行により解除された」場合には、裁判所から明渡しを猶予してもらうことはできない。　　　　🔀 248頁 下の条文

(4)　正。肢(3)の解説にあるように、「借地権の存続期間の満了」による場合は、土地の明渡しを、裁判所から猶予してもらえる。　　🔀 248頁 下の条文

正　解　　(3)

Point!

明渡しを猶予してもらえるか？
・「借地権の存続期間の満了」により建物の賃借人が土地を明け渡さなければならなくなったとき ➡ ○
・「借地権が債務不履行により解除された」ため建物の賃借人が土地を明け渡さなければならなくなったとき ➡ ×

賃貸借・借地借家法（借家）　　　　　　[平16-13]

　AはBに対し甲建物を月20万円で賃貸し、Bは、Aの承諾を得たうえで、甲建物の一部をCに対し月10万円で転貸している。この場合、民法及び借地借家法の規定並びに判例によれば、誤っているものはどれか。

(1)　転借人Cは、賃貸人Aに対しても、月10万円の範囲で、賃料支払債務を直接に負担する。

(2)　賃貸人Aは、AB間の賃貸借契約が期間の満了によって終了するときは、転借人Cに対しその旨の通知をしなければ、賃貸借契約の終了をCに対し対抗することができない。

(3)　AB間で賃貸借契約を合意解除した場合、その合意解除の当時、賃貸人Aが賃借人Bの債務不履行による解除権を有していたとき、Aは、転借人Cに対し明渡しを請求することができる。

(4)　賃貸人AがAB間の賃貸借契約を賃料不払いを理由に解除する場合、転借人Cに通知等をして賃料をBに代わって支払う機会を与えなければならない。

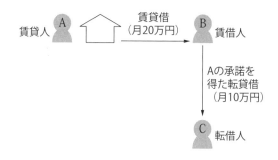

賃貸人　A　　甲建物　賃貸借（月20万円）　B　賃借人

Aの承諾を得た転貸借（月10万円）

C　転借人

Hint!　　Cの保護が必要か否かで考えよう。

(1) 正。転借人は、賃貸人に対して**直接**賃料を支払う義務を負う。ただし、支払う額は転貸人に支払う範囲でOK。だから、転借人Cが、賃貸人Aに対して、月10万円の範囲（つまり、転貸人Bに支払う範囲）で、賃料支払債務を直接負担するとある本肢は○だ。 🗒 216頁(2)

(2) 正。ABの賃貸借が期間満了で終了しても、AがCに**終了通知**（「ABの賃貸借は終了しました」という通知）をしなければ、賃貸借契約の終了をCに対抗することはできず、Cを追い出すことはできない。 🗒 246頁(2)

(3) 正。合意解除の当時、AがBに**債務不履行**による解除権を有していたときは、AはCを追い出すことができる（Bが債務不履行をした。だから、Aは債務不履行を理由に解除できるのだが、債務不履行解除をしないで、合意解除した場合、AはCを追い出すことができるということ）。 🗒 247頁 注意!

(4) 誤。ABの賃貸借がBの賃料不払いなどの**債務不履行**によって解除されると、BCの転貸借も自動的に終了することになる。このような場合においてもAはCに通知等をして賃料をBに代わって支払う機会を与える必要はない。 🗒 246頁(3)

（ 正 解 ） (4)

Point!

Aが賃貸人、Bが賃借人（転貸人）、Cが転借人の場合
① ABの賃貸借が**合意解除**されても
➡ BCの転貸借は終了**しない** 注意! ただし、合意解除の当時、AがBの債務不履行による解除権を有していたときは、終了**する**（肢(3)）。
② ABの賃貸借が**期間満了**または**解約申入れ**によって終了した場合
➡ AがCに**終了通知**すれば、それから**6カ月経過後**にBCの転貸借も**終了して、AはCを追い出せる**（肢(2)）。
③ ABの賃貸借がBの**債務不履行**によって解除されると
➡ BCの転貸借も自動的に**終了する**（肢(4)）。

借地借家法（借家）　　　　　　　　　　　　　　　[平25-11]

　Aは、A所有の甲建物につき、Bとの間で期間を10年とする借地借家法第38条第1項の定期建物賃貸借契約を締結し、Bは甲建物をさらにCに賃貸（転貸）した。この場合に関する次の記述のうち、民法及び借地借家法の規定並びに判例によれば、正しいものはどれか。

⑴　BがAに無断で甲建物をCに転貸した場合には、転貸の事情のいかんにかかわらず、AはAB間の賃貸借契約を解除することができる。

⑵　Bの債務不履行を理由にAが賃貸借契約を解除したために当該賃貸借契約が終了した場合であっても、BがAの承諾を得て甲建物をCに転貸していたときには、AはCに対して甲建物の明渡しを請求することができない。

⑶　AB間の賃貸借契約が期間満了で終了する場合であっても、BがAの承諾を得て甲建物をCに転貸しているときには、BのCに対する解約の申入れについて正当な事由がない限り、AはCに対して甲建物の明渡しを請求することができない。

⑷　AB間の賃貸借契約に賃料の改定について特約がある場合には、経済事情の変動によってBのAに対する賃料が不相当となっても、BはAに対して借地借家法第32条第1項に基づく賃料の減額請求をすることはできない。

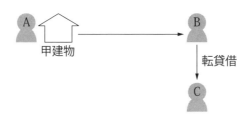

　定期建物賃貸借は特別扱い。

(1)　誤。Bの無断転貸が「背信的行為」のレベルに達すると、Aは解除できる（＝「背信的行為」のレベルに達していない場合は、Aは解除できない）。だから、「事情に関わりなく、Aは解除できる」とある本肢は×だ。

215頁 解除の条件は？

(2)　誤。ＡＢ間の賃貸借がBの**債務不履行**によって解除されると、ＢＣの転貸借も自動的に**終了**する（AはCを追い出せる）。　　246頁 (3)

(3)　誤。ＡＢの賃貸借が**期間満了**によって終了しても、それだけではＢＣの転貸借は、終了しないが、AがCに**終了通知**（「ＡＢの賃貸借は終了しました」という通知）をすれば、それから6カ月経過後にＢＣの転貸借も終了して、AはCを追い出せる。　　246頁 (2)①

(4)　正。**定期建物賃貸借**の場合において、賃料の改定について特約があるときは、経済事情の変動によって賃料が不相当に高すぎることになっても、BはAに対して**減額請求できない**。　　254頁 (4)

（正　解）(4)

第4編 賃貸借／借地借家法

Point!

　定期建物賃貸借の場合において、賃料の改定について特約があるときは、
➡ 経済事情の変動によって賃料が**不相当に高すぎる**ことになっても（たとえば、月10万円の賃料で契約したとする。その後、日本が超デフレ社会になってしまい、国民の平均の月収が5万円になったとする。この場合、月10万円という賃料は不相当に高すぎる）、借主Bは減額請求**できない**（肢(4)）。
　注意！ 普通の借家契約の場合は、減額請求できる。減額請求できないのは、定期建物賃貸借の場合だ。

　Aが所有する甲建物をBに対して賃貸する場合の賃貸借契約の条項に関する次の記述のうち、民法及び借地借家法の規定によれば、誤っているものはどれか。

(1)　AB間の賃貸借契約が借地借家法第38条に規定する定期建物賃貸借契約であるか否かにかかわらず、Bの造作買取請求権をあらかじめ放棄する旨の特約は有効に定めることができる。

(2)　AB間で公正証書等の書面によって借地借家法第38条に規定する定期建物賃貸借契約を契約期間を2年として締結する場合、契約の更新がなく期間満了により終了することを書面を交付してあらかじめBに説明すれば、期間満了前にAがBに改めて通知しなくても契約が終了する旨の特約を有効に定めることができる。

(3)　法令によって甲建物を2年後には取り壊すことが明らかである場合、取り壊し事由を記載した書面によって契約を締結するのであれば、建物を取り壊すこととなる2年後には更新なく賃貸借契約が終了する旨の特約を有効に定めることができる。

(4)　AB間の賃貸借契約が一時使用目的の賃貸借契約であって、賃貸借契約の期間を定めた場合には、Bが賃貸借契約を期間内に解約することができる旨の特約を定めていなければ、Bは賃貸借契約を中途解約することはできない。

　通知がないと、借主は困る。

(1)　正。「造作（畳とか雨戸のことだ）を買い取らせることはできない」と特約することも**有効**だ（造作買取請求権をあらかじめ放棄する特約も有効）。　　　　　　　　　　　　　　　　　　　　　250頁 下の(2)

(2)　誤。期間が**1年以上**の定期借家契約の場合は、期間満了の**1年前**から**6カ月前**までに「期間満了により契約が終了しますよ」との通知をしなければならない。「通知をしなくても OK（通知をしなくても契約が終了する）」と特約しても、その特約は無効だ。　　　　　254頁 (3)

(3)　正。契約や法令により**取り壊す予定**の建物（たとえば、2年後に道路が通るために取り壊される建物）を取り壊しまでの間だけ貸借する場合、「期限が来たら確実に終了し、更新しない建物賃貸借」を行うことができる（注意！ 書面が必要）。　　　　　　　　　　　　　　253頁 2

(4)　正。「契約期間中であっても、Bは中途解約できる」との特約がなければ、Bは中途解約をすることはできない。ちなみに、一時使用目的の建物賃貸借契約の場合、借地借家法は適用されない（民法が適用される）。

　　　　　　　　　　　　　　　　　　　　　　223頁 1

（**正　解**）　(2)

Point!

　期間が**1年以上**の定期借家契約の場合、➡ 期間満了の**1年前**から**6カ月前**までに賃貸借が終了する旨の通知をしなければならない。
注意！「賃貸借が終了する旨の通知をしなくても OK」との特約は無効だ（肢(2)）。

借地借家法（借家） [平27-11]

　AがBとの間で、A所有の甲建物について、期間3年、賃料月額10万円と定めた賃貸借契約を締結した場合に関する次の記述のうち、民法及び借地借家法の規定並びに判例によれば、正しいものはどれか。

(1)　AがBに対し、賃貸借契約の期間満了の6か月前までに更新しない旨の通知をしなかったときは、AとBは、期間3年、賃料月額10万円の条件で賃貸借契約を更新したものとみなされる。

(2)　賃貸借契約を期間を定めずに合意により更新した後に、AがBに書面で解約の申入れをした場合は、申入れの日から3か月後に賃貸借契約は終了する。

(3)　Cが、AB間の賃貸借契約締結前に、Aと甲建物の賃貸借契約を締結していた場合、AがBに甲建物を引き渡しても、Cは、甲建物の賃借権をBに対抗することができる。

(4)　AB間の賃貸借契約がBの賃料不払を理由として解除された場合、BはAに対して、Aの同意を得てBが建物に付加した造作の買取りを請求することはできない。

 保護する必要なし。

(1)　誤。期間の定めがある建物賃貸借が自動的に更新した場合、更新後の賃貸借は、期間の**定めがない**賃貸借となる。なお、期間満了の「1年前から6カ月前までの間に」更新拒絶通知をすれば、自動更新は阻止できる。念のため。　📖 243頁(1)

(2)　誤。期間の定めのない建物賃貸借において、賃貸人から解約の申入れをした場合、解約申入れ後6カ月を経過すると賃貸借は終了する（賃貸人からの解約申入れだから、正当事由も必要だ）。3カ月後ではない。ちなみに、申入れ後3カ月を経過すると終了するのは、賃借人から解約の申入れをした場合だ。　📖 244頁(2)

(3)　誤。Aが、甲建物をBとCの2人に貸しているのだから、二重賃貸だ。二重賃貸の場合、先に**対抗要件**を得た方の勝ちとなる。本肢の場合、Bが先に対抗要件を得ている（先に**引渡し**を受けている）から、Bの勝ちだ。したがって、Cは、Bに対抗できない。　注意！ 建物の賃貸借だから、「**引渡し**」も対抗要件になる。念のため。　📖 212頁 それは次の2つ②

(4)　正。賃借人の**債務不履行**によって賃貸借契約が解除された場合には、賃借人は保護に値しないから、造作買取請求権を行使できない。

📖 251頁(4)

（**正　解**）(4)

Point!

期間の定めのない建物賃貸借契約
Ⓐ　**賃貸**人からの解約申入れには ➡ ①正当事由が**必要**であり、②解約申入れ後6カ月を経過すると終了する（肢(2)）。
Ⓑ　**賃借**人からの解約申入れには ➡ ①正当事由が**不要**であり、②解約申入れ後3カ月を経過すると終了する。

借地借家法（借家） [平28-12]

　AはBと、B所有の甲建物につき、居住を目的として、期間3年、賃料月額20万円と定めて賃貸借契約（以下この問において「本件契約」という。）を締結した。この場合における次の記述のうち、借地借家法の規定及び判例によれば、誤っているものはどれか。

(1)　AもBも相手方に対し、本件契約の期間満了前に何らの通知もしなかった場合、従前の契約と同一の条件で契約を更新したものとみなされるが、その期間は定めがないものとなる。

(2)　BがAに対し、本件契約の解約を申し入れる場合、甲建物の明渡しの条件として、一定額以上の財産上の給付を申し出たときは、Bの解約の申入れに正当事由があるとみなされる。

(3)　甲建物の適法な転借人であるCが、Bの同意を得て甲建物に造作を付加した場合、期間満了により本件契約が終了するときは、CはBに対してその造作を時価で買い取るよう請求することができる。

(4)　本件契約が借地借家法第38条の定期建物賃貸借で、契約の更新がない旨を定めた場合でも、BはAに対し、同条所定の通知期間内に、期間満了により本件契約が終了する旨の通知をしなければ、期間3年での終了をAに対抗することができない。

　総合的に判断して決める。

(1) 　正。期間の定めがある建物賃貸借の場合、当事者が期間の満了の1年前から6カ月前までの間に相手方に対して何らの通知もしなかった場合は、従前の契約と同一の条件で契約を更新したものとみなされる（例えば、賃料などは同じとみなされる）。ただし、更新後の賃貸借は、**期間の定めのない賃貸借**となる。
　　　　　　　　　　　　　　　　　　　　　　　　　　　　243頁(1)

(2) 　誤。**正当事由**（言い分がもっともだと認められる事情）があるかどうかは、様々な事情を**総合的**に判断して決める。だから、財産上の給付（立退料）の申出があっても、「正当事由はない」と判断されることもあるので、本肢は×だ。
　　　　　　　　　　　　　　　　　　　　　　　　　　　　228頁(2)

(3) 　正。賃貸人の同意を得て建物に付加した造作（畳とか雨戸のことだ）を建物賃借人（**転借人**も）は、賃貸借終了時に、賃貸人に時価で買い取らせることができる。
　　　　　　　　　　　　　　　　　　　　　　　　　　　　251頁(5)

(4) 　正。期間が**1年以上**の定期建物賃貸借の場合、賃貸人は、期間の満了の**1年前から6カ月**前までの間に、賃借人に対して、「期間の満了により賃貸借契約が終了しますよ」と通知しなければ、期間満了による終了を賃借人に対抗することができない（賃借人を追い出せない）。
　　　　　　　　　　　　　　　　　　　　　　　　　　　　254頁(3)

（　**正　解**　）(2)

Point!

　　正当事由があるかどうかは、「当事者双方が、建物をどの程度必要としているか」や「財産上の給付（立退料）の申出」等の様々な事情を**総合的**に判断して決める（肢(2)）。

借地借家法（借家） ［平30-12］

　AとBとの間で、Aが所有する甲建物をBが5年間賃借する旨の契約を締結した場合における次の記述のうち、民法及び借地借家法の規定によれば、正しいものはどれか（借地借家法第39条に定める取壊し予定の建物の賃貸借及び同法第40条に定める一時使用目的の建物の賃貸借は考慮しないものとする。）。

(1)　AB間の賃貸借契約が借地借家法第38条の定期建物賃貸借で、契約の更新がない旨を定めた場合には、5年経過をもって当然に、AはBに対して、期間満了による終了を対抗することができる。

(2)　AB間の賃貸借契約が借地借家法第38条の定期建物賃貸借で、契約の更新がない旨を定めた場合には、当該契約の期間中、Bから中途解約を申し入れることはできない。

(3)　AB間の賃貸借契約が借地借家法第38条の定期建物賃貸借でない場合、A及びBのいずれからも期間内に更新しない旨の通知又は条件変更しなければ更新しない旨の通知がなかったときは、当該賃貸借契約が更新され、その契約は期間の定めがないものとなる。

(4)　CがBから甲建物を適法に賃貸された転借人で、期間満了によってAB間及びBC間の賃貸借契約が終了する場合、Aの同意を得て甲建物に付加した造作について、BはAに対する買取請求権を有するが、CはAに対する買取請求権を有しない。

　期間に注目。

(1)　誤。期間が1年以上の場合、賃貸人は、期間の満了の**1年前から6カ月前**までの間に、賃借人に対して、「期間の満了により賃貸借契約が終了しますよ」と通知しなければ、期間満了による終了を賃借人に対抗することはできない（賃借人を追い出せない）。だから、「当然に期間満了による終了を賃借人に対抗することができる」とある本肢は×だ。

254頁(3)

(2)　誤。**居住用**で、床面積が**200㎡未満**の建物の場合には、転勤等のやむ得ない事情により、賃借人が建物を自己の生活の本拠として使用することが困難となったときは、賃借人は、解約を申し入れることができる。このように、解約を申し入れることができる場合もあるので、「解約を申し入れることはできない」と言い切っている本肢は×だ。　254頁(3)

(3)　正。期間の定めがある建物賃貸借の場合において、当事者が期間の満了の1年前から6カ月前までの間に更新しない旨の通知または条件変更しなければ更新しない旨の通知をしなかったときは、従前の契約と同一の条件で契約を更新したものとみなされる（たとえば、賃料などは同じとみなされる）。ただし、更新後の賃貸借は、**期間の定めがない賃貸借**となる。

243頁(1)

(4)　誤。賃貸人の同意を得て建物に付加した造作（畳とか雨戸のことだ）を建物賃借人（**転借人**も）は、賃貸借終了時に、賃貸人に時価で買い取らせることができる。

251頁(5)

正 解(3)

Point!

造作買取請求権を行使できるか？
1　建物賃借人 ➡ ○
2　建物**転借人** ➡ ○（肢(4)）

借地借家法（借家） [令2-12]

AとBとの間でA所有の甲建物をBに対して、居住の用を目的として、期間2年、賃料月額10万円で賃貸する旨の賃貸借契約（以下この問において「本件契約」という。）を締結し、Bが甲建物の引渡しを受けた場合に関する次の記述のうち、民法及び借地借家法の規定並びに判例によれば、誤っているものはどれか。

(1) AがCに甲建物を売却した場合、Bは、それまでに契約期間中の賃料全額をAに前払いしていたことを、Cに対抗することができる。

(2) 本件契約が借地借家法第38条の定期建物賃貸借契約であって、賃料改定に関する特約がない場合、経済事情の変動により賃料が不相当となったときは、AはBに対し、賃料増額請求をすることができる。

(3) 本件契約が借地借家法第38条の定期建物賃貸借契約である場合、Aは、転勤、療養、親族の介護その他のやむを得ない事情があれば、Bに対し、解約を申し入れ、申入れの日から1月を経過することによって、本件契約を終了させることができる。

(4) 本件契約が借地借家法第38条の定期建物賃貸借契約であって、造作買取請求に関する特約がない場合、期間満了で本件契約が終了するときに、Bは、Aの同意を得て甲建物に付加した造作について買取請求をすることができる。

 AとBに注目。

(1)　正。賃貸借の対抗要件を備えた不動産が譲渡されると、賃貸人の地位は、譲受人に移転する。建物の賃借権は**引渡し**が対抗要件になるから、賃貸人の地位はCに移転している（なお、賃貸人の地位がCに移転しているのだから、「賃借人は賃料の前払いをしていた（賃貸人は賃料の前払いを受けていた）」ということも、Cに移転している）。したがって、Bは賃料の前払いをしていたことをCに対抗できる。　🗒212頁 それは次の2つ ②

(2)　正。経済事情の変動により賃料が安すぎることになったら、賃貸人は賃借人に対し、賃料**増額**請求ができる。ちなみに、賃料が高すぎることになったら、賃借人は賃貸人に対し、賃料減額請求ができる。

🗒221頁 下のコメント、233頁 コメント

(3)　誤。定期建物賃貸借では、居住用で、床面積が200㎡未満の場合には、転勤等やむを得ない事情により、**賃借人が建物を自己の生活の本拠として使用することが困難**となったときは、**賃借人**は、解約の申入れができる。この申入れができるのは、賃借人（本肢ではB）であって、賃貸人（本肢ではA）ではない。　🗒254頁 (3)

(4)　正。賃貸人の**同意を得て**建物に付加した造作（畳とか雨戸のことだ）を、建物賃借人は、賃貸借終了時に賃貸人に時価で買い取らせることができる（造作買取請求権）。造作買取請求権に関しては、普通の建物賃貸借（定期建物賃貸借でない建物賃貸借）でも定期建物賃貸借でも、同じルールだ。

🗒250頁 (1)

正　解 (3)

Point!

定期建物賃貸借の解約申入れ
　次の①〜③の要件を満たす場合、**賃借人**は、解約の申入れができる（肢(3)）。

①　目的が居住用
②　床面積が200㎡未満
③　転勤等やむを得ない事情により、自己の生活の本拠として使用することが困難

借地借家法（借家） [令1-12]

　AがBに対し、A所有の甲建物を3年間賃貸する旨の契約をした場合における次の記述のうち、民法及び借地借家法の規定によれば、正しいものはどれか（借地借家法第39条に定める取壊し予定の建物の賃貸借及び同法第40条に定める一時使用目的の建物の賃貸借は考慮しないものとする。）。

(1)　ＡＢ間の賃貸借契約について、契約の更新がない旨を定めるには、公正証書による等書面によって契約すれば足りる。

(2)　甲建物が居住の用に供する建物である場合には、契約の更新がない旨を定めることはできない。

(3)　AがBに対して、期間満了の3月前までに更新しない旨の通知をしなければ、従前の契約と同一の条件で契約を更新したものとみなされるが、その期間は定めがないものとなる。

(4)　Bが適法に甲建物をCに転貸していた場合、Aは、Bとの賃貸借契約が解約の申入れによって終了するときは、特段の事情がない限り、Cにその旨の通知をしなければ、賃貸借契約の終了をCに対抗することができない。

甲建物
A　　　　　　　賃貸借
賃貸人　　　　期間3年　　賃借人
B

Hint!　「賃貸借は終了しました」という通知をしなければ対抗できない。

講義

(1) 誤。定期建物賃貸借は ➡ ①公正証書等の書面によって契約しなければ
ならない。②あらかじめ、賃借人に対し、契約の更新がなく、期間の満
了により賃貸借は終了することについて、その旨を記載した**書面**を交付
して**説明**しなければならない（①と②の両方が必要）。本肢は「公正証書
等の書面によって契約すれば足りる」、つまり①だけで OK と言っている
ので誤りだ。　　　　　　　　　　　　　　　　　図253頁 条文 ①、254頁 ⑵

(2) 誤。定期建物賃貸借は、建物の用途は限定されていない。事業用でも
居住用でも OK だ。　　　　　　　　　　　　　　　　　図253頁 条文 ①

(3) 誤。建物の賃貸借について期間の定めがある場合において、当事者が
期間満了の「1年前から6月前までの間に」相手方に対して更新をしな
い旨の通知または条件を変更しなければ更新をしない旨の通知をしな
かったときは、従前の契約と同一の条件で契約を更新したものとみなさ
れる（ただし、期間は定めがないものとなる）。「3月前までに」ではな
いので、本肢は×だ。　　　　　　　　　　　　　　　　図244頁 **例 外**

(4) 正。建物の転貸借がされている場合において、建物の賃貸借が期間の
満了または解約の申入れによって終了するときは、賃貸人は、転借人に
終了通知（「賃貸借は終了しました」という通知）をしなければ、その終
了を転借人に対抗することができない。ちなみに、転貸借は、終了通知
がされた日から6月を経過することによって終了する。　　図246頁 ⑵

（**正 解**）(4)

Point!

定期建物賃貸借
① 公正証書等の**書面**によって契約しなければならない。
② あらかじめ、賃借人に対し、契約の更新がなく、期間の満了により賃
貸借は終了することについて、その旨を記載した**書面**を交付して**説明**し
なければならない。
注意！ ①と②の両方が必要（肢(1)）。

第4編 賃貸借／借地借家法

借地借家法（借家）　　　　　　　　　　[平15-14]

　令和4年4月に新規に締結しようとしている、契約期間が2年で、更新がないこととする旨を定める建物賃貸借契約（以下この問において「定期借家契約」という。）に関する次の記述のうち、借地借家法の規定によれば、正しいものはどれか。

(1)　事業用ではなく居住の用に供する建物の賃貸借においては、定期借家契約とすることはできない。

(2)　定期借家契約は、公正証書によってしなければ、効力を生じない。

(3)　定期借家契約を締結しようとするときは、賃貸人は、あらかじめ賃借人に対し、契約の更新がなく、期間満了により賃貸借が終了することについて、その旨を記載した書面を交付して説明しなければならない。

(4)　定期借家契約を適法に締結した場合、賃貸人は、期間満了日1カ月前までに期間満了により契約が終了する旨通知すれば、その終了を賃借人に対抗できる。

通常の借家契約と違う！

(1) 誤。定期建物賃貸借（定期借家）は、事業用建物に**限られない**。居住用建物でも定期借家契約を締結して OK だ。　🕮 253 頁 条文 ①

(2) 誤。定期借家契約は、**書面で**契約しなければならないが、その書面が公正証書である必要はない。公正証書以外の書面で契約を締結しても OK だ。　🕮 253 頁 条文 ①

(3) 正。定期借家契約は、通常の建物賃貸借契約と違って**更新しない**。そのことを賃借人に十分理解してもらう必要がある。だから、賃貸人は、あらかじめ賃借人に対し、契約の更新がなく、期間満了により賃貸借が終了することについて、その旨を記載した書面を交付して説明しなければならない。　🕮 254 頁 ⑵

(4) 誤。期間が 1 年以上の定期借家契約の場合は、期間満了の **1 年前から 6 カ月前まで**に「期間満了により契約が終了しますよ。」との通知をしなければならない。期間満了日 1 カ月前まで**ではない**。　🕮 254 頁 ⑶

(正 解) ⑶

第４編　賃貸借／借地借家法

👨‍🏫 次はここが出る

定期借家契約である旨を説明しなかった場合

➡ この契約は無効となり、契約の**更新がある**通常の借家契約となる。

借地借家法（借家）　　　　　　　　　　　[ｲ20-14]

　借地借家法第 38 条の定期建物賃貸借（以下この問において「定期建物賃貸借」という。）に関する次の記述のうち、民法及び借地借家法の規定によれば、正しいものはどれか。

(1)　賃貸人は、建物を一定の期間自己の生活の本拠として使用することが困難であり、かつ、その期間経過後はその本拠として使用することになることが明らかな場合に限って、定期建物賃貸借契約を締結することができる。

(2)　公正証書によって定期建物賃貸借契約を締結するときは、賃貸人は、賃借人に対し、契約の更新がなく、期間の満了により賃貸借は終了することについて、あらかじめ、その旨を記載した書面を交付して説明する必要はない。

(3)　期間が 1 年以上の定期建物賃貸借契約においては、賃貸人は、期間の満了の 1 年前から 6 か月前までの間に賃借人に対し期間満了により賃貸借が終了する旨の通知をしなければ、当該期間満了による終了を賃借人に対抗することができない。

(4)　居住の用に供する建物に係る定期建物賃貸借契約においては、転勤、療養その他のやむを得ない事情により、賃借人が建物を自己の生活の本拠として使用することが困難となったときは、床面積の規模にかかわりなく、賃借人は同契約の有効な解約の申入れをすることができる。

　賃借人に教えてあげる必要あり！

講義

(1)　誤。まったくのデタラメだ。本肢のような規定はない。どのような場合であっても、**定期建物賃貸借契約を締結することができる。**

(2)　誤。定期建物賃貸借契約を締結するときは、賃貸人は、**あらかじめ、**賃借人に対し「この賃貸借は契約の更新がなく、期間が満了したら賃貸借は終了することになります」ということを**書面を交付して説明**する必要がある。公正証書で契約を締結する場合も、この説明は省略できない。

　　　　　　　　　　　　　　　　　　　　　　　　　　　　　図 254頁 (2)

(3)　正。期間が**1年以上**の定期建物賃貸借契約においては、原則として、賃貸人は、期間の満了の**1年前から6カ月前**までの間に、賃借人に対して「期間の満了により賃貸借契約が終了しますよ」との通知をしなければ、期間満了による終了を賃借人に対抗することができない。　　　　図 254頁 (3)

(4)　誤。定期建物賃貸借契約の対象となる建物が「居住用」で「床面積が200㎡未満」の場合においては ➡ 転勤、療養、親族の介護その他のやむ得ない事情により、賃借人が建物を自己の生活の本拠として使用することが困難になったときは、賃借人は、賃貸借の解約を申し入れることができる。

　　　　　　　　　　　　　　　　　　　　　　　　　　　　　図 254頁 (3)

　　　　　　　　　　　　　　　　　　　　　　　　　　（**正　解**）(3)

Point!

賃借人が、一定の場合に解約を申し入れることができるのは
➡ ① 「居住用で（事業用はダメ）」かつ、
　 ② 「床面積が**200㎡未満**である場合（200㎡以上はダメ）」(肢(4))

借地借家法（借家） 　　　　　　　　　[平26-12]

借地借家法第38条の定期建物賃貸借（以下この問において「定期建物賃貸借」という。）に関する次の記述のうち、借地借家法の規定及び判例によれば、誤っているものはどれか。

(1) 定期建物賃貸借契約を締結するには、公正証書による等書面によらなければならない。

(2) 定期建物賃貸借契約を締結するときは、期間を1年未満としても、期間の定めがない建物の賃貸借契約とはみなされない。

(3) 定期建物賃貸借契約を締結するには、当該契約に係る賃貸借は契約の更新がなく、期間の満了によって終了することを、当該契約書と同じ書面内に記載して説明すれば足りる。

(4) 定期建物賃貸借契約を締結しようとする場合、賃貸人が、当該契約に係る賃貸借は契約の更新がなく、期間の満了によって終了することを説明しなかったときは、契約の更新がない旨の定めは無効となる。

 書面は2つの場面で登場する。

(1)　正。定期建物賃貸借は、公正証書等の**書面**で契約しなければならない（公正証書以外の書面でも OK）。　　　　　　　　　　　　📖253頁①

(2)　正。定期建物賃貸借の存続期間に**制限はない**。どんなに短くても、OK。だから、1年未満の期間を定めたら、その期間を存続期間とする定期建物賃貸借となる（たとえば、存続期間を6カ月と定めた場合は、6カ月の定期建物賃貸借となる）。期間の定めがない賃貸借になるのではない。

　　　　　　　　　　　　　　　　　　　　　　　　　　📖254頁(1)

(3)　誤。賃貸人は、**あらかじめ**、賃借人に対し、契約の更新がなく、期間の満了により賃貸借は終了することについて、その旨を記載した**書面**を交付して説明しなければならない。そして、その後、契約をする場合は、公正証書等の**書面**でしなければならない。2つの書面が必要なので、本肢は×だ。　　　　　　　　　　　　　　　　📖254頁(2)

(4)　正。契約の更新がなく、期間の満了により賃貸借は終了することを説明しなかったときは、「**更新がない**」という定めは**無効**になる（「更新のある」通常の借家契約となるということ）。　　　📖254頁(2)

　　　　　　　　　　　　　　　　　　　　　 正　解　(3)

第4編　賃貸借／借地借家法

Point!

説明書面と契約書面は別の話。

①　賃貸人は、**あらかじめ**、一定の事項について**書面**を交付して説明しなければならない（これは、説明の話）（肢(3)）。

↓

②　①の後に契約をするわけだが、契約は、公正証書等の**書面**でしなければならない（これは、契約の話）（肢(1)）。

借地借家法（借家） [平29-12]

　Aが所有する甲建物をBに対して3年間賃貸する旨の契約をした場合における次の記述のうち、借地借家法の規定によれば、正しいものはどれか。

⑴　AがBに対し、甲建物の賃貸借契約の期間満了の1年前に更新をしない旨の通知をしていれば、AB間の賃貸借契約は期間満了によって当然に終了し、更新されない。

⑵　Aが甲建物の賃貸借契約の解約の申入れをした場合には申入れ日から3月で賃貸借契約が終了する旨を定めた特約は、Bがあらかじめ同意していれば、有効となる。

⑶　Cが甲建物を適法に転借している場合、AB間の賃貸借契約が期間満了によって終了するときに、Cがその旨をBから聞かされていれば、AはCに対して、賃貸借契約の期間満了による終了を対抗することができる。

⑷　AB間の賃貸借契約が借地借家法第38条の定期建物賃貸借で、契約の更新がない旨を定めるものである場合、当該契約前にAがBに契約の更新がなく期間の満了により終了する旨を記載した書面を交付して説明しなければ、契約の更新がない旨の約定は無効となる。

全部が無効になるのではない。

(1)　誤。建物の賃貸人Ａが更新を阻止するためには、期間満了の「１年前から６カ月前までの間に」更新拒絶通知をする必要がある（Ａはこの更新拒絶通知をしている）。ただし、Ａが更新拒絶通知をした場合であっても、賃貸借終了後も賃借人Ｂが建物の**使用**を継続すると、Ａが**遅滞なく異議**を述べない限り、**更新**を生じる。だから、「当然に終了し、更新されない」とある本肢は×だ。

🏠 244 頁 **例　外**、(3)

(2)　誤。借地借家法の規定と異なる特約は、原則として、賃借人に**不利な場合**は**無効**となる。「建物の賃貸人が解約の申入れをした場合は、解約申入れ後**６カ月**を経過すると終了する」というのが借地借家法の規定だ。「建物の賃貸人Ａの解約申入れ後**３カ月**を経過すると終了する」という本肢の特約は、賃借人Ｂに不利だ。だから無効になる。　　　　　🏠 221 頁条文 ②、244 頁 (2) Ａ ②

(3)　誤。建物の**賃貸人Ａ**が転借人Ｃに終了通知（「ＡＢの賃貸借は終了しました」という通知）をすれば、それから６カ月経過後にＢＣの転貸借も終了して、ＡはＣを追い出せる。追い出すために（対抗するために）必要なのは、ＡからＣへの通知だ。ＢからＣへの通知ではダメなので本肢は×だ。　🏠 246 頁 (2) ①

(4)　正。定期建物賃貸借契約を締結する場合、賃貸人は、あらかじめ、賃借人に対し、契約の更新がなく、期間の満了により賃貸借が終了することについて、その旨を記載した書面を交付して、説明しなければならない。この説明をしないと、「更新がない」という特約は無効になる。　🏠 254 頁 (2)

（　**正　解**　）(4)

Point!

定期建物賃貸借契約

　　賃貸人は、**あらかじめ**、賃借人に対し、契約の更新がなく、期間の満了により賃貸借が終了することについて、その旨を記載した**書面**を交付して、説明しなければならない。この説明をしないと、「**更新がない**」という特約は**無効**になる（肢4）。 注意！

注意！ 借家契約の全部が無効になるわけではない（「更新のある」通常の借家契約になる）。

借地借家法（借家） [令3-12]

Aを賃貸人、Bを賃借人とする甲建物の賃貸借契約（以下この問において「本件契約」という。）が令和4年7月1日に締結された場合に関する次の記述のうち、民法及び借地借家法の規定並びに判例によれば、正しいものはどれか。

(1) 本件契約について期間の定めをしなかった場合、AはBに対して、いつでも解約の申入れをすることができ、本件契約は、解約の申入れの日から3月を経過することによって終了する。

(2) 甲建物がBに引き渡された後、甲建物の所有権がAからCに移転した場合、本件契約の敷金は、他に特段の合意がない限り、BのAに対する未払賃料債務に充当され、残額がCに承継される。

(3) 甲建物が適法にBからDに転貸されている場合、AがDに対して本件契約が期間満了によって終了する旨の通知をしたときは、建物の転貸借は、その通知がされた日から3月を経過することによって終了する。

(4) 本件契約が借地借家法第38条の定期建物賃貸借契約で、期間を5年、契約の更新がない旨を定めた場合、Aは、期間満了の1年前から6月前までの間に、Bに対し賃貸借が終了する旨の通知をしなければ、従前の契約と同一条件で契約を更新したものとみなされる。

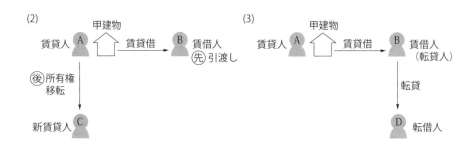

賃貸人が交代した場合は、敷金関係も移転する。

(1)　誤。期間の定めのない建物賃貸借は、賃貸人が解約の申入れをした場合（正当事由が必要）は、解約の申入れの日から6カ月を経過すると終了する。3カ月ではないので本肢は×だ。　　📙244頁(2)　Ａ

(2)　正。建物が譲渡され、賃貸人の地位に承継があった場合は、敷金も新賃貸人が承継する（賃貸人が交代した場合は、敷金関係も移転する）。なお、旧賃貸人に差し入れられた敷金は、未払賃料債務があればこれに充当され、残額が新賃貸人に承継される。　　📙218頁　♥

(3)　誤。建物の転貸借がされている場合、建物の賃貸借が期間の満了または解約の申入れによって終了するときは、賃貸人は、転借人にその旨の通知（終了通知）をしなければ、その終了を転借人に対抗することができない。そして、賃貸人が終了通知をしたときは、転貸借は、終了通知がされた日から6カ月を経過すると終了する。3カ月ではないので本肢は×だ。　　📙246頁(2)　①

(4)　誤。期間が1年以上の定期建物賃貸借の場合、賃貸人は、期間の満了の1年前から6カ月前までの間に、賃借人に対し終了通知をしなければ、終了を賃借人に対抗することができない（賃借人を追い出せない）。ただし、賃貸人が通知期間の経過後に賃借人に対し通知をしたときでも、その通知の日から6カ月を経過した後は、賃貸借は終了する。だから、「従前の契約と同一条件で契約を更新したものとみなされる」とある本肢は×だ。　　📙254頁(3)

（正　解）　(2)

Point!

期間の定めのない建物賃貸借

Ａ　賃貸人からの解約申入れ ➡ ① 正当事由必要、② 申入れ後6カ月経過で終了（肢(1)）。

Ｂ　賃借人からの解約申入れ ➡ ① 正当事由不要、② 申入れ後3カ月経過で終了。

借地借家法（借家） [平27-12]

　賃貸人と賃借人との間で、建物につき、期間5年として借地借家法第38条に定める定期借家契約（以下「定期借家契約」という。）を締結する場合と、期間5年として定期借家契約ではない借家契約（以下「普通借家契約」という。）を締結する場合に関する次の記述のうち、民法及び借地借家法の規定によれば、正しいものはどれか。なお、借地借家法第40条に定める一時使用目的の賃貸借契約は考慮しないものとする。

(1) 賃借権の登記をしない限り賃借人は賃借権を第三者に対抗することができない旨の特約を定めた場合、定期借家契約においても、普通借家契約においても、当該特約は無効である。

(2) 賃貸借契約開始から3年間は賃料を増額しない旨の特約を定めた場合、定期借家契約においても、普通借家契約においても、当該特約は無効である。

(3) 期間満了により賃貸借契約が終了する際に賃借人は造作買取請求をすることができない旨の規定は、定期借家契約では有効であるが、普通借家契約では無効である。

(4) 賃貸人も賃借人も契約期間中の中途解約をすることができない旨の規定は、定期借家契約では有効であるが、普通借家契約では無効である。

 対抗要件を思い出せ！

(1) 正。定期借家契約も普通借家契約も、登記がなくとも、建物の**引渡し**を受けていれば、それだけで、建物賃借権を第三者に対抗できる。そして、この規定より借主に**不利**な特約は**無効**だ。本肢の「**賃借権の登記をしない限り賃借権を第三者に対抗できない**」という特約は、借主に不利だから、定期借家契約の場合も普通借家契約の場合も**無効**だ。

212 頁 それは次の２つ②、221 頁 条文②

(2) 誤。賃料を増額しない旨の特約は、借主に有利だから、定期借家契約の場合も普通借家契約の場合も**有効**だ。　　　　222 頁 上の①

(3) 誤。「賃借人は造作買取請求をすることができない」という特約は、定期借家契約の場合も普通借家契約の場合も**有効**だ。　　250 頁 下の(2)

(4) 誤。「契約期間中の中途解約をすることができない旨」の特約は、普通借家契約では**有効**だ。だから、本肢は×だ。なお、定期借家契約は、「**居住用**で、床面積が **200㎡未満**の建物の場合は、転勤等のやむを得ない事情により、賃借人が建物を自己の生活の本拠として使用することが困難となったときは、賃借人は、解約を申し入れることができる」ことになっている。なお、「この要件を満たしているときでも、賃借人は、解約の申入れができない（中途解約はできない）」と特約しても、その特約は無効になる。　　254 頁 (3)

正　解 (1)

Point!

普通借家と定期借家の違い

	普通借家	定期借家
①増額しない旨の特約（肢(2)）	有効	有効
②減額しない旨の特約	**無効**	有効

借地借家法（借家） ［平21-12］

　A所有の甲建物につき、Bが一時使用目的ではなく賃料月額10万円で賃貸借契約を締結する場合と、Cが適当な家屋に移るまでの一時的な居住を目的として無償で使用貸借契約を締結する場合に関する次の記述のうち、民法及び借地借家法の規定並びに判例によれば、誤っているものはどれか。

(1)　BがAに無断で甲建物を転貸しても、Aに対する背信的行為と認めるに足らない特段の事情があるときは、Aは賃貸借契約を解除できないのに対し、CがAに無断で甲建物を転貸した場合には、Aは使用貸借契約を解除できる。

(2)　期間の定めがない場合、AはBに対して正当な事由があるときに限り、解約を申し入れることができるのに対し、期間の定めがない場合、AはCに対していつでも返還を請求できる。

(3)　Aが甲建物をDに売却した場合、甲建物の引渡しを受けて甲建物で居住しているBはDに対して賃借権を主張することができるのに対し、Cは甲建物の引渡しを受けて甲建物に居住していてもDに対して使用借権を主張することができない。

(4)　Bが死亡しても賃貸借契約は終了せず賃借権はBの相続人に相続されるのに対し、Cが死亡すると使用貸借契約は終了するので使用借権はCの相続人に相続されない。

　使用貸借契約の借主は、賃貸借契約の借主ほどは保護されない。

(1)　正。賃貸借の場合は、借主が、貸主の承諾を得ないで、転貸した場合でも、「**背信的行為**と認めるに足らない特段の事情があるとき」（信頼関係が破壊されていないとき、という意味の判例表現）は、解除できない。使用貸借の場合は、借主が、貸主の承諾を得ないで、借りた物を第三者に転貸したら、貸主は**契約を解除**することができる。　215頁 解除の条件は？

(2)　誤。使用貸借の場合、期間を定めなかった場合において、使用収益の**目的を定めた**ときは、借主が目的に従い使用収益を**終える**と、使用貸借は終了する（また、借主が使用収益を終えていなくても、借主が使用収益をするのに足りる**期間を経過**したときは、貸主は、契約を解除できる）。だから、使用貸借についての記述は×だ。なお、賃貸借についての記述は○だ。　244頁 (2)

(3)　正。**建物賃貸借**の場合、借主が建物の「**引渡し**」を受けていれば、借主は、賃借権を**対抗できる**（借主は、出て行かなくて OK）。しかし、建物使用貸借の場合、借主が建物の「引渡し」を受けていても、借主は、使用借権を対抗できない（借主は、出て行かなければならない）。

212頁 それは次の2つ②、268頁 Q3

(4)　正。賃貸借の場合、借主が死亡しても賃貸借契約は終了せず、賃借権は相続人が相続する（相続人がそのまま住み続けて OK）。しかし、**使用貸借**の場合は、**借主が死亡**したら使用貸借契約は**終了**するので、使用借権は相続人に相続されない。　268頁 Q1

（**正　解**）(2)

Point!

使用貸借の終了
①　期間を定めた場合は、期間が満了すると終了する。
②　期間を定めなかった場合において、使用収益の目的を定めたときは、借主が目的に従い使用収益を終えると終了する。
③　**借主**が死亡すると終了する（肢(4)）。

使用貸借 [平17-10]

　Aは、自己所有の建物について、災害により居住建物を失った友人Bと、適当な家屋が見つかるまでの一時的住居とするとの約定のもとに、使用貸借契約を締結した。この場合に関する次の記述のうち、民法の規定及び判例によれば、誤っているものはどれか。

(1)　Bが死亡した場合、使用貸借契約は当然に終了する。

(2)　Aがこの建物をCに売却し、その旨の所有権移転登記を行った場合でも、Aによる売却の前にBがこの建物の引渡しを受けていたときは、Bは使用貸借契約をCに対抗できる。

(3)　Bは、Aの承諾がなければ、この建物の一部を、第三者に転貸して使用収益させることはできない。

(4)　適当な家屋が現実に見つかる以前であっても、適当な家屋を見つけるのに必要と思われる客観的な期間を経過した場合は、AはBに対し、この建物の返還を請求することができる。

　死んだら終わり！

(1)　正。使用貸借とはタダで物を貸す契約のことだ（ちなみに、お金をもらって物を貸す契約は賃貸借だ。念のため）。そして、賃貸借契約と違って、使用貸借契約は**借主の死亡**によって消滅することになっている。

📖 268頁 Q 1

(2)　誤。賃貸借契約ならば、引渡しを受けていた借主は新しい所有者に対抗することができる。しかし、**使用貸借**の場合は、借主は引渡しを受けていても、新しい所有者に**対抗することはできない**（つまり、出て行かなくてはならない）ことになっている。

📖 268頁 Q 3

(3)　正。使用貸借の借主は、**貸主の承諾**を得なければ、第三者に借りた物の使用収益をさせることはできないことになっている。

(4)　正。期間を定めなかった場合において、使用収益の目的を定めたとき（「期間の定めナシ＋目的の定めアリ」のとき）は、目的に従い借主が**使用収益をするのに足りる期間を経過**したときは、貸主は、解除することができる。本肢の場合、適当な家屋を見つけるのに必要と思われる客観的な期間（つまり、使用収益をするのに足りる期間）を経過しているので、Aは解除することができる。

（正 解）(2)

Point!

賃貸借と使用貸借の違い（肢(2)）
・賃 貸 借 契 約 ➡ 引渡しを受けた借主は新しい所有者に対抗することができる。
・使 用 貸 借 ➡ 借主は引渡しを受けていても新しい所有者に**対抗することはできない**。

賃貸借・使用貸借　　　　　　　　[平27-3]

　ＡＢ間で、Ａを貸主、Ｂを借主として、Ａ所有の甲建物につき、①賃貸借契約を締結した場合と、②使用貸借契約を締結した場合に関する次の記述のうち、民法の規定によれば、誤っているものはどれか。

(1)　Ｂが死亡した場合、①では契約は終了しないが、②では契約が終了する。

(2)　Ｂは、①では、甲建物のＡの負担に属する必要費を支出したときは、Ａに対しその償還を請求することができるが、②では、甲建物の通常の必要費を負担しなければならない。

(3)　ＡＢ間の契約は、①も②も諾成契約である。

(4)　甲建物が契約内容に適合しない場合、ＡはＢに対し、①では契約不適合責任を負うことがあるが、②では契約不適合責任を負うことはない。

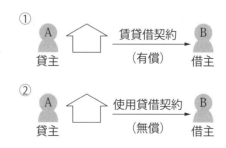

使用貸借はタダだが……。

(1)　正。使用貸借とは、タダで物の貸し借りをする契約のことだ。賃貸借は、借主が死んでも、契約は終了しない（相続人が賃借権を相続する）。しかし、使用貸借は、**借主**が死んだら、**当然**に**終了**する。タダだから、借主が死んだら終わりということだ。　　　　　　　　　　　　　　　　図 268頁 Q 1

(2)　正。賃貸借の場合、借主が必要費を支出したときは ➡ ①**直ちに**に、②**全額**を、貸主に請求できる。使用貸借の場合、借主は、**通常の必要費**を負担しなければならない。タダなのだから、通常の必要費ぐらいは負担しなさいということだ。　　　　　　　　　　図 207頁 (2)、268頁 Q2

(3)　正。意思表示だけで成立する契約を「**諾成契約**」という。また、契約が成立するには意思表示だけではダメで、目的物の引渡しが必要な契約を「**要物契約**」という。賃貸借契約も使用貸借契約も、「諾成契約」なので、本肢は○だ。　　　　　　　　　　　　　　　　図 87頁 (1)、(2)

(4)　誤。賃貸借の場合、契約不適合責任を負う。使用貸借の場合、その使用貸借が**負担付**（負担付使用貸借）なら、負担の限度で責任を**負う**。だから、「責任を負うことはない」と言い切っている本肢は×だ。

正　解　(4)

Point!

使用貸借とは、**タダ**で物の貸し借りをする契約のこと。
➡ タダだから、**借主が死んだら終了する**（タダなのに、借主の 相続人が借り続けるのは図々しい）（肢(1)）。
➡ タダだから、借主は、**通常の必要費を負担しなければならない**（タダなのだから、通常の必要費ぐらいは負担しなさいということ）（肢(2)）。

第 4 編　弱点表

項　目	番　号	難　度	正　解	自己採点
賃貸借	平 28-8	カンターン	(1)	
賃貸借	平 26-7	難しい	(2)	
借地借家法（借地）	平 17-13	普通	(2)	
賃貸借	令 2 - 4	カンターン	(3)	
敷金（判決文問題）	令 3 - 1	カンターン	(1)	
敷　金	平 15-11	難しい	(2)	
賃貸借	平 20-10	難しい	(1)	
賃貸借（判決文問題）	平 30-8	カンターン	(1)	
借地借家法（借地）	平 19-13	カンターン	(4)	
借地借家法（借地）	平 20-13	普通	(4)	
借地借家法（借地）	令 2 - 11	普通	(4)	
借地借家法（借地）	平 29-11	普通	(2)	
借地借家法（借地）	平 30-11	普通	(2)	
借地借家法（借地）	平 26-11	難しい	(3)	
借地借家法（借地）	平 24-11	普通	(4)	
借地借家法（借地）	平 25-12	普通	(3)	
借地借家法（借地）	平 18-13	難しい	(1)	
借地借家法（借地）	平 21-11	普通	(4)	
借地借家法（借地）	平 23-11	普通	(3)	
借地借家法（借地）	平 14-13	普通	(2)	
借地借家法（借地）	平 28-11	普通	(1)	
借地借家法（借地）	平 22-11	難しい	(4)	

借地借家法（借地）	令 1 - 11	難しい	(3)	
借地借家法（借家）	令 3 - 11	難しい	(3)	
借地借家法（借家）	平 18-14	難しい	(3)	
賃貸借・借地借家法（借家）	平 16-13	普通	(4)	
借地借家法（借家）	平 25-11	難しい	(4)	
借地借家法（借家）	平 23-12	普通	(2)	
借地借家法（借家）	平 27-11	普通	(4)	
借地借家法（借家）	平 28-12	普通	(2)	
借地借家法（借家）	平 30-12	普通	(3)	
借地借家法（借家）	令 2 - 12	普通	(3)	
借地借家法（借家）	令 1 - 12	普通	(4)	
借地借家法（借家）	平 15-14	難しい	(3)	
借地借家法（借家）	平 20-14	難しい	(3)	
借地借家法（借家）	平 26-12	普通	(3)	
借地借家法（借家）	平 29-12	カンタン	(4)	
借地借家法（借家）	令 3 - 12	難しい	(2)	
借地借家法（借家）	平 27-12	普通	(1)	
借地借家法（借家）	平 21-12	難しい	(2)	
使用貸借	平 17-10	普通	(2)	
賃貸借・使用貸借	平 27-3	難しい	(4)	

5

第 5 編

その他の事項

民法の原則 [平18-1]

次の記述のうち、民法の規定及び判例によれば、正しいものはどれか。

(1) 契約締結交渉中の一方の当事者が契約交渉を打ち切ったとしても、契約締結に至っていない契約準備段階である以上、損害賠償責任が発生することはない。

(2) 民法第1条第2項が規定する信義誠実の原則は、契約解釈の際の基準であり、信義誠実の原則に反しても、権利の行使や義務の履行そのものは制約を受けない。

(3) 時効は、一定時間の経過という客観的事実によって発生するので、消滅時効の援用が権利の濫用となることはない。

(4) 所有権に基づく妨害排除請求が権利の濫用となる場合には、妨害排除請求が認められることはない。

 Hint! 濫用はダメ！

(1)　誤。AB 間で、A 所有の甲建物を B に売却する、という契約の交渉中に、A は、B から「甲建物には、商売を行うのに十分な電気の容量があるのか？」との問合せを受けた。問合せを受けた A は B のために工事をして電気の容量を増やした（B は工事することについて異議を申し立てなかった）。しかし、その後、B は一方的に売買契約の交渉をキャンセルした。この場合、確かに契約締結には至っていない契約準備段階ではあるが、A は、信頼を裏切るような行為をした B に対して、**損害賠償を請求することができる**。この例のように、**契約準備段階においても、損害賠償責任が発生することがある**ので、本肢は誤りだ。

(2)　誤。**信義誠実の原則**とは、「相手方の信頼を裏切るようなことをしてはダメ。誠実に行動しなければいけませんよ」というルールだ。そして、**権利の行使や義務の履行の場合**においてもトーゼン信義誠実の原則の制約は受けることになる。

(3)(4)　例えば、A は上流から数千メートルもの木管で湯を引いて温泉宿を経営していたが、その数千メートルの木管のうちのほんの数メートルだけが B の甲地 2 坪を無断で通過していた。そして、B から甲地を買い受けた C が、A に対して甲地 2 坪と甲地に隣接する何千坪もの乙地とセットにして「甲地と乙地の両方を時価の数十倍で買い取れ、買い取らないなら木管を撤去しろ」と請求してきた。確かに C が所有している甲地に A の木管は通過しているが、その C の請求はあまりにも無理難題である。このような場合は、「**権利の濫用**」となり、C の請求は認められない。つまり、権利者側の意図が不当であったりするような場合は「**権利の濫用**」となる。そして、「**権利の濫用**」となる場合は、請求が認められなくなるのだ。したがって、所有権に基づいて「～を撤去しろ」という妨害排除請求が、この具体例のように「**権利の濫用**」になる場合は、妨害排除請求は認められない。だから、肢(4)は正しい。また、消滅時効の援用であっても、援用することが「**権利の濫用**」となることもあるので、肢(3)は誤りだ。

（正　解）(4)

🧑 **本問のまとめ**

・契約準備段階でも ➡ **損害賠償を請求**できる場合がある（肢(1)）。

・信義誠実の原則 ➡ **権利の行使や義務の履行**の場合も制約を受ける（肢(2)）。

・権利の濫用 ➡ 権利の濫用になると、**請求が認められなくなる**（肢(3)、肢(4)）。

弁　済 [平17-7]

　Aは、土地所有者Bから土地を賃借し、その土地上に建物を所有してCに賃貸している。AのBに対する借賃の支払債務に関する次の記述のうち、民法の規定及び判例によれば、正しいものはどれか。

(1)　Cは、借賃の支払債務に関して、弁済をするについて正当な利益を有する者ではないので、Aの意思に反して、債務を弁済することはできない。

(2)　Aが、Bの代理人と称して借賃の請求をしてきた無権限者に対し債務を弁済した。その者が取引上の社会通念に照らして受領権者としての外観を有する場合は、Aがした弁済は、Aが善意であり、かつ、過失がなかったときは、その効力を有する。

(3)　Aが、当該借賃を額面とするA振出しに係る小切手（銀行振出しではないもの）をBに提供した場合、債務の本旨に従った適法な弁済の提供となる。

(4)　Aは、特段の理由がなくとも、借賃の支払債務の弁済に代えて、Bのために弁済の目的物を供託し、その債務を免れることができる。

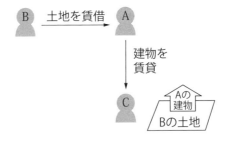

　善意無過失の人を守れ！

(1)　誤。借地上の建物の賃借人Cは、土地の借賃の支払債務に関して、弁済をする正当な利益を**有する**者だ。だから、債務者Aの意思に反しても弁済できる。　　　　　　　　　　　　　　　　　　　　🔖 255頁Q2

(2)　正。受領権者(債権者等のこと)以外の第三者に間違って弁済してしまった場合、その第三者が①いかにも本当の受領権者のような顔をしていて（取引上の社会通念に照らして受領権者としての外観を有していて）、②債務者がその者を本当の受領権者と信じ込んで（**善意無過失**で）弁済したときは、弁済は**有効**になる。　　　　　　🔖 255頁Q3

(3)　誤。**銀行振出しではない**振出小切手（個人振出しの小切手）を提供しても、債務の本旨に従った適法な弁済の提供とはならない。ちなみに、銀行振出しの小切手なら債権者も安心だから、適法な弁済の提供となる。
🔖 256頁 下の 注意!

(4)　誤。供託は、弁済者が**弁済の提供**をしたのに、債権者が**受領を拒んだ**とき等一定の理由があるときにできる。一定の理由があるときにできるのであり、「特段の理由がなくとも……供託し、その債務を免れることができる」とある本肢は、×だ。　　　　　　🔖 163頁 注意!

（正　解）　(2)

第5編　その他の事項

Point!

・適法な弁済の提供となるもの　　➡ 銀行振出しの小切手
・適法な弁済の提供とならないもの　➡ 個人振出しの小切手（肢(3)）

弁　済 [令1-7]

　Aを売主、Bを買主として甲建物の売買契約が締結された場合におけるBのAに対する代金債務（以下「本件代金債務」という。）に関する次の記述のうち、民法の規定及び判例によれば、誤っているものはどれか。

(1)　Bが、本件代金債務につき受領権限のないCに対して弁済した場合、Cに受領権限がないことを知らないことにつきBに過失があれば、Cが受領した代金をAに引き渡したとしても、Bの弁済は有効にならない。

(2)　Bが、Aの代理人と称するDに対して本件代金債務を弁済した場合、Dに受領権限がないことにつきBが善意かつ無過失であれば、Bの弁済は有効となる。

(3)　Bが、Aの相続人と称するEに対して本件代金債務を弁済した場合、Eに受領権限がないことにつきBが善意かつ無過失であれば、Bの弁済は有効となる。

(4)　Bは、本件代金債務の履行期が過ぎた場合であっても、特段の事情がない限り、甲建物の引渡しに係る履行の提供を受けていないことを理由として、Aに対して代金の支払を拒むことができる。

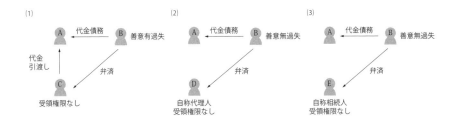

　受領した代金をAに引き渡したなら、Aは損をしていない。

(1)　誤。弁済を受領する権限を有しない者に対してした弁済は、債権者が
これによって利益を受けた限度において、その効力を**有する**。だから、
Cが受領した代金をAに引き渡せば、Bの弁済は有効になる（代金が1,000
万円だったとする。BがCに1,000万円払っても、Bの弁済は、原則とし
て無効だ。しかし、例外としてCがその1,000万円をAに引き渡せば、B
の弁済は有効になるということ）。

(2)　正。受領権者（債権者等のこと）以外の第三者に間違って弁済してし
まった場合、その第三者が①いかにも本当の受領権者のような顔をして
いて、かつ、②債務者がその者を本当の受領権者と信じ込んで（**善意無
過失で**）弁済したときは、弁済は有効になる。Dはいかにも本当の受領
権者のような顔をしているし、Bは善意無過失なので、Bの弁済は有効
になる。　　　　　　　　　　　　　　　　　　　　　255頁Q3

(3)　正。Eはいかにも本当の受領権者のような顔をしているし、Bは**善意
無過失**なので、Bの弁済は有効になる。肢(2)と同じパターンの話だ。

　　　　　　　　　　　　　　　　　　　　　　　　　255頁Q3

(4)　正。買主Bの代金の支払債務と売主Aの甲建物の引渡し債務は、**同時
履行**の関係にある。だから、BはAに対して「あなたが甲建物を引き渡
してくれるまで、私は代金を払いません」と主張できる（代金の支払を
拒むことができる）。

（正　解）(1)

Point!

　受領権者（債権者等のこと）以外の第三者に間違って弁済してしまった
場合　➡　その第三者が①いかにも本当の受領権者のような顔をしていて
（取引上の社会通念に照らして受領権者としての外観を有していて）、かつ、
②債務者がその者を本当の受領権者と信じ込んで（**善意無過失で**）弁済し
たときは、弁済は**有効**になる。

注意！　肢(2)の代理人と称するDも、肢(3)の相続人と称するEも①に該当
する。

相　　殺　　　　　　　　　　　　[平16-8]

　Aは、B所有の建物を賃借し、毎月末日までに翌月分の賃料50万円を支払う約定をした。またAは敷金300万円をBに預託し、敷金は賃貸借終了後明渡し完了後にBがAに支払うと約定された。AのBに対するこの賃料債務に関する相殺についての次の記述のうち、民法の規定及び判例によれば、正しいものはどれか。

⑴　Aは、Bが支払不能に陥った場合は、特段の合意がなくても、Bに対する敷金返還請求権を自働債権として、弁済期が到来した賃料債務と対当額で相殺することができる。

⑵　AがBに対し、Bの悪意による不法行為に基づく損害賠償請求権を有した場合、Aは、このBに対する損害賠償請求権を自働債権として、弁済期が到来した賃料債務と対当額で相殺することはできない。

⑶　AがBに対して商品の売買代金請求権を有しており、それが令和4年4月1日をもって時効により消滅した場合、Aは、同年4月2日に、このBに対する代金請求権を自働債権として、同年3月31日に弁済期が到来した賃料債務と対当額で相殺することはできない。

⑷　AがBに対してこの賃貸借契約締結以前から貸付金債権を有しており、その弁済期が令和4年3月31日に到来する場合、同年3月20日にBのAに対するこの賃料債権に対する差押があったとしても、Aは、同年3月31日に、このBに対する貸付金債権を自働債権として、弁済期が到来した賃料債務と対当額で相殺することができる。

 後から出てきた人を保護する必要はない。

(1) 誤。一見、難しそうだが、悩まなくてOKだ。要するにAは「敷金返せ」という債権を持っていて、Bの方も「賃料払え」という債権を持っているが、AがAの「敷金返せ債権」とBの「賃料払え債権」を相殺できるか？という問題だ。Aが相殺をする場合は、自分の債権である（自働債権という）「敷金返せ債権」の**弁済期が到来している**ことが必要だ。しかし、「敷金返せ債権」の弁済期は到来していない（「敷金返せ債権」は、問題文にあるように明渡し完了後に発生するので弁済期は到来していない）のでAは相殺することができない。　　　　　　　　　　　　　　　　258 257頁 Q 3

(2) 誤。Aの有する債権が、Bの悪意による不法行為によって生じた債権である場合（つまり、Aが被害者でBが加害者）、加害者Bからは相殺できないが、**被害者Aからは相殺できる**。　　　　　　258 258頁 Q 7

(3) 誤。**時効によって消滅した債権でも相殺することができる**。もともと時効消滅する前は相殺できたわけだから、時効完成後は自分の債務だけ弁済するしかないとしては、あまりにもAが気の毒なので、時効で消滅した債権で相殺して OK ということだ。　　　258 258頁 Q 6

(4) 正。Bの債権（賃料債権）が**差押えを受ける前にAが債権（貸付金債権）を取得している**ので、Aは相殺をすることができる。ちなみに、弁済期は関係ないのでヒッカカらないように注意すること。Aの債権（貸付金債権）の弁済期が差押えより後であっても、取得が先であれば相殺できるのだ！　　　　　　　　　　　　　　258 259頁 キーポイント

〔正　解〕 (4)

肢(4)のまとめ

　Aが債権A ➡ B（貸付金債権）を取得したのが、Cが債権B ➡ A（賃料債権）を差し押さえたのより

前なら ➡ Aは相殺をCに対抗できる（肢(4)）。
　　　　　（後から出てきたCは保護の必要なし）

後なら ➡ Aは相殺をCに対抗できない。 注意！
　　　　　（先に差し押さえたCを保護すべし）

注意！ ただし、例外として対抗できる場合もある。

相　　殺 [平30-9]

　Aは、令和4年4月1日、A所有の甲土地につき、Bとの間で、代金1,000万円、支払期日を同年6月1日とする売買契約を締結した。この場合の相殺に関する次の記述のうち、民法の規定及び判例によれば、正しいものはどれか。

(1)　BがAに対して同年6月30日を支払期日とする貸金債権を有している場合には、Bは同年6月1日に売買代金債務と当該貸金債権を対当額で相殺することができる。

(2)　同年5月1日にAの売買代金債権がAの債権者Cにより差し押さえられても、Bは、同年5月2日から6月1日までの間にAに対する別の債権を取得した場合には、同年6月1日に売買代金債務と当該債権を対当額で相殺することができる。

(3)　同年4月10日、BがAの自動車事故によって被害を受け、Aに対して悪意による不法行為に基づく損害賠償債権を取得した場合には、Bは売買代金債務と当該損害賠償債権を対当額で相殺することができる。

(4)　BがAに対し同年3月31日に消滅時効の期限が到来する貸金債権を有していた場合には、Aが当該消滅時効を援用したとしても、Bは売買代金債務と当該貸金債権を対当額で相殺することができる。

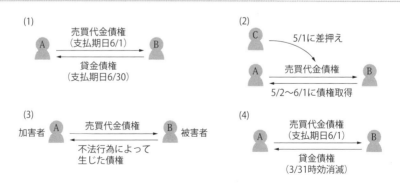

 被害者を守れ。

(1)　誤。自分の債務は、まだ弁済期が来ていなくても、自分から**期限の利益**を放棄して弁済するのは自由だが、相手方の債務の方は、まだ弁済期が来てないのに、無理やり弁済させるわけにはいかない。だから、相殺は、相手方の債務が**弁済期にある側**（相手から今すぐ金を取り立てる側）からしかできないのだ。だから、Bからは相殺することはできない。

图257頁Q3

(2)　誤。CがAのBに対する債権を差し押さえた場合でも、その差押えよりも前にBがAに対する債権を取得していれば、Bは相殺をCに対抗することができる。本肢のBがAに対する債権を取得したのは、差押さえより後だ。だから、Bは、原則として相殺をCに対抗することはできない。

图259頁キーポイント

(3)　正。悪意による不法行為によって生じた債権については、加害者からは相殺することはできないが、**被害者からは相殺することができる**。Bは被害者だから相殺することができる。　　　　　图258頁Q7

(4)　誤。BのAに対する貸金債権は、3月31日に時効によって消滅している。そして、AのBに対する売買代金の支払い期限は、6月1日だ。つまり、本肢の場合、相殺適状にあったことはないのだ。だから、Bは相殺することはできない。ちなみに、時効が消滅する前に相殺適状にあったのであれば、Bは相殺することができる。　　　　　图258頁Q6

正　解　(3)

Point!

悪意による不法行為によって生じた債権で相殺することができるか？

加害者 ➡ ×
被害者 ➡ ○（肢(3)）

相　　殺　　　　　　　　　　　　　[平23-6]

　Aは自己所有の甲建物をBに賃貸し賃料債権を有している。この場合における次の記述のうち、民法の規定及び判例によれば、正しいものはどれか。

(1)　Aの債権者Cが、AのBに対する賃料債権を差し押さえた場合、Bは、その差し押さえ前に取得していたAに対する債権と、差し押さえにかかる賃料債務とを、その弁済期の先後にかかわらず、相殺適状になった段階で相殺し、Cに対抗することができる。

(2)　甲建物の抵当権者Dが、物上代位権を行使してAのBに対する賃料債権を差し押さえた場合、Bは、Dの抵当権設定登記の後に取得したAに対する債権と、差し押さえにかかる賃料債務とを、相殺適状になった段階で相殺し、Dに対抗することができる。

(3)　甲建物の抵当権者Eが、物上代位権を行使してAのBに対する賃料債権を差し押さえた場合、その後に賃貸借契約が終了し、目的物が明け渡されたとしても、Bは、差し押さえにかかる賃料債務につき、敷金の充当による当然消滅を、Eに対抗することはできない。

(4)　AがBに対する賃料債権をFに適法に譲渡し、その旨をBに通知したときは、通知時点以前にBがAに対する債権を有しており相殺適状になっていたとしても、Bは、通知後はその債権と譲渡にかかる賃料債務とを相殺することはできない。

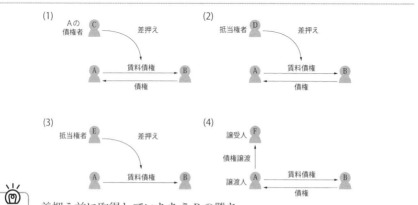

差押え前に取得していたならBの勝ち。

(1)　正。CがAのBに対する債権（賃料債権）を差し押さえた場合でも、その**差押えよりも前に**BがAに対する債権を取得していれば、Bは相殺をCに対抗することができる。　　　　　　　　　　　　　❷259頁 キーポイント

(2)　誤。Dが、物上代位権を行使して、賃料債権の差押えをした後は、Bは、Dの抵当権設定登記の後にAに対して取得した債権と、差し押さえにかかる賃料債務との相殺をDに対抗することは**できない**。

(3)　誤。Eが物上代位権を行使して、AのBに対する債権（賃料債権）の差押えをした場合でも、Bは敷金の充当による消滅を、Eに対抗することができる。たとえば、EがBに対して「未払いの賃料30万円払ってくれ」と請求してきた場合、Bは「私は、敷金を30万円払っているはず。その敷金で清算（充当）しておいてくれ」と主張できる、ということ。

(4)　誤。譲渡の通知までに（つまり、**対抗要件**が具備されるまでに）、既に**相殺適状**（どちらからでも相殺できる時という意味）になっていれば、譲渡の通知後（つまり、対抗要件が具備された後）であっても、Bは相殺をすることができる。

（　正　解　）(1)

第5編　その他の事項

👓 **肢(1)のまとめ**

　　Bが債権B➡Aを取得したのが、Cが債権A➡Bを差し押さえたのより
前なら ➡ Bは相殺をCに対抗できる（肢(1)）。
　　　　（後から出てきたCは保護の必要なし）
後なら ➡ Bは相殺をCに対抗できない。注意！
　　　　（先に差し押さえたCを保護すべし）
注意！　ただし、例外として対抗できる場合もある。

委　　任　　　　　　　　　　　　　　　　[平18-9]

　民法上の委任契約に関する次の記述のうち、民法の規定によれば、誤っているものはどれか。

(1)　委任契約は、委任者又は受任者のいずれからも、いつでもその解除をすることができる。ただし、相手方に不利な時期に委任契約の解除をしたときは、相手方に対して損害賠償責任を負う場合がある。

(2)　委任者が破産手続開始決定を受けた場合、委任契約は終了する。

(3)　委任契約が委任者の死亡により終了した場合、受任者は、委任者の相続人から終了についての承諾を得るときまで、委任事務を処理する義務を負う。

(4)　委任契約の終了事由は、これを相手方に通知したとき、又は相手方がこれを知っていたときでなければ、相手方に対抗することができず、そのときまで当事者は委任契約上の義務を負う。

　緊急事態ではない！

(1)　正。委任契約は委任者からでも、受任者からでも、いつでも自由に解除することができる。他の契約と違って、債務不履行がなくても自由に解除できるのだ。ただし、相手方に**不利な時期**に委任契約を解除したときは、損害賠償責任を負う場合がある。　　　　　　　📖260頁 Q6

(2)　正。**委任者の**➡死亡・破産、受任者の➡死亡・破産・後見開始で委任契約は終了する。したがって、本肢は正しい。　　　　　　　📖260頁 Q7

(3)　誤。委任契約が終了しても**急迫の事情**（緊急事態）があるときは、受任者はそれなりの対処をする義務（善処義務）を負わなければならない。しかし、このような急迫の事情がない本肢の場合は、受任者は事務を処理する義務は負わない。つまり、受任者は「急迫の事情があるとき」に初めて義務を負うという規定はあるが、「委任者の相続人から終了についての承諾を得るときまで」義務を負うという規定はないので、本肢は×だ。　　　　　　　📖260頁 Q8

(4)　正。委任契約終了の原因は、これを相手方に**通知**するか、または相手方がこれを**知っていた**ときでなければ、委任契約が終了したということを相手方に主張することはできない。したがって、本肢は正しい。

（ 正　解 ）(3)

👤 **肢(1)の詳しい話**

相手方にとって**不利な時期**に委任契約を解除した場合において
　① 解約をしなければならないやむを得ない理由が**あるとき**
　　➡ 賠償**不要**
　② 解約をしなければならないやむを得ない理由が**ないとき**
　　➡ 賠償**必要**

委　　任 [令2-5]

　AとBとの間で令和4年7月1日に締結された委任契約において、委任者Aが受任者Bに対して報酬を支払うこととされていた場合に関する次の記述のうち、民法の規定によれば、正しいものはどれか。

(1)　Aの責めに帰すべき事由によって履行の途中で委任が終了した場合、Bは報酬全額をAに対して請求することができるが、自己の債務を免れたことによって得た利益をAに償還しなければならない。

(2)　Bは、契約の本旨に従い、自己の財産に対するのと同一の注意をもって委任事務を処理しなければならない。

(3)　Bの責めに帰すべき事由によって履行の途中で委任が終了した場合、BはAに対して報酬を請求することができない。

(4)　Bが死亡した場合、Bの相続人は、急迫の事情の有無にかかわらず、受任者の地位を承継して委任事務を処理しなければならない。

---

(1)

A
委任者
　委任契約　→
途中で終了
（Aのせいで終了）
B
受任者

(3)

A
委任者
　委任契約　→
途中で終了
（Bのせいで終了）
B
受任者

 Hint! 　委任者の不注意によって途中で委任が終了した場合、受任者は報酬全額を請求できる。

(1)　正。Aの不注意（責めに帰すべき事由）によって履行の途中で委任が終了した場合、Bは報酬全額をAに対して請求できるが、自己の債務を免れたことによって得た利益をAに償還しなければならない。

(2)　誤。受任者は、**善良な管理者の注意**をもって委任事務を処理しなければならない（細心の注意を払えという意味）。自己の財産に対するのと同一の注意ではダメだ。　　　　　　　　　　　　　　　　　　　　🗋 259頁 Q 3

(3)　誤。Bの不注意（責めに帰すべき事由）によって履行の途中で委任が終了した場合でも、Bは、**すでにした履行の割合**に応じて報酬を請求できる。

(4)　誤。受任者が死亡したら、委任は終了する。そして、委任が終了した場合において、**急迫の事情があるとき**は、受任者の相続人等は、委任者等が委任事務を処理することができるに至るまで、必要な処分をしなければならない。「急迫の事情があるときは、必要な処分をしなければならない」のであって、「急迫の事情の有無にかかわらず、受任者の地位を承継する」のではない。　　　　　　　　　　　　　　　　🗋 260頁 Q 8

　　　　　　　　　　　　　　　　　　　　　　　　（ 正　解 ）(1)

Point!

　受任者は、次の場合には、**すでにした履行の割合**に応じて報酬を請求できる。

➡　委任者の責めに帰することができない事由によって委任事務の履行ができなくなったとき（肢(3)）。 注意！

　注意！ 委任者の責めに帰することができない（つまり、委任者に責任がない）パターンは2つある。① 委任者にも受任者にも責任がないパターン（両方に責任がないパターン）と② 受任者にだけ責任があるパターンだ。肢(3)は ② のパターンだ。

請　　負 [令1-8]

Aを注文者、Bを請負人とする請負契約（以下「本件契約」という。）が締結された場合における次の記述のうち、民法の規定及び判例によれば、誤っているものはどれか。

(1) 本件契約の目的物たる建物が種類又は品質に関して契約の内容に適合しないものであるためこれを建て替えざるを得ない場合、AはBに対して当該建物の建替えに要する費用相当額の損害賠償を請求することができる。

(2) 本件契約の目的物たる建物が種類又は品質に関して契約の内容に適合しないものである場合、Aが建物の引渡しを受けた時から一年以内にその旨を請負人に通知しないときは、Aは履行の追完の請求、報酬の減額の請求、損害賠償の請求及び契約の解除をすることができなくなる。

(3) 本件契約の目的が建物の増築である場合、Aの失火により当該建物が焼失し増築できなくなったときは、Bは本件契約に基づく未履行部分の仕事完成債務を免れる。

(4) Bが仕事を完成しない間は、AはいつでもBに対して損害を賠償して本件契約を解除することができる。

 「知った時から」であって「引渡しの時から」ではない。

(1) 正。請負契約の目的物が欠陥品（契約の内容に適合しないもの）だった場合、注文者は請負人に対して**損害賠償**を請求できる。

261 頁 請負人の担保責任 ③

(2) 誤。注文者が、目的物が欠陥品だと**知った時**（不適合を知った時）から、1 年以内にその旨を通知しなかったら、注文者は責任を追及できない（①追完請求、②報酬減額請求、③損害賠償請求、④契約解除ができない）。「**知った時**から、1 年以内」であって「引渡しの時から、1 年以内」ではないので、本肢は×だ。

261 頁 Q 5

(3) 正。注文者Aの失火により、請負人Bは増築できなくなったわけだ（注文者Aの**責めに帰すべき事由**によって、請負人Bは債務を履行できなくなったわけだ）。この場合、Bは未履行部分の仕事完成債務を免れる（残りの増築工事をする義務を免れるということ）。

(4) 正。請負人が仕事を完成しない間は、注文者は、いつでも損害を賠償して契約を解除できる。注文したけれど、完成前に必要なくなったら、途中までの分の報酬を払って（損害を賠償して）、契約を解除できるということ。

262 頁 Q 8

正 解 (2)

Point!

　注文者が、目的物が欠陥品だと**知った時**（不適合を知った時）から 1 年以内にその旨を通知しなかったら　➡　注文者は責任追及できない（①追完請求、②報酬減額請求、③損害賠償請求、④契約解除ができない）（肢(2)）。

注意！　ただし、請負人が不適合を知っていたり（悪意）、**重大**な過失によって知らなかったとき（善意**重過失**）は、知った時から 1 年以内にその旨を通知しなかったとしても、責任追及できる（① ② ③ ④ができる）。

　AがBに対して建物の建築工事を代金3,000万円で注文し、Bがこれを完成させた。この場合に関する次の記述のうち、民法の規定及び判例によれば、正しいものはどれか。

(1)　請負契約の目的物たる建物が種類又は品質に関して契約の内容に適合しないものである場合、修補が可能であれば、AはBに対して損害賠償請求を行う前に、修補を請求しなければならない。

(2)　請負契約の目的物たる建物が種類又は品質に関して契約の内容に適合しないものであるために建て替えざるを得ない場合には、Aは当該建物の建替えに要する費用相当額の損害賠償を請求することができる。

(3)　請負契約の目的物たる建物が種類又は品質に関して契約の内容に適合しないものであり、建物の修補に要する費用が契約代金を超えない場合には、Aは請負契約を解除することができない。

(4)　請負契約の目的物たる建物の種類又は品質に関して契約の内容に適合しないことについて、Bが担保責任を負わない旨の特約をした場合には、Aは当該建物が契約の内容に適合しないことについてBの責任を一切追及することができなくなる。

契約の内容に適合しないもの　→　欠陥品のことだ。

(1)　誤。建物が欠陥品（種類・品質に関して**契約の内容に適合しないもの**）
　　だった場合、修補の請求とともに損害賠償も請求できる。　📖 261頁Q3

(2)　正。建物が欠陥品（種類・品質に関して契約の内容に適合しないもの）
　　だった場合、注文者は請負人に対して**損害賠償**を請求できる。だから、
　　Aは建替えに要する費用相当額の損害賠償を請求できる。　📖 261頁Q3

(3)　誤。建物が欠陥品（種類・品質に関して契約の内容に適合しないもの）
　　だった場合、注文者は請負契約を解除できる。だから、Aは**解除**できる。
　　　　　　　　　　　　　　　　　　　　　　　　　　　　　📖 261頁Q3

(4)　誤。請負人が担保責任を負わないという特約も**有効**だ。ただし、そう
　　いう特約をしていても、請負人が知りながら注文者に**告げなかった事実**
　　については、責任を免れることができない。だから、「一切追及すること
　　ができなくなる」と言い切っている本肢は×だ。　　　　　📖 262頁Q7

〔正　解〕 (2)

Point!

請負人が担保責任を負わないという特約
① そういう特約も**有効**。
② ただし、そういう特約をしていても、請負人が知りながら注文者に
　告げなかった事実については、責任を免れることができない（肢(4)）。

地 役 権 [平14-4]

　Aは、自己所有の甲土地の一部につき、通行目的で、隣地乙土地の便益に供する通行地役権設定契約（地役権の付従性について別段の定めはない。）を、乙土地所有者Bと締結した。この場合、民法の規定及び判例によれば、次の記述のうち正しいものはどれか。

(1)　この通行地役権の設定登記をしないまま、Aが、甲土地をCに譲渡し、所有権移転登記を経由した場合、Cは、通路として継続的に使用されていることが客観的に明らかであり、かつ、通行地役権があることを知っていたときでも、Bに対して、常にこの通行地役権を否定することができる。

(2)　この通行地役権の設定登記を行った後、Bが、乙土地をDに譲渡し、乙土地の所有権移転登記を経由した場合、Dは、この通行地役権が自己に移転したことをAに対して主張できる。

(3)　Bは、この通行地役権を、乙土地と分離して、単独で第三者に売却することができる。

(4)　Bが、契約で認められた部分ではない甲土地の部分を、継続かつ表現の形で、乙土地の通行の便益のために利用していた場合でも、契約で認められていない部分については、通行地役権を時効取得することはできない。

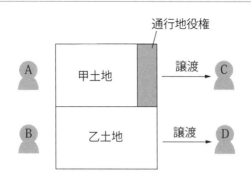

通行地役権

A　甲土地　→譲渡→　C

B　乙土地　→譲渡→　D

Hint!　地役権は土地（要役地）の便益のための権利！

410

(1) 誤。地役権の**登記がなくても**、客観的に地役権の負担を受けていることが明らかな土地を、それと知って譲り受けた場合は、地役権を否定できない。この肢は難しいので、よく分からなくてもあまり気にする必要はない。

(2) 正。地役権は、常に**要役地**（地役権によりメリットを受ける土地）と一心同体だ。要役地が譲渡されれば、自動的に地役権も譲渡されたことになる。だから、所有権移転登記があれば、地役権の移転も主張できる。
263頁 Q4

(3) 誤。肢(2)で述べたとおり、地役権は、常に要役地と一心同体だから、地役権だけを**要役地と分離して譲渡する**ことはできない。263頁 Q4

(4) 誤。時効とは、**現実の事実状態を尊重して法律上の権利を認める制度**だ。契約で認められていない部分であっても、現実に利用していたのであれば、地役権を時効取得することができる。263頁 Q3

（正　解）(2)

Point!

　地役権は、常に**要役地と一心同体** ➡ 分離処分はできないし、要役地を譲渡すれば自動的に地役権も譲渡されたことになる（肢(2)(3)）。

留 置 権 [平25-4]

　留置権に関する次の記述のうち、民法の規定及び判例によれば、正しいものはどれか。

(1)　建物の賃借人が賃貸人の承諾を得て建物に付加した造作の買取請求をした場合、賃借人は、造作買取代金の支払を受けるまで、当該建物を留置することができる。

(2)　不動産が二重に売買され、第2の買主が先に所有権移転登記を備えたため、第1の買主が所有権を取得できなくなった場合、第1の買主は、損害賠償を受けるまで当該不動産を留置することができる。

(3)　建物の賃貸借契約が賃借人の債務不履行により解除された後に、賃借人が建物に関して有益費を支出した場合、賃借人は、有益費の償還を受けるまで当該建物を留置することができる。

(4)　建物の賃借人が建物に関して必要費を支出した場合、賃借人は、建物所有者ではない第三者が所有する敷地を留置することはできない。

建物に関する必要費なのだから……。

留置することができる ➡ 引き渡さなくて OK（出て行く必要なし）ということ。留置することができない ➡ 引き渡さなければならない（出て行く必要あり）ということ。

(1) 誤。造作の買取請求をした建物の賃借人は、建物を留置することはできない。要するに、「造作の代金を払ってくれるまで建物を留置します（私は出て行きません）」とは言えない、ということ。　　　　　　　　　　　　図251頁(3)

(2) 誤。第1の買主は、二重売買をした売主に損害賠償を請求することができるが、不動産を留置することはできない（不動産を第2の買主に引き渡す必要あり）。要するに、「売主が損害賠償を払ってくれるまで不動産を留置します（私は出て行きません）」とは言えない、ということ。

(3) 誤。建物の賃貸借契約が賃借人の債務不履行によって解除された後に、賃借人が有益費を支出した場合でも、賃借人は建物を留置することはできない。要するに、「有益費を払ってくれるまで建物を留置します（私は出て行きません）」とは言えない、ということ。

(4) 正。建物の賃借人が建物に関して必要費を支出した場合でも、賃借人は第三者が所有する敷地を留置することはできない。要するに、「建物の貸主が必要費を払ってくれるまで、敷地を留置します（私は出て行きません）」とは言えない、ということ。

（正　解）(4)

留置権とは？

　留置権とは、**その物に関する債権**を持っている場合に、**その物の引き渡しを拒む**ことができる権利のこと。たとえば、Aの時計をBが修理したとする。この場合、時計を修理したBは、時計に関する修理代金債権（＝その物に関する債権）を持っているので、Aから時計の修理代金を払ってもらうまで、時計を留置することができる（Bは、Aに対して、「Aさん、あなたが修理代金を払ってくれるまで、時計は引き渡しません」と言える、ということ）。

債権者代位権 [平22-7]

民法第423条第1項は、「債権者は、自己の債権を保全するため必要があるときは、債務者に属する権利（以下「被代位権利」という。）を行使することができる。ただし、債務者の一身に専属する権利及び差押えを禁じられた権利は、この限りでない。」と定めている。これに関する次の記述のうち、民法の規定及び判例によれば、誤っているものはどれか。

(1) 債務者が既に自ら権利を行使しているときでも、債権者は、自己の債権を保全するため、民法第423条に基づく債権者代位権を行使することができる場合がある。

(2) 未登記建物の買主は、売主に対する建物の移転登記請求権を保全するため、売主に代位して、当該建物の所有権保存登記手続を行うことができる場合がある。

(3) 建物の賃借人は、賃貸人（建物所有者）に対し使用収益を求める債権を保全するため、賃貸人に代位して、当該建物の不法占有者に対し当該建物を直接自己に明け渡すよう請求できる場合がある。

(4) 抵当権者は、抵当不動産の所有者に対し当該不動産を適切に維持又は保存することを求める請求権を保全するため、その所有者の妨害排除請求権を代位行使して、当該不動産の不法占有者に対しその不動産を直接自己に明け渡すよう請求できる場合がある。

 債務者が自ら権利を行使しているのだから……。

(1) 誤。債務者が自ら権利を行使しているときは、債権者は債権者代位権を行使することはできない。

(2) 正。買主は、**移転登記請求権**を保全するために、売主に代位して、所有権保存登記手続をすることができる。　　　　　　　　📖 267頁 Q 5 ①

(3) 正。賃借人は、使用収益を求める債権を保全するため、賃貸人に代位して、不法占拠者に対して、**直接自己に明け渡すよう**請求することができる。　　　　　　　　　　　　　　　　　　　　　📖 267頁 Q 4

(4) 正。抵当権者は、不動産を適切に維持または保存することを求める請求権を保全するため、一定の要件を満たせば、所有者に代位して不法占拠者に対して、**直接自己に明け渡すよう**請求することができる。　　　　　　　　　　　　　　　　　　　　　📖 267頁 Q 4

（**正　解**）　(1)

Point!

　債務者が自ら**権利を行使**しているときは、
➡　債務者の行使の方法または結果の良否を問わず、債権者は債権者代位権を行使することはできない（肢(1)）。

占　有　権　　　　　　　　　　　　　[平27-5]

　占有に関する次の記述のうち、民法の規定及び判例によれば、正しいものはどれか。

(1)　甲建物の所有者Aが、甲建物の隣家に居住し、甲建物の裏口を常に監視して第三者の侵入を制止していたとしても、甲建物に錠をかけてその鍵を所持しない限り、Aが甲建物を占有しているとはいえない。

(2)　乙土地の所有者の相続人Bが、乙土地上の建物に居住しているCに対して乙土地の明渡しを求めた場合、Cは、占有者が占有物について行使する権利は適法であるとの推定規定を根拠として、明渡しを拒否することができる。

(3)　丙土地の占有を代理しているDは、丙土地の占有が第三者に妨害された場合には、第三者に対して占有保持の訴えを提起することができる。

(4)　占有回収の訴えは、占有を侵奪した者及びその特定承継人に対して当然に提起することができる。

 文句を言えるのは本人だけじゃない。

(1) 誤。**事実上支配していれば占有している**といえる。例えば、Xの自宅に
テレビがあるとする。それで、Xが外出したとしても、そのテレビは、X
が事実上支配しているといえるから、Xはテレビを占有しているといえ
る。だから、建物なら、隣の家に住んで裏口を常に監視して第三者の侵
入を制止していれば、鍵をかけてその鍵を所持していなくても、それだ
けで占有しているといえるのだ。したがって、本肢は×だ。

(2) 誤。本肢の場合、権利が存在しているということを、Cが、キチンと
証明しなければならない。その証明もしないで、推定規定（反証がない
限り、そのような効果を認めるということ）を根拠として、明渡しを拒
否するのは、虫が良すぎる話だ。だから、Cは、推定規定を根拠として、
明渡しを拒否することはできない。

(3) 正。例えば、Xが占有している土地にYが不法投棄をした（ゴミを捨
てていった）とする。この場合Xは、「不法投棄したゴミを除去しろ」と
訴えることができる（これが、占有保持の訴えだ）。占有保持の訴えは、
占有を代理している人もできる。だから、Dは、占有保持の訴えを提起
することができる。

(4) 誤。占有者は、占有している物が奪われた場合、「返してくれ」と訴え
ることができる（これが、占有回収の訴えだ）。占有回収の訴えは、**善意
の特定承継人**（買主や競落人など）に対しては、提起することができな
い。だから、「特定承継人に対して当然に提起することができる」とある
本肢は×だ。例えば、Xの占有物をYが奪ったとする。その後、YがZ
に奪った物を売却したとする（Zが特定承継人だ）。この場合、Zが悪意
なら、Xは、Zに対して、占有回収の訴えを提起できる。しかし、Zが善
意なら、Xは、Zに対して、占有回収の訴えを提起することができない、
という話だ。

[正 解] (3)

ウルトラ超難問であるぞ。できなくてOKであるぞ。

贈　　与 [平21-9]

　Aは、生活の面倒をみてくれている甥のBに、自分が居住している甲建物を贈与しようと考えている。この場合に関する次の記述のうち、民法の規定によれば、正しいものはどれか。

(1)　AからBに対する無償かつ負担なしの甲建物の贈与契約が、書面によってなされた場合、Aはその履行前であれば贈与を解除することができる。

(2)　AからBに対する無償かつ負担なしの甲建物の贈与契約が、書面によらないでなされた場合、Aが履行するのは自由であるが、その贈与契約は法的な効力を生じない。

(3)　Aが、Bに対し、Aの生活の面倒をみることという負担を課して、甲建物を書面によって贈与した場合、甲建物の契約不適合については、Aはその負担の限度において、売主と同じく担保責任を負う。

(4)　Aが、Bに対し、Aの生活の面倒をみることという負担を課して、甲建物を書面によって贈与した場合、Bがその負担をその本旨に従って履行しないときでも、Aはその贈与契約を解除することはできない。

贈与者 A ⇧ 贈　与 → B 受贈者

Hint! 負担付贈与の場合は、贈与者も利益を得ている。

(1)　誤。書面によらない贈与（口約束の贈与）なら、履行期前は、贈与者も受贈者も解除できる。しかし、贈与が**書面**によってなされた場合は、贈与者も受贈者も解除できない。

(2)　誤。書面によらない贈与（口約束の贈与）であっても、法的には**有効**であり、効力はトーゼン生じる。

(3)　正。負担が付いてない贈与の場合は、贈与者は担保責任を負わない。タダであげたのに、責任を負わされてはかわいそうだからだ。しかし、**負担付贈与**の場合は、贈与者も利益を得ている（本肢の場合は、生活の面倒をみてもらうという利益を得ている）ので、**負担の限度**で、売主と同じく担保責任を負う。

(4)　誤。負担付贈与の場合は、売買契約と同じように考えて OK だ。だから、Bがその負担をその本旨に従って履行しないとき（つまり、Bの**債務不履行**があったとき）は、Aは、**契約を解除**することができる。

正　解　(3)

Point!

担保責任を負うか？

① 単なる贈与（負担付でない贈与）➡ 負わない。

② **負担付贈与** ➡ **負担の限度**で、売主と同じく担保責任を負う（肢(3)）。

不法行為 [平18-11]

　事業者Aが雇用している従業員Bが行った不法行為に関する次の記述のうち、民法の規定及び判例によれば、正しいものはどれか。

⑴　Bの不法行為がAの事業の執行につき行われたものであり、Aに使用者としての損害賠償責任が発生する場合、Bには被害者に対する不法行為に基づく損害賠償責任は発生しない。

⑵　Bが営業時間中にA所有の自動車を運転して取引先に行く途中に前方不注意で人身事故を発生させても、Aに無断で自動車を運転していた場合、Aに使用者としての損害賠償責任は発生しない。

⑶　Bの不法行為がAの事業の執行につき行われたものであり、Aに使用者としての損害賠償責任が発生する場合、Aが被害者に対して売買代金債権を有していれば、被害者は不法行為に基づく損害賠償債権で売買代金債務を相殺することができる。

⑷　Bの不法行為がAの事業の執行につき行われたものであり、Aが使用者としての損害賠償責任を負担した場合、A自身は不法行為を行っていない以上、Aは負担した損害額の2分の1をBに対して求償できる。

 加害者側からはダメ、被害者側からはOK。

(1)　誤。Aに使用者としての損害賠償責任が生じる場合でも、不法行為を行ったBの損害賠償責任が免責されるわけではない。したがって、**不法行為を行った本人**であるBも賠償責任を負う。　🔖 264頁 Q3

(2)　誤。客観的に見て、加害者Bの不法行為が仕事中に起こったと認められるとき（事業の執行中と認められるとき）は、Aは**使用者として責任を負う**ことになる。Bが交通事故を起こしたのは営業時間中であるので、客観的に見て、仕事中に起こった不法行為と認められるため、Aに損害賠償責任が発生する。　🔖 264頁 Q3

(3)　正。不法行為を働いたけしからん者が、自分の財布から賠償金を出さずに相殺でチャラにするのは横着すぎる！　そんなことは許されない。だから、一定の場合は、加害者から相殺することはできない。しかし、**被害者**から相殺することはできるので、本肢は正しい。　🔖 258頁 Q7

(4)　誤。Aは「**損害の公平な分担という見地から信義則上相当と認められる限度**」まで求償できるのであり、求償できる額が損害額の2分の1と決まっているわけではない。　🔖 265頁 Q6

（**正　解**）(3)

第5編　その他の事項

Point!

加害者から相殺できるか？

　不法行為を働いたけしからん加害者が、自分の財布から賠償金を出さずに相殺でチャラにするのは横着すぎる！　そんなことは許されない。だから、一定の場合は、**加害者からは相殺できない**。

注意1　一定の場合とは、被害者の有する債権が、①**悪意**による不法行為に基づく場合と②**生命・身体**を侵害されたことによる場合だ。

注意2　**被害者**からは相殺できる（肢(3)）。

不法行為 [平20-11]

　Aが故意又は過失によりBの権利を侵害し、これによってBに損害が生じた場合に関する次の記述のうち、民法の規定及び判例によれば、正しいものはどれか。

(1)　Aの加害行為によりBが即死した場合には、BにはAに対する慰謝料請求権が発生したと考える余地はないので、Bに相続人がいても、その相続人がBの慰謝料請求権を相続することはない。

(2)　Aの加害行為がBからの不法行為に対して自らの利益を防衛するためにやむを得ず行ったものであっても、Aは不法行為責任を負わなければならないが、Bからの損害賠償請求に対しては過失相殺をすることができる。

(3)　AがCに雇用されており、AがCの事業の執行につきBに加害行為を行った場合には、CがBに対する損害賠償責任を負うのであって、CはAに対して求償することもできない。

(4)　Aの加害行為が名誉毀損で、Bが法人であった場合、法人であるBには精神的損害は発生しないとしても、金銭評価が可能な無形の損害が発生した場合には、BはAに対して損害賠償請求をすることができる。

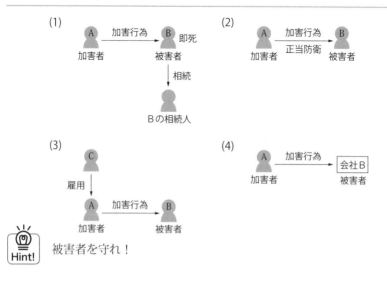

Hint! 被害者を守れ！

(1)　誤。即死した場合でも、**慰謝料請求権は発生する**。そして、即死した者に相続人がいる場合は、その相続人が慰謝料請求権を相続することになる。　　　　　　　　　　　　　　　　　　　　　　　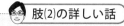 265 頁 Q9

(2)　誤。他人からの不法行為に対して自己の利益を防衛するためにやむを得ず加害行為を行った場合（**正当防衛**）は、不法行為責任を負う必要はない。例えば、Aに対して、Bがいきなり殴りかかってきたので、Aは、自分の身を守るために、やむを得ずBを投げ飛ばしてBにケガを負わせても、Aは、不法行為責任を負う必要はない、ということだ。

(3)　誤。本来なら、Aが賠償すべきなのに、それをCが立て替えて払わせられたようなものだから、CはAに**求償できる**。　　　　　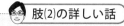 265 頁 Q6

(4)　正。Bが法人（会社）であっても、その名誉が侵害され、**金銭評価が可能な無形の損害**が発生した場合は、Bは損害賠償を請求することができる。

（正　解）　(4)

第
5
編

その他の事項

🧑 **肢(2)の詳しい話**

正当防衛
１　自己または第三者の権利や利益を守るために
２　やむを得ず加害行為をした場合は
➡ **正当防衛**が成立するので、不法行為責任を負わなくて OK だ。

不法行為　　　　　　　　　　　　　　［平25-9］

　Aに雇用されているBが、勤務中にA所有の乗用車を運転し、営業活動のため顧客Cを同乗させている途中で、Dが運転していたD所有の乗用車と正面衝突した（なお、事故についてはBとDに過失がある。）場合における次の記述のうち、民法の規定及び判例によれば、正しいものはどれか。

⑴　Aは、Cに対して事故によって受けたCの損害の全額を賠償した。この場合、Aは、BとDの過失割合に従って、Dに対して求償権を行使することができる。

⑵　Aは、Dに対して事故によって受けたDの損害の全額を賠償した。この場合、Aは、被用者であるBに対して求償権を行使することはできない。

⑶　事故によって損害を受けたCは、AとBに対して損害賠償を請求することはできるが、Dに対して損害賠償を請求することはできない。

⑷　事故によって損害を受けたDは、Aに対して損害賠償を請求することはできるが、Bに対して損害賠償を請求することはできない。

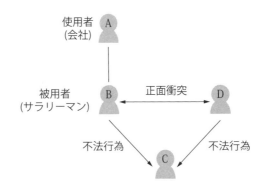

立て替えて払わされたようなものだから……。

(1) 正。本来ならBとDが賠償すべきなのに、それをAが立て替えて払わ
されたようなものだ。だから、Aは、BとDに対して**求償できる**。

🧩 265頁 Q6

(2) 誤。本来ならBが賠償すべきなのに、それをAが立て替えて払わされ
たようなものだ。だから、Aは、Bに対して**求償できる**。　🧩 265頁 Q6

(3) 誤。Cから見れば、BとDは不法行為者（共同不法行為者）だ。だから、
Cは、BとDに対して損害賠償を**請求できる**。そして、AはBの使用者だ
から、Aも賠償責任を負う（CはAに対して損害賠償を請求できる）。だ
から、Cは、AとBとDに対して損害賠償を**請求できる**。

🧩 265頁 Q5、Q8

(4) 誤。不法行為を起こした本人のBが責任を負うのは当たり前。だから、
Dは、Bに対して損害賠償を請求できる。ちなみに、DはAに対して損
害賠償を請求できる、という前半部分の記述は正しい。　🧩 264頁 Q3

（**正 解**） (1)

 肢(4)の詳しい話

　使用者（会社）Aと被用者（サラリーマン）Bは、Dに対して**連帯債務**
を負う。連帯債務なのだから、被害者Dは、AでもBでも好きな方に全額
請求できる。

不法行為 [平19-5]

不法行為による損害賠償に関する次の記述のうち、民法の規定及び判例によれば、誤っているものはどれか。

(1) 不法行為による損害賠償の支払債務は、催告を待たず、損害発生と同時に遅滞に陥るので、その時以降完済に至るまでの遅延損害金を支払わなければならない。

(2) 不法行為によって名誉を毀損された者の慰謝料請求権は、被害者が生前に請求の意思を表明しなかった場合でも、相続の対象となる。

(3) 加害者数人が、共同不法行為として民法第719条により各自連帯して損害賠償の責任を負う場合、その1人に対する履行の請求は、他の加害者に対してはその効力を有しない。

(4) 不法行為による損害賠償の請求権の消滅時効の期間は、権利を行使することができることとなった時から10年である。

 消滅時効の期間を長くした方が被害者の保護になる。

(1) 正。履行遅滞になったら、遅延損害金を支払わなければならない。そして、不法行為（例 車で人をはねる）による損害賠償義務は、損害の**発生した瞬間**から、履行遅滞になる。けしからんことをした加害者の責任は重くすべきだから、被害者の催告がなくても履行遅滞になるのだ。だから、加害者は、損害の発生時以降完済に至るまで遅延損害金を支払わなければならない。 ❧ 264頁 Q 2

(2) 正。不法行為によって名誉を毀損されたら、名誉を毀損された者は、慰謝料を請求することができる。そして、その名誉を毀損された被害者が、慰謝料を請求する前に死んでしまった場合、その**相続人**が慰謝料を請求することができる（慰謝料請求権は相続の対象になる）。 ❧ 265頁 Q 9

(3) 正。例えば、AとBが共同で不法行為をしてCに損害を与えたら（AとBの2人でCのことを殴ってケガをさせたら）、AとBは**連帯債務**を負うことになる。連帯債務者のうちの1人に請求しても、請求の効力は他の連帯債務者には**及ばない**（CがAに請求しても、Bに請求したことにならない）。 ❧ 191頁 ①、265頁 Q 8

(4) 誤。不法行為による損害賠償の請求権は、①被害者またはその法定代理人が損害及び加害者を知った時から**3年間**（人の生命または身体を害する不法行為の場合は知った時から**5年間**）行使しないとき、または、②不法行為の時から**20年間**行使しないときは、時効によって消滅する。 ❧ 265頁 Q 7

（**正 解**）(4)

Point!

　不法行為による損害賠償の請求権は、次の場合に時効によって消滅する。
① 被害者またはその法定代理人が損害及び加害者を知った時から**3年間**（人の生命または身体を害する不法行為の場合は知った時から**5年間**）行使しないとき。
② 不法行為の時から**20年間**行使しないとき。

不法行為 [平24-9]

Aに雇用されているBが、勤務中にA所有の乗用車を運転し、営業活動のため得意先に向かっている途中で交通事故を起こし、歩いていたCに危害を加えた場合における次の記述のうち、民法の規定及び判例によれば、正しいものはどれか。

(1) BのCに対する損害賠償義務が消滅時効にかかったとしても、AのCに対する損害賠償義務が当然に消滅するものではない。

(2) Cが即死であった場合には、Cには事故による精神的な損害が発生する余地がないので、AはCの相続人に対して慰謝料についての損害賠償責任を負わない。

(3) Aの使用者責任が認められてCに対して損害を賠償した場合には、AはBに対して求償することができるので、Bに資力があれば、最終的にはAはCに対して賠償した損害額の全額を常にBから回収することができる。

(4) Cが幼児である場合には、被害者側に過失があるときでも過失相殺が考慮されないので、AはCに発生した損害の全額を賠償しなければならない。

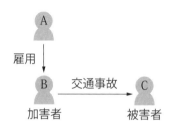

AとBは連帯債務を負う。

⑴　正。AとBは、Cに対して**連帯債務**を負う（AとBは連帯債務者となる）。時効の効力は、他の連帯債務者には**及ばない**。だから、Bの債務が時効によって消滅しても、Aの債務は消滅しない。　📖192頁④、265頁Q5

⑵　誤。Cが即死の場合でも、Cの精神的な損害を観念することはできる（Cに慰謝料請求権あり）。そして、Cは死んでいるのだから、Cの慰謝料請求権は、Cの相続人が相続することになる。だから、Cの相続人はAに対して慰謝料の請求をすることができる（AはCの相続人に対して慰謝料についての損害賠償責任を負う）。　📖265頁Q9

⑶　誤。AはBに対して「信義則上**相当**と認められる限度」までしか求償できない。だから、Aは全額を常にBから回収できるわけではない。例えば、AがCに1,000万円支払ったとする。この場合、Aは1,000万円全額を常にBから回収できるわけではない。相当と認められる限度（具体的には、裁判所が決める）までしか、回収できない。　📖265頁Q6

⑷　誤。幼児であるCが、いきなり道路に飛び出してきた場合は、被害者側である幼児の親にも過失があることになる（親は、しっかり手を握ってなさい、ということ）。だから、本肢の場合も、**過失相殺が考慮され**、損害賠償額が安くなることがある（本来ならば、損害賠償額は1,000万円だが、幼児の手をしっかり握っていなかった親にも過失がある。だから、損害賠償額は900万円になります、ということ）。

　　　　　　　　　　　　　　　　　　　　　　　　[　正　解　]　⑴

Point!

　被用者（本問ではB）が負う債務と、使用者（本問ではA）が負う債務は
➡　**連帯債務**となる（被用者と使用者は連帯債務者となる）（肢⑴）。

不法行為 [^平26-8]

不法行為に関する次の記述のうち、民法の規定及び判例によれば、正しいものはどれか。

(1)　不法行為による損害賠償請求権の期間の制限を定める民法第724条第1号における、被害者が損害を知った時とは、被害者が損害の発生を現実に認識した時をいう。

(2)　不法行為による損害賠償債務の不履行に基づく遅延損害金債権は、当該債権が発生した時から10年間行使しないことにより、時効によって消滅する。

(3)　不法占拠により日々発生する損害については、加害行為が終わった時から一括して消滅時効が進行し、日々発生する損害を知った時から別個に消滅時効が進行することはない。

(4)　不法行為の加害者が海外に在住している間は、民法第724条第2号の20年の時効期間は進行しない。

 知った時＝認識した時。

(1) 正。被害者が損害を知った時とは、被害者が損害の発生を**現実に認識**した時だ。たとえば、芸能人のAが雑誌で滅茶苦茶なウソを書かれたとする(ウソを書かれたのだから、Aは被害者だ)。この場合、Aが損害を知った時とは、雑誌にウソが掲載された、ということをAが現実に認識した時だ。

(2) 誤。遅延損害金についても、不法行為による損害賠償請求権と同じように時効消滅する(①被害者または法定代理人が損害及び加害者を知った時から**3年間**行使しないとき、または、②不法行為の時から**20年間**行使しないときは、時効によって消滅する)。 265頁 Q7

(3) 誤。不法行為により日々発生する損害については、日々発生する損害を知った時から別個に消滅時効が**進行する**。ちなみに、日々発生する損害とは、たとえば、Aが4月1日から土地の不法占拠を始めたとすると、当然、4月1日に損害が発生する。そして、翌日の4月2日もAが不法占拠を続けていれば、4月2日にも損害が発生する。これが、日々発生する損害だ。

(4) 誤。加害者が海外に在住している間も時効は**進行する**(海外に在住していても、不法行為の時から**20年**を経過すると損害賠償請求権は消滅してしまう)。 265頁 Q7

(正 解) (1)

Point!

不法行為による損害賠償の請求権は、

➡ 被害者またはその法定代理人が損害及び加害者を**知った時**から3年間行使しないと消滅する(これが、724条第1号)。

注意! 知った時とは、損害の発生を**現実に認識**した時のことだ(肢(1))。

不法行為 [令3-8]

　Aが1人で居住する甲建物の保存に瑕疵があったため、令和4年7月1日に甲建物の壁が崩れて通行人Bがケガをした場合（以下この問において「本件事故」という。）における次の記述のうち、民法の規定によれば、誤っているものはどれか。

(1)　Aが甲建物をCから賃借している場合、Aは甲建物の保存の瑕疵による損害の発生の防止に必要な注意をしなかったとしても、Bに対して不法行為責任を負わない。

(2)　Aが甲建物を所有している場合、Aは甲建物の保存の瑕疵による損害の発生の防止に必要な注意をしたとしても、Bに対して不法行為責任を負う。

(3)　本件事故について、AのBに対する不法行為責任が成立する場合、BのAに対する損害賠償請求権は、B又はBの法定代理人が損害又は加害者を知らないときでも、本件事故の時から20年間行使しないときには時効により消滅する。

(4)　本件事故について、AのBに対する不法行為責任が成立する場合、BのAに対する損害賠償請求権は、B又はBの法定代理人が損害及び加害者を知った時から5年間行使しないときには時効により消滅する。

---

(1)
居住者 甲建物　　　通行人
C　賃貸借→　A　　⬆　壁が崩れる　B
賃貸人　　　賃借人　　　　　　　　ケガ
所有者

(2)
居住者 甲建物　　　通行人
A　　⬆　壁が崩れる　B
所有者　　　　　　　　　　　ケガ

賃借人（占有者）は、必要な注意をしていない。

講義

(1) 誤。建物（土地の工作物）の設置・保存に欠陥（瑕疵）があることによって他人に損害を生じたときは、建物の占有者（本肢ではＡ）は、被害者に対してその損害を賠償する責任を負う。ただし、占有者（Ａ）が損害の発生を防止するのに必要な注意をしたときは、所有者（本肢ではＣ）が責任を負う。つまり、①Ａが必要な**注意をしなかった**➡Ａが責任を**負う**、②Ａが必要な**注意をした**➡**Ｃが責任を負う**、というルールになっている。本肢は①のパターンだからＡが責任を負う。

(2) 正。建物（土地の工作物）の所有者の責任は**無過失責任**だ（過失がなくても責任を負うということ）。だから、Ａは、損害の発生の防止に必要な注意をしたとしても、**責任を負う**。

(3) 正。不法行為に基づく損害賠償請求権は、①被害者またはその法定代理人が損害及び加害者を知った時から３年間（人の生命・身体を害したときは５年間）行使しないとき、または、②**不法行為の時から20年間**行使しないときは、時効によって消滅する。 🔖265頁 Q7

(4) 正。不法行為に基づく損害賠償請求権は、①被害者またはその法定代理人が損害及び加害者を**知った時**から３年間（**人の生命・身体**を害したときは**5年間**）行使しないとき、または，②不法行為の時から20年間行使しないときは、時効によって消滅する。本問の通行人Ｂはケガをしている。つまり、Ｂの**身体**を害したわけだ。だから、**知った時**から**5年間**行使しないときは、時効によって消滅する。 🔖265頁 Q7

正 解 (1)

Point!

　Ｃが甲建物の賃貸人（所有者）で、Ａが賃借人（占有者）。甲建物の欠陥（瑕疵）により、Ｂがケガをした。

①　Ａが必要な注意をしなかった　➡　Ａが責任を負う（肢(1)）。

②　Ａが必要な注意をした　➡　Ｃが責任を負う。 注意！

注意！　所有者の責任は**無過失責任**なので、この場合、Ｃは必要な注意をしたとしても、責任を負うことになる。

不法行為 [令1-4]

不法行為に関する次の記述のうち、民法の規定及び判例によれば、正しいものはどれか。

(1) 放火によって家屋が滅失し、火災保険契約の被保険者である家屋所有者が当該保険契約に基づく保険金請求権を取得した場合、当該家屋所有者は、加害者に対する損害賠償請求金額からこの保険金額を、いわゆる損益相殺として控除しなければならない。

(2) 被害者は、不法行為によって損害を受けると同時に、同一の原因によって損害と同質性のある利益を既に受けた場合でも、その額を加害者の賠償すべき損害額から控除されることはない。

(3) 第三者が債務者を教唆して、その債務の全部又は一部の履行を不能にさせたとしても、当該第三者が当該債務の債権者に対して、不法行為責任を負うことはない。

(4) 名誉を違法に侵害された者は、損害賠償又は名誉回復のための処分を求めることができるほか、人格権としての名誉権に基づき、加害者に対し侵害行為の差止めを求めることができる。

 損害賠償以外も求めることができる。

講義

　不法行為によって、被害者側が利益を得る場合もある（殴られて大ケガをした。その大ケガの後遺症のため支給される傷害年金等）。この利益分を損害額から控除することを**損益相殺**という。

　損益相殺の具体例 ➡ 不法行為による損害が 3,000 万円あっても、利益が 2,000 万円あるなら、差し引き 1,000 万円となる（被害者は加害者に 1,000 万円しか請求できない）。

注意！ もちろん、利益を得ても損益相殺されない場合もある。例えば、肢 1 の場合は損益相殺されない。

(1) 誤。例えば、被害者（家屋所有者）は家屋が喪失して 3,000 万円の損害を被ったが、その一方で、火災保険金として 2,000 万円受け取れるとする（この 2,000 万円が利益だ）。被害者は 2,000 万円受け取れるのだから、その分を差し引いた額（3,000 万円から、2,000 万円を損益相殺として控除した額）の 1,000 万円しか放火犯である加害者に請求できないのか？　というのが本肢の話。そんなバカなことはない。被害者は 3,000 万円請求できる（火災保険金は損益相殺として控除されない）。

(2) 誤。不法行為と同一の原因によって損害と同質性のある利益を既に受けた場合は、その額が加害者の賠償すべき損害額から控除されることがある（利益の分だけ、損害賠償が安くなることがある）。本肢も損益相殺の問題だ。

(3) 誤。教唆とはそそのかすことだ。第三者が債務者を教唆して、履行を不能にさせたら、債権者に対する不法行為となる（債権者に対して不法行為責任を負うことになる）。だから、「第三者（教唆した者）が債権者に対して、不法行為責任を負うことはない」とある本肢は×だ。

(4) 正。名誉を違法に侵害された者は、損害賠償または名誉回復のための処分を求めることができるほか、人格権としての名誉権に基づき、加害者に対し**侵害行為の差止め**を求めることができる。例えば、本にデタラメを書かれ名誉を侵害されたら、①損害賠償（お金払え）、②名誉回復のための処分（新聞に謝罪広告を出せ）、③侵害行為の差止め（本の出版をやめろ）を求めることができるということ。

以上全体につき、 264 頁以下

正解 (4)

Point! 名誉侵害の被害者は、次の①～③を求めることができる（肢(4)）。
　　① 損害賠償
　　② 名誉回復のための処分
　　③ **侵害行為の差止め**

不法行為（判決文問題） [平28-9]

次の1から4までの記述のうち、民法の規定及び下記判決文によれば、誤っているものはどれか。

（判決文）

契約の一方当事者が、当該契約の締結に先立ち、信義則上の説明義務に違反して、当該契約を締結するか否かに関する判断に影響を及ぼすべき情報を相手方に提供しなかった場合には、上記一方当事者は、相手方が当該契約を締結したことにより被った損害につき、不法行為による賠償責任を負うことがあるのは格別、当該契約上の債務の不履行による賠償責任を負うことはないというべきである。（中略）上記のような場合の損害賠償請求権は不法行為により発生したものである（略）。

(1) 信義則上の説明義務に違反して、当該契約を締結するか否かに関する判断に影響を及ぼすべき情報を買主に提供しなかった売主に対する買主の損害賠償請求権は、買主が損害及び加害者を知った時から3年間行使しないときは、時効により消滅する。

(2) 信義則上の説明義務に違反して、当該契約を締結するか否かに関する判断に影響を及ぼすべき情報を買主に提供しなかった売主に対する買主の損害賠償請求権は、損害を被っていることを買主が知らない場合でも、売買契約から10年間行使しないときは、時効により消滅する。

(3) 信義則上の説明義務に違反して、当該契約を締結するか否かに関する判断に影響を及ぼすべき情報を買主に提供しなかった売主に対する損害賠償請求権を有している買主は、その損害賠償請求権を自働債権とする相殺をもって、売主に対抗することができる。

(4) 売主が信義則上の説明義務に違反して、当該契約を締結するか否かに関する判断に影響を及ぼすべき情報を買主に提供しなかった場合、買主は、売主に対して、この説明義務違反を理由に、売買契約上の債務不履行責任を追及することはできない。

 信義則上の説明義務違反➡不法行為。

講 義

判決文のポイント

判決文の 3 ～ 5 行目に「**不法行為による損害賠償責任を負うことがある**」・「**債務の不履行による損害賠償責任を負うことはない**」とある。

責任を負うことがあるか？

不法行為による損害賠償責任　　➡　　ある

債務不履行による損害賠償責任　➡　　ない

この判決文のポイントを読み取ることができれば、カンタンだ。後は、**不法行為のルール**を思い出しながら問題を解けば、正解にたどり着くことができる（ちなみに、「**債務の不履行による損害賠償責任を負うことはない**」のだから、債務不履行のルールはムシして OK）。

第 5 編　その他の事項

(1)　正。不法行為による損害賠償の請求権は、①被害者またはその法定代理人が損害及び加害者を**知った時から 3 年間**（人の生命または身体を害する不法行為の場合は知った時から 5 年間）行使しないとき、または、②不法行為の時から **20 年間**行使しないときは、時効によって消滅する。ちなみに、本問においては、売主が加害者で、買主が被害者だ（買主に大事な情報を提供しなかった売主が加害者で、提供してもらえなかった買主が被害者）。　　📖 265 頁 Q 7

(2)　誤。不法行為の時から **20 年間**行使しないときは、時効によって消滅する（肢(1)の解説参照）。10 年間ではないので、本肢は×だ。　　📖 265 頁 Q 7

(3)　正。不法行為を働いたけしからん加害者が、自分の財布から賠償金を出さずに相殺でチャラにするのは横着すぎる！　そんなことは許されない。だから、一定の場合は、加害者からは相殺できない。しかし、**被害者**からは相殺できる。大事な情報を提供してもらえなかった買主は被害者だ。だから、買主は相殺できる（売主に対抗することができる）。　　📖 258 頁 Q 7

(4)　正。判決文の 5 ～ 6 行目に「**債務の不履行による損害賠償を負うことはない**」とある。だから、買主は、債務不履行責任を追及することはできない。

正 解 (2)

Point!

不法行為による損害賠償の請求権は、次の場合に時効によって消滅する。

①　被害者またはその法定代理人が損害及び加害者を**知った時から 3 年間**（人の生命または身体を害する不法行為の場合は知った時から 5 年間）行使しないとき（肢(1)）。

②　不法行為の時から **20 年間**行使しないとき（肢(2)）。

相隣関係　　　　　　　　　　　　　[令2-1]

　Aが購入した甲土地が他の土地に囲まれて公道に通じない土地であった場合に関する次の記述のうち、民法の規定及び判例によれば、正しいものはどれか。

(1)　甲土地が共有物の分割によって公道に通じない土地となっていた場合には、Aは公道に至るために他の分割者の所有地を、償金を支払うことなく通行することができる。

(2)　Aは公道に至るため甲土地を囲んでいる土地を通行する権利を有するところ、Aが自動車を所有していても、自動車による通行権が認められることはない。

(3)　Aが、甲土地を囲んでいる土地の一部である乙土地を公道に出るための通路にする目的で賃借した後、甲土地をBに売却した場合には、乙土地の賃借権は甲土地の所有権に従たるものとして甲土地の所有権とともにBに移転する。

(4)　Cが甲土地を囲む土地の所有権を時効により取得した場合には、AはCが時効取得した土地を公道に至るために通行することができなくなる。

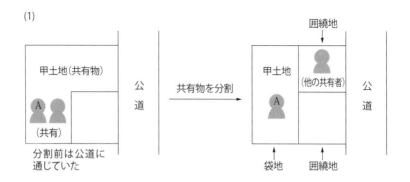

(1)

Hint!　分割によって生じたときは、通行料不要。

他の土地（囲繞地）に囲まれているため、公道に通じていない土地のことを袋地という。つまり、囲んでいる土地が囲繞地で、囲まれている土地が袋地だ。囲まれている土地（袋地）の所有者は、公道に至るため（袋地から公道に出るため）、囲んでいる土地（囲繞地）を通行できる。この通行できる権利を囲繞地通行権という。

(1) 正。分割によって公道に通じない土地（袋地）が生じたときは、その土地の所有者は、公道に至るため、他の分割者の所有地のみを通行できる。この場合においては、通行料（償金）を支払う**必要はない**。

(2) 誤。他の土地に囲まれて公道に通じない土地（袋地）の所有者は、公道に至るため、その土地を囲んでいる他の土地（囲繞地）を通行できる。そして、自動車による通行を認める必要性等の諸事情を総合考慮して、自動車による通行権が認められることもある。だから、「自動車による通行権が認められることはない」と言い切っている本肢は×だ。

(3) 誤。甲土地の所有権が移転しても、乙土地の賃借権は移転しない。ちなみに、賃借権ではなく、通行地役権だったら（乙土地に通行地役権を設定したときは）、甲土地の所有権が移転したら、乙土地の通行地役権も**移転する**。ついでに覚えておこう。

(4) 誤。囲繞地が時効取得されても、袋地の所有者の囲繞地通行権（袋地の所有者が他の土地を通行できる権利）は消滅しない。だから、AはCが時効取得した土地を通行できる。

（正 解）(1)

Point!

1 他の土地に囲まれて公道に通じない土地の所有者は、公道に至るため、その土地を囲んでいる他の土地を通行できる。そして、通行権を有する者は通行料（償金）を支払う**必要がある**。

2 **分割**によって、公道に通じない土地（袋地）が生じたときは、その土地の所有者は、公道に至るため、他の分割者の所有地のみを通行できる。この場合においては、通行料（償金）を支払う**必要はない**（肢(2)）。注意！ 土地の一部譲渡によって袋地が生じたときも、通行料（償金）を支払う**必要はない**。

相隣関係 [平21-4]

　相隣関係に関する次の記述のうち、民法の規定によれば、誤っているものはどれか。

(1)　土地の所有者は、境界において障壁を修繕するために必要であれば、必要な範囲内で隣地の使用を請求することができる。

(2)　複数の筆の他の土地に囲まれて公道に通じない土地の所有者は、公道に至るため、その土地を囲んでいる他の土地を自由に選んで通行することができる。

(3)　Aの隣地の竹木の枝が境界線を越えてもAは竹木所有者の承諾なくその枝を切ることはできないが、隣地の竹木の根が境界線を越えるときは、Aはその根を切り取ることができる。

(4)　異なる慣習がある場合を除き、境界線から 1 m未満の距離において他人の宅地を見通すことができる窓を設ける者は、目隠しを付けなければならない。

　周りに多大な迷惑をかけてはダメ！

(1)　正。土地の所有者は、境界や境界の近くで建物や壁を造ったり、修繕したりするときは、必要な範囲内で隣地の**使用を請求**することができる。

(2)　誤。周りを他の土地に囲まれていて道路に出られない土地の所有者（通行権者）は、道路に出るために周りの土地を通行することができる。ただし、通行の場所及び方法は、通行権者に必要であり、かつ、周りの土地にとって、**損害が最も少ないもの**を選ばなければならない。自由に選んで通行できるわけではない。

(3)　正。隣地から境界線を越えて伸びてきた木の枝については、Ａは、自分で切り取ることはできない（竹木の所有者に切り取らせる）。しかし、隣地から境界線を越えて伸びてきた木の根については、Ａは、**自分で切り取ることができる**。

(4)　正。異なる慣習がある場合を除いて、境界線から **1m 未満**の距離において、他人の宅地を見通すことができる窓を設ける者は、目隠しを付けなければならない。

（正　解）　(2)

Point!

　　周りを他の土地に囲まれていて道路に出られない土地の所有者（通行権者）は、道路に出るために周りの土地を通行することができる。ただし、
　① 通行権者にとって必要で、かつ、
　② 周りの土地にとって、**損害が最も少ない通行の場所と方法**を選ぶ必要がある（肢(2)）。

公道に至るための他の土地の通行権　　　[平25-3]

　甲土地の所有者Aが、他人が所有している土地を通行することに関する次の記述のうち、民法の規定及び判例によれば、誤っているものはどれか。

(1)　甲土地が他の土地に囲まれて公道に通じない場合、Aは、公道に出るために甲土地を囲んでいる他の土地を自由に選んで通行できるわけではない。

(2)　甲土地が共有物分割によって公道に通じなくなった場合、Aは、公道に出るために、通行のための償金を支払うことなく、他の分割者の土地を通行することができる。

(3)　甲土地が公道に通じているか否かにかかわらず、他人が所有している土地を通行するために当該土地の所有者と賃貸借契約を締結した場合、Aは当該土地を通行することができる。

(4)　甲土地の隣接地の所有者が自らが使用するために当該隣接地内に通路を開設し、Aもその通路を利用し続けると、甲土地が公道に通じていない場合には、Aは隣接地に関して時効によって通行地役権を取得することがある。

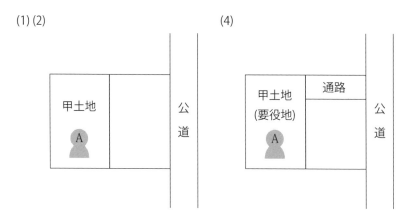

Hint!　自分で開設しなければダメ。

(1) 正。Aは、公道に出るために他の土地を通行することができる。この場合、Aは、Aのために**必要**であり、かつ、他の土地のために**損害が最も少ないもの**を選ばなければならない（迷惑にならないように端っこを通行しなさい、ということ）。自由に選んで通行できるわけではない。

(2) 正。共有物分割によって公道に通じなくなった場合、Aは、公道に出るために、他の分割者の土地を通行することができる。この場合、Aは、**お金を支払う必要はない**（償金を支払う必要はない）。

(3) 正。賃貸借契約を締結したのだから、トーゼン、Aは、借りた土地を**通行することができる**。

(4) 誤。Aが通路を開設した場合は、時効によって通行地役権を取得することができる。しかし、本肢の場合、通路を開設したのは、隣接地の所有者なので（Aではないので）、Aは、通行地役権を取得することができない。

📖 57頁 (5)、263頁 ⑤

（**正 解**）(4)

通行地役権と時効※（肢(4)）

① **要役地の所有者**（本問ではA）が通路を開設した場合
➡ 要件を満たせば、時効によって通行地役権を取得することが**できる**。

② 要役地の所有者**以外**の人（本問では隣接地の所有者）が通路を開設した場合
➡ 時効によって通行地役権を取得することは**できない**。

※ 通行地役権とは、他人の土地を通行できる権利（地役権）のことだ。自分の土地（通行したい人の土地）を要役地、他人の土地（通行される人の土地）を承役地という。

条　件　　　　　　　　　　　　[平30-3]

　AとBとの間で、5か月後に実施される試験（以下この問において「本件試験」という。）にBが合格したときにはA所有の甲建物をBに贈与する旨を書面で約した（以下この問において「本件約定」という。）。この場合における次の記述のうち、民法の規定及び判例によれば、誤っているものはどれか。

(1)　本件約定は、停止条件付贈与契約である。

(2)　本件約定の後、Aの放火により甲建物が滅失し、その後にBが本件試験に合格した場合、AはBに対して損害賠償責任を負う。

(3)　Bは、本件試験に合格したときは、本件約定の時点にさかのぼって甲建物の所有権を取得する。

(4)　本件約定の時点でAに意思能力がなかった場合、Bは、本件試験に合格しても、本件約定に基づき甲建物の所有権を取得することはできない。

甲建物
A　⇧　停止条件付贈与（書面）　B
贈与者　　（試験に合格したら贈与する）　受贈者

Hint!　坂登兄弟ではない。

(1) 正。来るかどうか**わからない**のが条件だ。だから、「合格したときには」はというのは条件だ(合格するかどうかわからないから)。したがって、「Bが合格したときにはA所有の甲建物をBに贈与する」という約定は、停止条件付贈与契約だ。

(2) 正。条件が成就したら(合格したら)、Bは甲建物をもらえるはずだった。しかし、条件(合格のこと)の成否が未定である間に、Aの放火によって、甲建物が滅失してしまったわけだ。この場合、合格したBはAに**損害賠償**を請求できる(AはBに対して損害賠償責任を負う)。

(3) 誤。条件が**成就した時**(Bが試験に合格した時)から、効力が生じる(甲建物がBのものになる)。さかのぼらないので、本肢は×だ。

(4) 正。よっぱらいなどのように物事をキチンと判断できない人のことを**意思無能力者**という。そういう意思無能力者がやった契約は**無効**だ。だから、意思能力がない(意思無能力者)Aがやった停止条件付贈与契約は無効であり、Bは、合格しても、甲建物の所有権を取得することはできない。

📖35頁(2)

（ 正 解 ）(3)

Point!

契約が無効になる場合
1 **意思無能力者**がやった契約は無効(肢(4))。
2 **公序良俗**に反する契約は無効。

条　件　　　　　　　　　　　[平18-3]

　　Aは、Bとの間で、A所有の山林の売却について買主のあっせんを依頼し、その売買契約が締結され履行に至ったとき、売買代金の2%の報酬を支払う旨の停止条件付きの報酬契約を締結した。この契約において他に特段の合意はない。この場合に関する次の記述のうち、民法の規定及び判例によれば、誤っているものはどれか。

(1)　あっせん期間が長期間に及んだことを理由として、Bが報酬の一部前払を要求してきても、Aには報酬を支払う義務はない。

(2)　Bがあっせんした買主Cとの間でAが当該山林の売買契約を締結しても、売買代金が支払われる前にAが第三者Dとの間で当該山林の売買契約を締結して履行してしまえば、Bの報酬請求権は効力を生ずることはない。

(3)　停止条件付きの報酬契約締結の時点で、既にAが第三者Eとの間で当該山林の売買契約を締結して履行も完了していた場合には、Bの報酬請求権が効力を生ずることはない。

(4)　当該山林の売買契約が締結されていない時点であっても、Bは停止条件付きの報酬請求権を第三者Fに譲渡することができる。

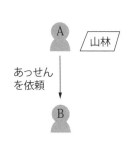

裏切り者を許すな！

(1)　正。AB間の契約は、「A所有の山林の売買契約が締結され履行に至ったら」Aから Bに報酬が支払われる、というものだ。だから、あっせんの期間が長期間に及んだとしても、「A所有の山林の売買契約が締結され履行に至った」という**停止条件が成就（実現）していない**ので、Aには報酬を払う義務はない。

(2)　誤。「条件が成就（実現）したら報酬を支払いますよ」という契約の場合においては、報酬を支払う約束をした人が**故意に条件の成就をじゃましたら**、報酬をもらう約束をしていた人は、**条件が成就したものとみなして報酬を請求する**ことができることになっている。本肢の場合のように、AがDと当該山林の売買契約を締結して履行してしまったら、当たり前のことだが裏切られたCは売買代金を支払わない。そして、Cが売買代金を払わないと、Bが報酬を受け取れるための条件（Cが売買代金を払うこと）が成就しないことになってしまう。つまり、Aは条件の成就を**故意**にじゃましているわけだ。したがって、Bは**条件が成就したものとみなして報酬を請求**することができる。

(3)　正。契約締結の時点で、**停止条件が不成就（実現しない）**ということが既に確定しているときは、その契約は**無効**となる。本肢の場合、AB間で停止条件付きの報酬契約を締結した時点において、既にAがEに当該山林を売却し履行済みだ。したがって、山林はもはやEのモノであるので、Bが「A所有の山林の売却をあっせんし履行にいたらせるという」**停止条件を実現できない**ことが確定している。だから、AB間の報酬契約は無効となり、Bの報酬請求権が効力を生ずることはない。

(4)　正。報酬請求権は権利であるから**トーゼン譲渡**することができる。そして、報酬請求権に条件が付いていて、その条件の成否が未定である場合も、権利であることに変わりはないのだから、**トーゼン譲渡**することができる。

正　解　(2)

第5編　その他の事項

😎 **肢(4)をもうひと押し！**

条件付きの権利
① **譲渡**できるか？　➡　○　（肢(4)）
② 相続できるか？　➡　○

条　　件　　　　　　　　　　　[平23-2]

　Aは、自己所有の甲不動産を3か月以内に、1,500万円以上で第三者に売却でき、その代金全額を受領することを停止条件として、Bとの間でB所有の乙不動産を2,000万円で購入する売買契約を締結した。条件成就に関する特段の定めはしなかった。この場合に関する次の記述のうち、民法の規定によれば、正しいものはどれか。

(1)　乙不動産が値上がりしたために、Aに乙不動産を契約どおり売却したくなくなったBが、甲不動産の売却を故意に妨げたときは、Aは停止条件が成就したものとみなしてBにAB間の売買契約の履行を求めることができる。

(2)　停止条件付法律行為は、停止条件が成就した時から効力が生ずるだけで、停止条件の成否が未定である間は、相続することはできない。

(3)　停止条件の成否が未定である間に、Bが乙不動産を第三者に売却し移転登記を行い、Aに対する売主としての債務を履行不能とした場合でも、停止条件が成就する前の時点の行為であれば、BはAに対し損害賠償責任を負わない。

(4)　停止条件が成就しなかった場合で、かつ、そのことにつきAの責に帰すべき事由がないときでも、AはBに対し売買契約に基づき買主としての債務不履行による損害賠償責任を負う。

 乙不動産 停止条件付売買契約

 故意に妨げたらペナルティ。

(1) 正。Bが故意に条件が成就することを妨害したら、Aは条件が成就したものとみなすことができる。だから、AはBに対して売買契約の履行を求めることができる。

(2) 誤。条件の成否が未定であっても、相続の対象になる（Aが死亡した場合、Aの相続人が相続する。そして、相続後に条件が成就すれば、Aの相続人は、Bから 2,000 万円で乙不動産を購入することになる）。

(3) 誤。条件の成否が未定であっても、相手方の利益を害してはダメだ（もし、害することをしたら、損害賠償だ）。BはAの利益を害することをしているから、Aに対して損害賠償責任を負うことになる。

(4) 誤。Aに帰責事由がない場合（要するに、Aが悪くない場合）は、債務不履行による損害賠償責任を負わない。Aが損害賠償責任を負うことになるのは、Aに帰責事由がある場合だ。164 頁 条文 注意!

正 解 (1)

Point!

　条件の成就（実現）により不利益を受ける当事者が、**故意**に条件が成就することを妨害したら、➡ 相手方は**条件が成就**したものとみなすことができる（肢(1)）。

事務管理　　　　　　　　　　　[平30-5]

　Aは、隣人Bの留守中に台風が接近して、屋根の一部が壊れていたB宅に甚大な被害が生じる差し迫ったおそれがあったため、Bからの依頼なくB宅の屋根を修理した。この場合における次の記述のうち、民法の規定によれば、誤っているものはどれか。

(1)　Aは、Bに対して、特段の事情がない限り、B宅の屋根を修理したことについて報酬を請求することができない。

(2)　Aは、Bからの請求があったときには、いつでも、本件事務処理の状況をBに報告しなければならない。

(3)　Aは、B宅の屋根を善良な管理者の注意をもって修理しなければならない。

(4)　AによるB宅の屋根の修理が、Bの意思に反することなく行われた場合、AはBに対し、Aが支出した有益な費用全額の償還を請求することができる。

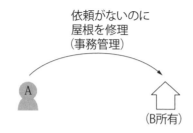

依頼がないのに
屋根を修理
（事務管理）

A

（B所有）

 通常か緊急か。

(1) 正。「Bからの依頼なくB宅の屋根を修理した」とあるが、こういうお節介（義務がないのに他人のために事務の管理を行うこと）を事務管理という。**事務管理**を行った（屋根を修理した）Aは、Bに対して、特段の事情のない限り、報酬を請求することは**できない**。

(2) 正。事務管理を行ったAは、Bからの**請求**があったときは、いつでも、事務処理の状況を**報告**しなければならない。

(3) 誤。通常の事務管理の場合は、善管な管理者の注意義務（善管注意義務）を負う。しかし、**緊急**の事務管理の場合（身体・名誉・財産に対する急迫の危害を免れさせるために事務管理をした場合）は、善管な管理者の注意義務を負わない。本問は「甚大な被害が生じる差し迫ったおそれがあった」とあるから、緊急事態だ（緊急の事務管理だ）。だから、Aは善管な管理者の注意義務を負わない。

(4) 正。Aによる事務管理が、Bの意思に**反することなく**行われた場合は、AはBに対し、支出した有益な費用**全額**の償還を請求することができる。

（**正 解**）(3)

Point!

善良な管理者の注意義務を負うか？

1 通常の事務管理 ➡ 負う。

2 **緊急**の事務管理 ➡ 負わない（肢(3)）。

総合問題 [令3-3]

　個人として事業を営むAが死亡した場合に関する次の記述のうち、民法の規定によれば、誤っているものはいくつあるか。なお、いずれの契約も令和4年7月1日付けで締結されたものとする。

ア　AがBとの間でB所有建物の清掃に関する準委任契約を締結していた場合、Aの相続人は、Bとの間で特段の合意をしなくても、当該準委任契約に基づく清掃業務を行う義務を負う。

イ　AがA所有の建物について賃借人Cとの間で賃貸借契約を締結している期間中にAが死亡した場合、Aの相続人は、Cに賃貸借契約を継続するか否かを相当の期間を定めて催告し、期間内に返答がなければ賃貸借契約をAの死亡を理由に解除することができる。

ウ　AがA所有の土地について買主Dとの間で売買契約を締結し、当該土地の引渡しと残代金決済の前にAが死亡した場合、当該売買契約は原始的に履行が不能となって無効となる。

エ　AがE所有の建物について貸主Eとの間で使用貸借契約を締結していた場合、Aの相続人は、Eとの間で特段の合意をしなくても、当該使用貸借契約の借主の地位を相続して当該建物を使用することができる。

(1)　一つ

(2)　二つ

(3)　三つ

(4)　四つ

準委任と委任は同じルール。

ア　誤。準委任と委任はルールが同じだから（準委任は委任の規定が準用
　　されるから）、委任契約で勉強したルールで解けば OK だ。受任者が**死亡**
　　したら委任は終了する。準委任も同じルールだから、Aが死亡したら、
　　準委任は**終了**する。だから、Aの相続人は準委任契約に基づく清掃業務
　　を行う義務を負わない。　　　　　　　　　　　　　　　　📖260頁Q7

イ　誤。当事者（貸主・借主）が死亡しても、賃貸借は終了**しない**。相続
　　人が権利・義務を受け継ぐことになる。本肢のような「貸主の相続人は、
　　貸主が死亡したことを理由に契約解除することができる」というルール
　　はない。

ウ　誤。当事者（売主・買主）が死亡しても、売買契約は終了**しない**（無
　　効とならない）。相続人が権利・義務を受け継ぐことになる。

エ　誤。**借主**が死亡すると、使用貸借は終了**する**。だから、Aの相続人は、
　　借主の地位を相続せず、建物を使用することができない。ちなみに、貸
　　主が死亡しても、使用貸借は終了しない。　　　　　　　📖268頁Q1

　　以上により、誤っているものはアとイとウとエなので（全部が誤ってい
　るので）、正解は肢(4)となる。

（**正　解**）(4)

Point!

① 売買 ➡ 当事者（売主・買主）が死亡しても終了しない（肢(3)）。

② 賃貸借 ➡ 当事者（貸主・借主）が死亡しても終了しない（肢(2)）。

③ 委任（準委任）➡ 当事者（委任者・受任者）が死亡したら終了する（肢(1)）。

④ 使用貸借 ➡ **貸主**が死亡しても終了しないが、**借主**が死亡したら終了す
　る（肢(4)）。

第5編　その他の事項

第5編　弱点表

項　目	番　号	難　度	正　解	自己採点
民法の原則	平18-1	普通	(4)	
弁　済	平17-7	難しい	(2)	
弁　済	令1-7	難しい	(1)	
相　殺	平16-8	難しい	(4)	
相　殺	平30-9	普通	(3)	
相　殺	平23-6	難しい	(1)	
委　任	平18-9	難しい	(1)	
委　任	令2-5	難しい	(1)	
請　負	令1-8	普通	(2)	
請　負	平18-6	難しい	(2)	
地役権	平14-4	カンターン	(2)	
留置権	平25-4	難しい	(4)	
債権者代位権	平22-7	難しい	(1)	
占有権	平27-5	超難	(3)	
贈　与	平21-9	普通	(3)	
不法行為	平18-11	普通	(3)	
不法行為	平20-11	普通	(4)	
不法行為	平25-9	普通	(1)	
不法行為	平19-5	難しい	(4)	
不法行為	平24-9	難しい	(1)	
不法行為	平26-8	難しい	(1)	
不法行為	令3-8	カンターン	(1)	

不法行為	令1-4	普通	(4)	
不法行為（判決文問題）	平28-9	普通	(2)	
相隣関係	令2-1	普通	(1)	
相隣関係	平21-4	カンターン	(2)	
公道に至るための他の土地の通行権	平25-3	難しい	(4)	
条　件	平30-3	普通	(3)	
条　件	平18-3	難しい	(2)	
条　件	平23-2	普通	(1)	
事務管理	平30-5	難しい	(3)	
総合問題	令3-3	難しい	(4)	

問題さくいん

宅建学院

　広大無辺な**宅建士試験の全分野**を「らくらく宅建塾」・「マンガ宅建塾」・「まる覚え宅建塾」・「◯×マンガ宅建塾」にまとめ上げただけでなく、問題集「過去問宅建塾（3分冊）」・「ズバ予想宅建塾」を出版。**ミリオンセラー**となったこれらの本を縦横無尽に駆使して、宅建の「た」の字も知らない初心者を合格させている。さらに、宅建士受験 BOOK「ズバ予想宅建塾・直前模試編」、宅建塾 DVD「宅建士革命」まで出版。**2 年連続で全国最年少合格者を輩出**した宅建学院の通信宅建超完璧講座は、一般教育訓練給付制度厚生労働大臣指定講座とされている。

主　著	「らくらく宅建塾」 「マンガ宅建塾」「まる覚え宅建塾」 「◯×マンガ宅建塾」「過去問宅建塾」 「ズバ予想宅建塾」	最高傑作	2 年連続で全国最年少合格者を生み出した 宅建 超 完璧講座 一般教育訓練給付制度厚生労働大臣指定講座 指定番号 110190020019
		D V D	「宅建士革命」

本書に関する正誤のお問合せは、お手数ですが文書（郵便、FAX）にて、小社までご送付ください。また電話でのお問合せ及び本書の記載の範囲を超えるご質問にはお答えしかねます。
なお、追録（法令改正）、正誤表などの情報に関しましては、小社ホームページをご覧ください。
https://www.takkengakuin.com/

2022 年版　過去問宅建塾【1】権利関係

2017 年 4 月 27 日	初版発行
2018 年 2 月 1 日	改訂第 2 版発行
2019 年 1 月 8 日	改訂第 3 版発行
2020 年 2 月 10 日	改訂第 4 版発行
2021 年 2 月 6 日	改訂第 5 版発行
2021 年 12 月 28 日	改訂第 6 版発行

©2021

著　者　宅　建　学　院
発行人　小　林　信　行
印刷所　株式会社太洋社
発行所　**宅　建　学　院**

〒 359-1111　埼玉県所沢市緑町 2-7-11　アーガスヒルズ 50　5F
☎ 04-2939-0335　FAX04-2924-5940
https://www.takkengakuin.com/

乱丁・落丁はお取り替えいたします。

ISBN978-4-909084-57-6

苦労せずにらくらく一発合格を目指すなら
合格メソッドがギュ、ギューッと詰まった**通信講座**で!

一般教育訓練給付制度厚生労働大臣指定講座　指定番号110190020019

4 Stepで一発合格を目指す!

まずはこれ!DVD本講義+問題演習

合格に必要なエッセンスをDVDで楽しくらくらくインプット!宅建の内容を大きく4つの分野に分けて学習していきます。全過程が終了する頃には、いつの間にか自分で考えて答えが出せるアタマに!

次は単元毎の確認テスト!!分野別模試+解説DVD

本講義DVDの達成度の確認として、この分野別模試を解きます。各分野につき模試が一回で全4回となります。また、詳しい解説DVD付きですので、重要なポイントをしっかりとフォローできます。

各分野をまとめて復習!!
総まとめDVD+問題演習

DVD講義で総復習!!
これで分野ごとの学習はもう卒業です。

本番形式で問題演習!!公開模試+解説DVD

最後の最後はやっぱり総合問題!本番と同じ形式で、全6回の模試を解きます。本番で出題可能性の高い問題を宅建学院が本気で予想し作成する最高の演習問題です!

あとは本試験を受けるだけ!

通信宅建 **完璧講座**

[注意!] 教育訓練給付金は支給されません。

 時間がないなら→これ!!

☎ 質問専用ホットラインあり!!

超完璧講座から**総まとめ講座の7単位を大胆にカット!!**それ以外はすべて超完璧講座と同じ!!超完璧講座をスリム・アップしたのがこの**完璧講座**です。つまり、

🔑 キーポイント ▶ 超完璧講座－総まとめ講座＝完璧講座

　　　　オプションの音声講座「ハイスピード宅建〔本講義音声版〕」も追加できます!

準 通信宅建 **準完璧講座**

[注意!] 教育訓練給付金は支給されません。

 講義だけでいいなら→これ!!

☎ 質問専用ホットラインあり!!

超完璧講座から総まとめ講座7単位をカットすると完璧講座になり→そこからさらに①分野別模擬試験全4回（計200問）と②公開模擬試験全6回（計300問）をカットすると→この**準完璧講座**になります。もはやこれ以上はカットできないギリギリの講義部分20単位だけの講座です。つまり、

🔑 キーポイント ▶ 超完璧講座－総まとめ講座－分野別模試－公開模試＝準完璧講座

　　　　オプションの音声講座「ハイスピード宅建〔本講義音声版〕」も追加できます!

総 通信宅建 **総まとめ講座**

[注意!] 教育訓練給付金は支給されません。

 短期間で合格!!

☎ 質問専用ホットラインあり!!

権利関係、宅建業法、法令上の制限・税法・その他の全科目を総まとめ。

 お届けする教材群!! この講座は宅建超完璧講座の単位25～31と同一です。

講義DVD → 超裏ワザを伝授!!
小テスト全7回（計105問）・宿題全7回（計140問）→ 超裏ワザ解説書付き!!

　　　　オプションの音声講座「ハイスピード宅建〔総まとめ講義音声版〕」も追加できます!

公 通信宅建 **公開模擬試験**（自宅受験）

[注意!] 教育訓練給付金は支給されません。

 究極の出題予想!!

これ以上あり得ない全身全霊をかけての究極の出題予想!!名人芸を通り越した芸術領域は、他校には絶対にマネできません!!

 お届けする教材群!! この模試は宅建超完璧講座の単位32～37と同一です。

全6回の問題　1回50問×6回＝全300問（解説書付き）
解説DVD → 超裏ワザを伝授!!

超宅建超完璧講座	完宅建完璧講座	準宅建準完璧講座	総宅建総完璧まとめ講座	公宅建公開模擬試験	単位	全タイトル一覧表!!　注意!!　宅建超完璧講座の全37単位から一部分をピックアップしたのが他の講座です。	問題 解説書付き 小テスト	宿題	模擬試験
超	完	準			1	権利関係（1）	10問	15問	
超	完	準			2	権利関係（2）	10問	15問	
超	完	準			3	権利関係（3）	10問	15問	—
超	完	準			4	権利関係（4）	10問	15問	
超	完	準			5	権利関係（5）	10問	15問	
超	完				6	**第1回模擬試験**（権利関係 前半50問）	—		50問
超	完	準			7	権利関係（6）	10問	15問	
超	完	準			8	権利関係（7）	10問	15問	
超	完	準			9	権利関係（8）	10問	15問	—
超	完	準			10	権利関係（9）	10問	15問	
超	完	準			11	権利関係（10）	10問	15問	
超	完				12	**第2回模擬試験**（権利関係 後半50問）	—		50問
超	完	準			13	宅建業法（1）	10問	15問	
超	完	準			14	宅建業法（2）	10問	15問	
超	完	準			15	宅建業法（3）	10問	15問	—
超	完	準			16	宅建業法（4）	10問	15問	
超	完	準			17	宅建業法（5）	10問	15問	
超	完				18	**第3回模擬試験**（宅建業法 50問）	—		50問
超	完	準			19	法令上の制限（1）	10問	15問	
超	完	準			20	法令上の制限（2）	10問	15問	
超	完	準			21	法令上の制限（3）	10問	15問	—
超	完	準			22	法令上の制限（4）・その他	10問	15問	
超	完	準			23	税法・その他	10問	15問	
超	完				24	**第4回模擬試験**（法令上の制限・税法・その他50問）	—		50問
超			総		25	権利関係 総まとめ（1）	15問	20問	
超			総		26	権利関係 総まとめ（2）	15問	20問	
超			総		27	権利関係 総まとめ（3）	15問	20問	—
超			総		28	宅建業法 総まとめ（1）	15問	20問	
超			総		29	宅建業法 総まとめ（2）	15問	20問	
超			総		30	法令上の制限・税法・その他総まとめ（1）	15問	20問	
超			総		31	法令上の制限・税法・その他総まとめ（2）	15問	20問	
超	完			公	32	第1回公開模擬試験（総合50問）			50問
超	完			公	33	第2回公開模擬試験（総合50問）			50問
超	完			公	34	第3回公開模擬試験（総合50問）	—		50問
超	完			公	35	第4回公開模擬試験（総合50問）			50問
超	完			公	36	第5回公開模擬試験（総合50問）			50問
超	完			公	37	第6回公開模擬試験（総合50問）			50問
						本試験　10月16日（日）			

超・完・準　講座一覧表

	超 超完璧講座	完 完璧講座	準 準完璧講座
DVD	本　講　義　20単位 総まとめ講義　7単位 模試解説　10単位 ▼ **全37単位**	本　講　義　20単位 模試解説　10単位 ▼ **全30単位**	本　講　義　20単位 ▼ **全20単位**
問　題 超 裏ワザ 解説書付き‼	小テスト　27回(計305問) 宿　題　27回(計440問) 分野別模試　4回(計200問) 公開模試　6回(計300問) ▼ **全1,245問**	小テスト　20回(計200問) 宿　題　20回(計300問) 分野別模試　4回(計200問) 公開模試　6回(計300問) ▼ **全1,000問**	小テスト　20回(計200問) 宿　題　20回(計300問) ▼ **全500問**
通信添削指導	10回	なし	なし
🔑 **キーポイント**	何から何まで入って オールマイティー‼	超完璧講座 ー総まとめ講座 ＝完璧講座	超完璧講座 ー総まとめ講座 ー分野別模試 ー公開模試 ＝準完璧講座
インプット (完璧度)	🐿🐿🐿	＞　🐿🐿🐿	＝　🐿🐿🐿
アウトプット (充実度)	🐿🐿🐿	＞　🐿🐿🐿	＞　🐿
受講料 (税込)	**115,500円** この倍の価値はあります‼	**103,400円** 損させません‼	**91,300円** 大サービス特価‼
オプション ハイスピード宅建※ 本講義	＋15,400円	＋15,400円	＋15,400円
オプション ハイスピード宅建※ 総まとめ講義	＋　9,350円	なし	なし
テキスト	「らくらく宅建塾」別売 3,300円 (税込)		
質問は？	☎宅建学院講師室直通の**質問専用ホットライン**あり‼		

※オプション講座のため単独販売はしておりません。

宅建学院　検索

https://www.takkengakuin.com/

類似の学校名にご注意ください。

宅建学院の
ホームページをご覧ください！

 情報も 公開!!

宅建学院が、**2年連続で全国最年少合格者**を
生み出した本当の理由、
知りたくありませんか？
答えは、**『限りなく楽しい受験勉強』**です。

楽しいと、**脳が活性化**して、
ドンドン身について、**ラク**に受かるんです。

貴方も、一生に一度、**『限りなく楽しい受験勉強』**
やってみませんか？

① 郵便振替・銀行振込の場合は、まず講座代金をお振込みの上、その払込票のコピーと
　 この申込書（コピーで可）を必ず一緒にご郵送又は FAX してください。
② クレジットをご希望の方はチェック欄にチェックをし、本申込書をお送りください。
③ お申込先　〒359-1111　埼玉県所沢市緑町 2-7-11 アーガスヒルズ 50 5F　宅建学院
　　　　　　　TEL. 04-2921-2020　　FAX. 04-2924-5940

2022　宅建学院の通信講座申込書

	ご注文商品名	税込定価	申込数
超	宅建超完璧講座 一般教育訓練給付制度指定講座	115,500円	
完	宅建完璧講座	103,400円	
準	宅建準完璧講座	91,300円	
総	宅建総まとめ講座	29,700円	
公	宅建公開模擬試験	25,300円	
法	宅建超完璧講座【法人様向け複数名受講プラン】	16万円+(2万円× 人)	
ハ本	ハイスピード宅建[本講義音声] （超・完・準オプション）単独販売はしておりません。	15,400円	
ハ総	ハイスピード宅建[総まとめ講義音声] （超・総オプション）単独販売はしておりません。	9,350円	
テキスト	らくらく宅建塾 書籍のみの単独販売はしておりません。	3,300円	
革	宅建士革命 第1巻・第2巻・第3巻	各巻 3,960円	第1巻 第2巻 第3巻 お問い合せ下さい。

※ 合計金額 をご記入下さい。 （送料はサービスいたします!!）	十万	万	千	百	十	円

ご注意　教育訓練給付金の支給は受講修了後ですから、受給資格がある方も申込時に受講料全額をお支払い下さい。

※ お支払い方法	●□に✔をご記入下さい。●商品の発送は全額の入金確認後になります。	□郵便振替　00120-8-662860　宅建学院（タッケンガクイン）	払込票のコピーと、この申込書を必ずご郵送又は FAX して下さい。
		□銀行振込　三井住友銀行小手指支店（コテサシ）　普通　6438161　宅建学院（タッケンガクイン）	
		□クレジット　●宅建学院（04-2921-2020）までご連絡下さい。	

※ お名前（フリガナ）	歳	教育訓練給付	希望する □ 希望しない □

※ ご住所（〒　　　　　）

※ お電話　（　　　　　）

※ ご送金日	20　年　月　日	e メールアドレス

〈個人情報保護について〉利用目的―本申込書による個人情報は、次の目的に使用いたします。①お申込み品の発送　②商品開発上の参考　③当社商品のご案内の発送　第三者への提供―皆様からお寄せ頂きました情報は、当社以外の第三者への提供はいたしません。個人情報の取扱いの委託―当社は、信頼するに足ると判断した外部業者に、商品発送等の業務の一部を委託することがあります。個人情報の提供の任意性―本申込書のご記入は、みなさまの任意です。但し、※印の必須項目について記入されないと、商品等の送付ができない場合がございます。
　問い合せ―本申込書による個人情報については、宅建学院へお問い合せください。

楽しく合格！ らくらく宅建塾シリーズ

宅建学院 の本

[お求めは、全国書店で]

苦労して受かりたい方にはおすすめしません。
ラクに受かりたい方だけどうぞ！

絶賛
発売中！

らくらく宅建塾

2色刷・A5判・定価本体 3,000 円（＋税）

●まったくの初心者も合格レベルに引き上げる日本一わかりやすい
　テキスト！覚えにくい所もゴロ合せや替え歌でらくらく征服。
●イラストで、適切にアドバイス。その他「標語」や「キーポイント」「よ
　く出るポイント」なども掲載。楽しく効率よい学習ができる。
●イラスト・図表も豊富に使用、わかりやすさ抜群！

これで
合格だね！

まる覚え宅建塾 ——————————（絶賛発売中）

2色刷・新書判・定価本体 1,700 円（＋税）

●これだけ覚えれば本試験もOK！
●絞りに絞った重要ポイントの整理集。
●合格のエキスをハンディな新書判に凝縮。

マンガ宅建塾 ————————————————（絶賛発売中）

2色刷・A5判・定価本体 2,400 円（＋税）

●わかりやすさ日本一の「宅建塾」がマンガに！
●全科目の知識がマンガで楽しく身につくテキスト！4コママンガだから結論もすぐ！
●身近な具体例をマンガにし、宅建士試験がまるごと学べる。
●「らくらく宅建塾」と一緒に使えば効果バツグン！

【問題集】

○×マンガ宅建塾　2色刷・新書判・定価本体 1,700 円（＋税）

●マンガ宅建塾の問題集版、問題解説イラスト100％！　イラストで問題文までスッキリわかる。

過去問宅建塾[1]権利関係編　A5判・定価本体 1,800 円（＋税）—————————（絶賛発売中）
過去問宅建塾[2]宅建業法編　A5判・定価本体 1,800 円（＋税）
過去問宅建塾[3]法令上の制限・その他の分野編　A5判・定価本体 1,800 円（＋税）

●選び抜かれた過去問に、宅建学院流のわかりやすい解説で、過去問対策は万全！問題・解説見開き2頁。

ズバ予想宅建塾[分野別編必修問題集]　A5判・定価本体 2,400 円（＋税）

●学習しやすい項目別問題集。問題・解説見開き2頁の構成。受験テクニックも満載！

ズバ予想宅建塾[直前模試編]　B5判・予価本体 1,500 円（＋税）

●本試験形式の模擬試験問題3回分、150問を収録、宅建学院流のわかりやすい解説。
　その他、合格に必要な情報が盛りだくさん！

※定価等は変更になることもあります。予めご了承下さい。

 宅建学院

〒359−1111 埼玉県所沢市緑町 2-7-11 アーガスヒルズ 50 5F
☎04-2939-0335 FAX04-2924-5940 https://www.takkengakuin.com/

 MEMO

宅建学院が創り、日本が育てた**らくらく宅建塾**シリーズ

宅建学院のホームページをご覧ください。 類似の学校名にご注意ください。
https://www.takkengakuin.com/

★元祖！ 楽勝ゴロ合せ 一覧表★

第1編　権利関係

・本書姉妹編「らくらく宅建塾」の対応頁です。

事　項	ゴロ合せ　（対応語句は本文参照）	本文頁
法 定 追 認	親は、「生理上」子供の契約の後始末をする	15頁
心 裡 留 保	ゼムユ・アカム	33頁
代理権の消滅	星は半分・ダシは後	43頁
遺留分侵害額請求権	誕　生　石	84頁
単 独 申 請 OK	他の変装が評判	113頁
床面積の算出	仙台ハイツは害虫の巣	125頁
共用部分登記	規約の表に法はない	127頁
区分所有建物の管理の定数	集会に来い！ しみったれの重大な規約違反に報復だ！ しのごの言わずに建替えろ！	129頁
借地と借家の違い	違いは特許、採点は同じ！	252頁

第2編　宅建業法

事　項	ゴロ合せ　（対応語句は本文参照）	本文頁
変 更 の 届 出	明治の薬剤師	283頁
名 簿 ・ 帳 簿	納豆五十丁	292頁
営業保証金の取戻し	日本中から取り戻せ	316頁
手 付 金 等保 全 措 置	ミカン5つでカンジュース1000	363頁
重要事項説明書の記載事項	官僚が　徒歩で私道を　上下して　預り金を分けたそうろう	377頁
区分所有建物	専々、共滅、敷修繕、ダブル管理に積立金、貸借専管だけでいい	379頁
貸借特有事項	赤痢菌の過去	381頁

第3編　法令上の制限

事　項	ゴロ合せ　（対応語句は本文参照）	本文頁
特定用途制限地域	制限は予知できない	404頁
用途地域外では	特 別 利 口	406頁
準都市計画区域では	ちがいは利口	406頁
開 発 許 可	セミの耳は意味ない	414頁
口頭は絶対ダメ	都会に口なし	415頁